예수님의 사랑
부처님의 지혜

활안 한정섭 著述 대장 서공선 編纂

佛教精神文化院

추천사

　기독교의 가장 큰 축복은 지상에서 하늘나라의 영광을 모든 인류가 누리는 것이다. 그때는 소경이 눈을 뜨고 귀머거리가 들을 수 있고 절름발이가 사슴처럼 기뻐 뛰어다니게 될 것이기 때문이다.

　그러므로 사위성의 바사닉왕은 "넘어진 자를 일으켜 주시고 가려진 곳을 열어 보이는 부처님, 당신은 어두운 곳의 빛이고 버려진 자들의 사랑입니다."라고 하였다.

　1970년대 동대문교회 강홍수 목사님으로부터 "히말라야의 성자"란 책을 받고 필시 예수님과 부처님과는 무슨 인연이 있겠지 생각하였더니, 80년대에 이르러 예수의 인도여행을 확인하고, 그 뒤 엘리자베스. C. 프로펫트의 "예수의 잃어버린 세월", 홀거 게르스텐의 "인도에서의 예수", 엘리자베스 클레어의 "불자 예수" 등의 책을 읽게 되어 점점 확신을 갖다가 최근에 이르러서는 민희식 교수의 "법화경과 신약성서", 가롯 유다의 "탈무드 임마누엘", 웬델. C. 스티븐스의 "반짝이는 별"을 보고, 또 예수님께서 입고 계신 옷이 티베트 스님들의 법복인 것을 확인하고는 본격적으로 그의 역사를 추적하게 되었다. 그러나 그러한 학설들이 대부분 서양에서는 New Age 운동으로 번져가다가 지금은 UFO, "은하계의 신비"를 밝히는 학문으로까지 번져가고 있어 기대에 크게 어긋남을 느꼈다.

실로 나의 희망은 우리 인류가 어디서 왔는가 하는 것을 밝히는 것도 중요하지만 현재 살고 있는 지구촌의 삶을 어떻게 정화해나갈 것인가 하는 것이 더 우선시 되었다. 왜냐하면 예수님이나 부처님의 생활이 이 세상 밖에 목적이 있는 것이 아니라 현재 고통 받고 있는 사람들을 구제하는데 그 뜻이 있었기 때문이다.

그래서 먼저 구약을, 다음에는 신약을 탐색해 보고, 이제 이곳에서는 "보병궁 복음서", "이사전", "성혈과 성배" 등을 중심으로 최근에 발견된 성서자료들을 가지고 불교와의 연관성을 찾았으며, 특히 두 성자(부처님과 예수)의 삶을 비교해가며, 첫째는 인류의 지도자들이 어떻게 살고 있었던가, 둘째는 무엇을 가르치고 실천하고 있었으며, 셋째는 도대체 이 세상을 어떻게 만들겠다는 것인가에 초점을 두고 이 글을 썼다.

실상은 말을 떠나고(實相離言), 진리는 움직이지 않는 것이라(眞理不動), 말로 행으로 다 가르칠 수 있는 것이 아니다. 그러나 그림자를 보면 그 형상을 알 수 있고, 메아리를 들으면 그 소리를 짐작할 수 있듯 물속의 달에서 하늘의 달을 보게 된다면 이것도 인류역사 가운데에 한 가지 삶의 지평이 되지 않겠는가 생각해보았다.

대장 서공선 법사는 이미 동서양의 사상을 다 거친 영문학도로서 세상의 부정을 보고는 참지 못하는 사람이다. 때로는 흥분된 마음속에서 날카로운 칼(지혜)을 휘둘러 부정부패를 척결하기도 하였지만, 요즈음은 희수(喜壽)를 넘기면서 성질도 많이 누그러졌고, 특히 부처님과 예수님의 행을 보고 많이 닮아가는 것 같다.

특히 20여 년간 화엄사상을 탐색하다가 크고(大), 바르고(方), 넓은 마음(廣)을 가능한 한 실천하도록 노력하면서 여러 가지 좋은 자료들을 뽑아왔는데, 나는 그 가운데에서 내가 필요한 자료만을 가려 쓰고 있으니 한편 생각하면 미안하기도 하다.

만약 누구나 이 책을 읽고 세계평화와 인류의 행복을 진정으로 생각하게 된다면 우리들이 이 글을 쓴 보람이 있을 것이라고 생각하면서, 독자 여러분의 행운을 빈다.

2011년 신묘년 정월
저자 활안 한 정 섭 씀

머리말

나는 일찍이 소년시절에(16세), 6·25 한국전에 참전하던 때, 정인화 군목님에게서 세례를 받고 계속 기독교인으로 신앙생활을 하면서 영문학적 가치를 인정하는 King James Version 영문판 구약, 신약을 몇 번 읽었다.

그런데 1980년대 영국BBC 방송에서 소개된 "성혈과 성배"(The Holy Blood and the Holy Grail)를 읽고 예수님께서 십자가에 못 박히시지 않고 84세까지 프랑스의 골(Gaul) 지방에서 살다가 돌아가셨다는 것을 알게 되었다.

그 뒤로 "예수의 잃어버린 세월", "법화경과 신약성서" 등을 읽고 활안 큰스님을 찾아가니, 큰 스님께서는 우리보다 더 먼저 이미 예수님께서 인도에 가시어 17년 동안 유학한 사실을 알고 계셨고 그다지 신비스럽게 생각하지 않으셨다.

예수는 진실로 위대한 사람이다. 2천 년 전 유럽 사람으로 동양에 유학하여 예수님처럼 체계있게 공부한 사람이 없다. 예수님은 인도에 와서 마누법전을 비롯하여 유명한 의사 우도라카에게 자연치유의 비법을 배우고, 그리시나 신을 모신 쟈간나스 사원에서 베다경전을 익힌 뒤, 불교에 입문하여 대

소승 불교를 공부하였다. 그리고 티베트에 들어가 멘구스테에게 신통술과 심령치료법을 배웠지만 본국에 돌아와서는 그 배운 것을 함부로 남용하지 아니하고 성자적인 행을 몸소 실천하였다.

인도의 달마대사가 중국에 와서 무엇을 했는가를 찾아내듯이 유럽의 예수가 인도에 와서 무엇을 배워 본국에 돌아가 어떻게 살다 갔는가를 밝히는 것이 더욱 중요하다고 본다.

나는 그로부터 인도의 자연의학과 바라문교 우파니샤드철학, 티베트의 신통술에 관심을 갖게 되었으며, 인류의 고귀한 근원을 찾아 헤매는 백의의 형제단, 중국의 멘구스테, 인도의 피자빠지 등 세계의 성자들에 대해 관심을 갖게 되었으며, 급기야 오늘 이 책을 정리하게 되었다.

이 책은 "예수의 잃어버린 세월" 가운데에서 17년간 무엇을 하였느냐 하는 사실을 밝힌 것이고, 본국에 돌아가서도 마지막 3년을 지내기 직전 어떠한 과정을 통해 그렇게 위대한 인물이 되었는가를 밝히는데 주력하였다.

우리 스승님께서 먼저 내신 "성서선해(聖書禪解)"는 선(禪)을 통해 하늘과 땅을 터득한 사람만이 이해할 수 있는 철학서이고, 이 책은 동양의 신통과 의학이 서양에 어떤 영향을 미치게 되었는가를 탐색하는데 좋은 길잡이가 될 것이다.

이 글은 어떤 종교에 편재(偏在)하여 집착하고 평가하는 것이 아니라 어찌하여 그와 같은 사람이 그와 같은 행을 하게 되었는가를 연구하면서 예수의 인간미를 있는 그대로 그리려고 하는데 뜻이 있는 것이다.

이 글을 읽는 사람은 자기가 가지고 있는 종교나 사상을 송두리째 놓아버리고 순수자연인으로 돌아가 선과 악을 보고 고저장단을 판단할 수 있기를 바란다. 잘못하면 오해를 살 부분도 전혀 없는 것이 아니기 때문이다. 이 글을 쓰는데 한없는 격려와 성원을 베풀어 주신 여러 도반님들께 다시 한번 감사드린다.

2011년 신묘년 정월 보름
편찬자 대장 서 공 선 합장

일러두기

1. 이 글은 예수님께서 인도유학 중 익혔던 종교와 철학에 대하여 썼고,

2. 특히 티베트의 멘구스테에게서 배운 신통술이 어떤 것인가를 밝히는데 그 후배들을 통해 입증하였다.

3. 그리고 예수가 본국에 돌아가 먼저 라다크, 페르시아, 앗시리아 등에서 활동하신 것을 밝히고, 이집트의 소안에서 일어났던 일과 그리스도의 명예로운 이름을 얻게 된 과정을 집중적으로 조명하였다.

4. 오직 이것은 활안 큰스님의 관대한 종교심과 선후배들의 아낌없는 격려 속에서 정리할 수 있었음을 알려드린다.

5. 단지 낱낱의 글들을 그 끝에 전거를 밝히고, 또 설명을 붙였어야 하는데 시간이 허락하지 않아 그렇게 하지 못한 것을 죄송스럽게 생각한다.

6. 부록은 활안스님께서 한국과 미국 등 여러 나라에서 질문을 받고 응답한 것을 간추려 정리한 것이다.

목 차

Ⅰ. 예수의 탄생과 유년시절

(1) 예수의 이름

예수는 성경의 중심인물이고 기독교 신앙의 핵심이다. '예수'라는 이름은 히브리어 '여호수아'를 헬라식 이름으로 표기하여 '구원자'라는 뜻으로 이해하고 있다.

마태복음 1장 21절에서는 "네가 아들을 낳으면 이름을 예수라 하라." 하여 "자기 백성을 죄에서 구원할 자"임을 예시하고 있다.

기원전 5년 12월에 태어나서 기원 후 30년 4월까지 만 33년 4개월 동안 이 세상을 살다간 사람이지만 실제로 그 정신은 이 지구상에서 영원히 살아 숨쉬고 있다.

마치 부처님이 80년 밖에 살지 아니했지만 그의 어록은 8만 대장경이란 보물이 되어 이 세상에서 가장 방대한 성전으로 읽혀지고 있고, 본인은 "나의 상이나 유물을 모시면 안된다."고 하였지만, 그의 사리와 불상·불구는 유네스코 문화재 가운데 가장 많은 양의 유산으로 보호받고 있는 것과 같다. 단지 예수님은 탄생으로부터 12세까지와 30세부터 33세까지만 기록되어 있고, 13세부터 29세까지 17년 동안의 역사가 빠져 있다.

그런데 1887년 러시아 역사가 니콜라이 노토비치에 의해 인도유학이 알려지면서 북인도 케시미르 헤미스 사원과 티베트의 촉축사가 유명해지게 되었다. 왜냐하면 노토비치가 헤미스사원 라마승에게서 얻은 두 권의 책이 "예수님의 인도생활"에 대한 것을 밝힘으로써 이것을 번역 출간한 홀거 게르스텐(인도에서의 예수의 생애), 엘리자베스. C. 프로펫트(예수의 잃어버린 세월)의 저서를 보고 리처드 보크가 실제 인도와 티베트를 방문하여 다큐멘터리 필름으로 그 사실을 제작하였기 때문이다.

우리나라의 민희식 교수도 이들 기록들이 프랑스 국립박물관에 비장되어 있는 것을 확인하고, 1986년 10월 26일 '주간중앙'에 발표하였고, "법화경과 신약성서"란 이름으로 책까지 냈다.

하여간 이 같은 내용은 기독교의 경외서(經外書)인 이사전과 보병궁 복음서에 자세히 기록되어 있으며, 예수의 12대 제자 가운데 한 사람인 도마복음서에도 밝혀지고 있다.

"이사(예수의 불교 스님의 법명)가 아버지의 집을 은밀히 벗어나 예루살렘을 떠나 상인들과 함께 신드(Sind; 인도)로 향했는데, 이는 바로 하나님의 말씀 안에서 스스로 자신을 완전하게 하고, 또 대붓다(the great Buddha)의 법을 연구하기 위함이었다." (이사전 4: 12~13)

"과연 부처님이란 어떤 분입니까?"

"언제 어디에서나 가장 훌륭한 일을 하고 두루 모르시는 바 없이 다 아시는 성자이시다."

"그 분은 어떻게 생겼습니까?"

"서른두 가지 특이한 상호(32相)와 팔십 가지 호감(80種好)을 가진 사람이다. 열 가지 명호(10號)와 열여덟 가지 특별한 능력(18不共法)을 갖춘 사람으로서 누구와도 짝할 이가 없다."

예수는 말만 듣고도 흥분하였다.

"빨리 가서 뵙고 나도 그와 같은 인격을 형성하고 싶습니다."

(2) 예수님의 조상

예수님의 어머니 마리아는 아우구스투스 케사르 재위시 헤롯과 안티파스가 예루살렘을 지배하고 있을 때 태어났다. 유태·사마리아·갈릴리 세 마을이 포함된 팔레스타인인 요하킴(유태의 돈 많은 율법교사)은 갈릴리의 나사렛에서 살았고, 그의 아내는 유태족의 안나였다.

그들 사이에서 태어난 어여쁜 딸의 이름을 마리아라 지어 주었다. 요하킴은 어린 딸을 위하여 축하연을 열고 부자·명망가 등이 아닌 가난뱅이·장님 등 불쌍한 사람들을 모아서 자선을 베풀었다.

마리아가 세 살이 될 때 예루살렘으로 데려가 제사장들의 축복을 받았다. 한 제사장이 아기를 보고 말했다.

"보시오, 이 어린 아이는 장차 고귀한 예언자이며 율법선생의 어머니가 되리니 주 하나님의 성전에 거해야 할 것입니다."

그래서 마리아는 성전에 머물렀고, 산헤드림(Sanhedrim: 최고 종무회의 겸 최고 재판소의 의장) 힐렐이 그녀에게 모든 유태의 교훈을 가르쳤다. 마리아가 혼기가 되자 나사렛의 목수인 야곱의 아들 요셉의 약혼녀가 되게 하였다. 요셉은 경건한 에세네파의 신자였다.

그러나 불행하게도 그 나라는 로마병정들의 식민지가 되어 있었으며, 독립국을 형성하기 위하여 몸부림치고 있었다.

(3) 선구자 요한과 예수의 탄생

보병궁 복음서에는 선구자(先驅者) 요한과 예수님의 탄생과 어린 시절에 대해서 다음과 같이 적고 있다.

사가랴와 엘리사벳은 헤브론 근처에서 살고 있었다. 사가랴는 제사장으로서 예루살렘 성전에서 일을 맡을 차례가 되었다. 성전의 향을 피울 때 천사 가브리엘이 나타나서 말했다.

"그대의 아내가 한 성스러운 아들을 낳으리니…… 그러므로 그의 이름을 요한이라 하라."

가브리엘 천사는 집에서 명상에 잠겨 있는 엘리사벳에게도 나타나 똑같은 계시를 하였다.

이로부터 5개월 뒤 가브리엘 천사는 나사렛의 마리아에게도 나타나 말했다.

"기뻐하라, 마리아여, 장차 임마누엘이라 불리우게 될 아들을 잉태하게 되리라."

마리아는 이 일을 일과를 마치고 돌아오는 요셉에게 전하고 함께 기뻐하였다. 마리아는 서둘러 엘리사벳을 찾아가 가브리엘 천사의 말을 전하며 함께 기뻐하고 90일간을 그 집에서 머물렀다.

과연 엘리사벳은 어린 요한을 낳았다.

산달이 가까워 올 때 마리아는 요셉과 함께 엘리사벳을 찾아갔다. 도중에 베들레헴의 가축을 넣어두는 동굴에서 밤을 보내다가 한밤중에 예수가 탄생하였다.

낯선 사람들이 아기를 받아내어 말구유에 눕혔다. 눈같이 흰 옷을 입은 세 사람이 들어와 아기 앞에 서서 말했다.

"모든 힘, 모든 지혜, 모든 사랑이 그대 임마누엘의 것이로다."

베들레헴의 언덕에 있던 목동들에게 눈같이 새하얀 옷을 입은 사람이 나타나 왕의 탄생 소식을 전했다.

아침이 되자, 인근에 살던 여자 양치기가 마리아와 요셉의 가족에게 방을 마련해 주고 며칠 동안 그 집에서 머물게 하였다. 요셉이 급히 사가랴와 엘리사벳에게 소식을 전하였다.

그래서 사가랴와 엘리사벳은 요한과 함께 베들레헴에 왔다. 아기 예수는 할례를 받고 이름을 '예수'라고 정하였다.

마리아는 아이가 태어난 지 40일 후 예루살렘으로 데려가 아기의 성직 수임의 성별을 받았다.

마리아는 어린 양과 어린 멧비둘기 두 마리로 희생제물을 바쳤다. 성전에서 봉임하고 있던 시므온이 어린 예수를 보고 기뻐하였다.

성전의 84세 된 노파과부가 아기 예수를 보고 경배할 때 율법교사가 우상숭배라고 제지하였다.

마리아는 어린 예수를 데리고 베들레헴으로 돌아왔다.

유프라데스강 건너에 살던 마기교 스님들과 조로아스터 교도들이 별들의 움직임을 보고 한 위대한 영혼의 탄생을 미리 알고 그 중 시대의 스승을 보고자 갈구하는 마음으로 3명의 스님이 예물을 챙겨가지고 서쪽을 향해 길을 떠났다.

그 예물은 고귀함의 상징인 황금과 통치와 권력의 상징인 몰약(沒藥)과, 성인의 지혜를 상징하는 유향(乳香)이었다. 그들이 예루살렘에 도착하자 사람들이 놀랐다. 그들이 왕으로 태어난 아이의 거처를 물었기 때문이다.

왕 헤롯은 놀라며 조정으로 그들을 불렀다. 헤롯은 그들을 궁에 머물게 하고 유태의 모든 율법학자를 불러들여 어린 왕에 대해 물었다. 베들레헴에서 왕이 나온다는 예언을 들은 헤롯은 마기 승려들에게 그를 알려주고 아기를 찾거든 다시 와 달라고 하였다.

베들레헴에서 그들은 양치기 집에서 산후조리를 하던 마리아를 찾아내고 경배하고 예물을 바치고 헤롯의 마음을 꿰뚫어 안 까닭에 요셉과 마리아에게 피하라고 일러주고 예루살렘을 거치지 않고 귀향하였다.

요셉과 마리아는 한밤중에 애급으로 도망가서 엘리후와 살로메와 함께 고도 소안(Zoan)에서 살았다.

마기 승려들에게 따돌림을 받은 헤롯왕은 몹시 격노하였다. 그의 신하들을 시켜 베들레헴의 또 다른 아기가 왕이 오는 길을 예비하기 위하여 태어났음을 알렸다.

헤롯왕은 근위병들을 시켜 베들레헴으로 가서 예수뿐만 아니라 아기 요한도 죽이라고 명령하였다. 그래서 이때 베들레헴에 있던 두 살 이하의 사내아이들 모두가 살해당하였다.

아직 베들레헴에 남아있던 엘리사벳은 급히 요한을 데리고 산속으로 숨었다. 근위병들은 요한을 찾을 수 없다고 보고하였다. 다른 근위병들이 사가랴에 가서 요한의 은신처를 말하지 않자 헤롯의 명대로 기도에 열중하고 있는 그를 죽였다.

다른 사제들이 성소 안에 있는 그의 시체를 발견하고 온 나라가 깊은 수심에 잠겼다. 그때 헤롯도 옥좌에 앉아서 숨져 그의 아들이 왕위를 계승하였다.

헤롯의 아들 아켈라우스가 왕위에 즉위하자 그는 이기적이고 잔인한 성품의 소유자이기 때문에 신하들이 요한과 예수가 다 같이 죽었노라고 하자 안심하였다.

애급(埃及)의 소안에 있던 요셉 가족과 요한과 함께 있던 그의 어머니 엘리사벳은 엘리후와 살로메의 도움으로 소안에서 서로를 상봉하고 그들이 살아남게 된 것을 경이롭게 생각하였다.

엘리후가 말했다.

"오랜 옛날부터 그대들은 우리와 함께 하여 이 신성한 학교에서 교육을 받도록 미리 정해져 있었습니다."

그리고 엘리후와 살로메라는 자들이 성스러운 숲속에서 마리아와 엘리사벳에게 그녀들의 사명, 아기들의 사명, 현시대의 위상, 신과 인간과의 관계, 사랑의 힘 등에 대해서 많은 가르침을 받았다.

"옛날에 동방에 살고 있던 한 민족이 하느님을 경배하고 있었습니다. 그들은 이 유일의 하느님을 브라마라 불렀습니다. 그들의 율법은 공정하여 사람들은 평화롭게 살고 있었습니다. 그러나 육적(肉的)인 욕망을 즐기는 승려들이 있었으므로 브라만교는 부패했습니다. 이러한 암흑시대에도 소수의 훌륭한 선생이 세상의 훌륭하고 위대한 봉화의 등불이 되었습니다.

그래서 칼데아-구약의 갈대아-에서는 브라마(Brahma教)가 알려졌습니다. 데라(Terah)라는 경건한 브라마 신자가 우르국에 살고 있었습니다. 그의 아들은 브라마 신앙에 깊이 귀의하여 결국 그는 나중에 따로 독립하여 히브리 민족의 조상이 되었습니다.

한편 데라는 그의 아내와 자식들과 양떼와 우마들을 거느리고 서방의 하란으로 옮겨서 살다가 세상을 떠났습니다.

그곳에서 아브라함은 그의 친족들과 함께 더욱 서쪽을 향해 길을 떠났습니다. 그리하여 그는 모레(Moreh)의 상수리나무 앞에 도착하여 천막을 치고 살았습니다. 기근이 전국을 휩쓸었으므로 아브라함은 애급의 이곳 소안의 기름진 평야에 천막을 치고 살았습니다. 개척의 요람지이며 온갖 밀의적(密意的)인 것들이 애급 땅에 있습니다.

그러므로 교사들이 이곳으로 찾아오는 것입니다. 소안에서 아브라함은 천문학을 가르쳤으며, 그곳의 성전에서는 성현의 지혜를 배웠습니다.

…… 다시 가나안의 마므레(Mamre)의 평야에 천막을 치고 그의 만년을 보냈습니다.

페르시아에서도 브라마는 널리 알려져 있어 깊은 신앙의 대상으로 살고 있었습니다. 그러나 다른 나라에서와 마찬가지로 페르시아에서도 승려들이 자아(自我)와 욕망에 물든 나머지 종교는 갈수록 부패하여 날짐승·들짐승·파충류 같은 것이 신으로서 따로이 숭배의 대상이 되었습니다.

시대가 지나자, 조로아스터교(Zoroaster＝Zarathustra)라고 하는 높은 영이 수육(受肉)하여 인간으로 태어났습니다. 그는 고귀하고도 뛰어난 대령(大靈)을 보아 조로아스터교가 말했습니다.

'왕좌 근처에 서 있는 가장 위대한 대령은 태양의 빛 속에 있는 아후라 마즈다이다.'

그리하여 모든 사람들은 태양 속에서 아후라 마즈다를 보고 태양의 신전 앞에서 엎드려 이를 경배했습니다."

또 다시 엘리후의 가르침이 계속되었다.

"인도의 승려는 부패했으며, 브라마는 거기에서 잊혀졌습니다. 또한 사람들의 권리는 먼지 속에 짓밟혔습니다. 그때, 견성오도(見性悟道)한 위대한 스승 부처가 나타났습니다. 애굽은 신비함이 깃든 나라입니다. 모든 시대의 신비가 우리의 성전과 신전에 간직되어 있습니다. 동서고금의 학자들이 이 나라에 배우러 옵니다."

이렇게 그들의 가르침은 3년 동안 계속되고 이윽고 끝이 났습니다. 마리아와 요셉과 엘리사벳은 예수와 요한을 데리고 그들의 고향으로 돌아왔다.

그들은 아켈라우스가 지배하는 예루살렘으로 가지 않고 사해(死海)를 따라 여행을 하며 엔게디(Engedi)언덕에 도착하여 가까운 친족인 요수아(Joshua)의 집에서 쉬었다.

그리고 엘리사벳과 요한은 이곳에서 머물고, 요셉과 마리아는 요단강을 따라 며칠 동안 여행한 뒤 나사렛의 집에 도착하였다.

(4) 요한의 비운과 교육

엘리사벳은 세례 요한의 어머니다. 엘리후와 살로메로부터 받은 교훈을 그의 아들에게 가르쳐주었다. 요한은 그들 가정의 야생적인 생활과 그가 배운 교훈에서 기쁨을 느꼈다.

인근 언덕의 야산에는 많은 동굴이 있었는데, 그 중 다윗의 동굴에 엔게디의 은자(隱者)가 살고 있었다. 이 은자는 사카라의 궁전에서 온 스승인 맛세노라고 하는 애급의 승려였다.

요한이 7세 때 맛세노는 그를 광야로 데리고 가서 다윗의 동굴에서 함께 살았다. 맛세노는 매일 요한에게 생명의 신비를 일깨워주는 가르침을 베풀었다. 그들의 음식은 과일과 나무열매, 벌꿀과 호콩으로 만든 빵이었다.

맛세노는 이스라엘 사람으로서 유태의 모든 축제에 참석하였는데, 요한이 9세 때 예루살렘의 대축제에 데리고 갔다. 사악한 아켈라우스는 이미 왕위에서 쫓겨나 멀리 추방되었다.

맛세노는 요한에게 유태인의 제례방법과 희생제물의 의미, 의식 등을 자세히 말해주었다.

요한은 제단 앞에서 들짐승·날짐승 등을 죽이고 불태워서 어떻게 죄를 사하고 용서를 받는지 이해할 수 없었다.

맛세노가 말했다.

"천지의 하느님께서는 희생제물을 원치 않으신다. 이 끔찍스러운 의식을 행하는 제도는 다른 나라의 우상숭배자들로부터 모방하여 행하는 것이다. 일찍이 어떠한 죄도 동물이나 새, 사람 등의 희생물이 지워주지 않았다. 죄란 인간이 죄의 진흙탕 속으로 뛰어든 것이며, 만일 사람이 죄로부터 벗어나려 한다면 그가 걸어온 길로 다시 원시반본(原始返本)하여 죄의 진흙탕에서 벗어날 방법을 강구해야 한다. 다시금 먼저 들어온 길로 원시반본하여 돌아가 사랑과 정의에 의하여 그대의 마음을 순수히 하라. 그리하면 그대는 용서받을 것이다. 이것이 선구자가 사람들에게 전해야할 복음의 사명이다.”

“용서란 무엇입니까?”

“그것은 빚을 지불하는 것이다. 다른 사람에게 잘못을 저지른 사람은 자기가 속죄할 때까지는 결코 용서받을 수 없느니라. 베다경에서는 악을 범한 사람 외에는 아무도 속죄를 할 수가 없다고 규정하고 있다.”

“만일 그것이 사실이라면 자기 자신 안에 내재된 힘 말고 용서해주는 힘이 어디에 있습니까?”

“문은 열려 있느니라. 그대는 사람들이 다시금 올바른 길로 돌아오게 되는 것과 그들의 죄 사함을 보게 될 것이다.”

맛세노가 이렇게 요한에게 여러 가지 성스러운 경전과 그곳에 기록된 것들을 보여주자 요한이 감탄하였다.

“이들의 가르침은 아주 훌륭한데 다른 성전이 필요하겠습니까?”

“하느님의 성령께서는 천리에 도수를 주재하여 만사를 적당한 때에 오고 가게끔 하느니라. 태양과 달이 떴다가 지고 할 때에 자신의 때를 없애면 이들 권능의 성령들은 많은 국가를 탄생시켜서 요람에 눕혀 흔들고, 이를 길러서 최대의 힘을 가진 국가로 키우고, 또한 그들의 과업이 끝나면 그들을 수의(壽衣)로 싸서 무덤에 넣느니라.”

하느님께서 다음과 같이 판단했다.

“사람들이 그 이상의 빛을 필요로 할 때면 위대한 영적인 인간이 이 땅 위에 나타나서 그 빛을 발했노라. 베다경전이 쓰여지기 이전의 시대에도 세상에는 길을 밝혀주는 많은 성전들이 있었다. 그리고 인간이 그 이상의 빛을 필요로 하자 아베스터 성전과 훌륭한 대도의 경전들이 더 한층 높은 길로 사람들을 인도하기 위해서 나타났느니라. 그리하여 적당한 곳에서 율법과 예언서와 시편을 담고 있는 히브리 성서가 인간의 진리의 광명을 위하여 나타났느니라. 그러나 세월이 지남에 따라 사람들은 더 한층 높은 진리를 필요로 하게 되었느니라.

예수는 사람들을 빛으로 인도하기 위하여 화육(化肉)된 성스러운 하느님의 화신이 될 것이다. 그리고 그대, 나의 사랑하는 제자 요한이여, 그대는 앞으로 다가오는 날을 위하여 선구자로서의 소명을 받았느니라. 그러나 그대는 지금 그대가 간직하고 있는 순결한 마음을 지켜야만 한다. 앞으로 올 시대에는 인간이 보다 높은 곳으로 도달하게 되어 보다 강렬한 빛이 나타나게 되리라. 그리고 나서 마침내 위대한 인물이 이 땅 위에 나타나 완전한 인간의 왕좌로 올라가는 길을 비추게 되리라."

그런데 요한은 그의 나이 12세 때 그의 어머니 엘리사벳이 임종하였다. 이웃사람들은 그녀를 선산의 사가랴 묘지 가까이에 안장하자 요한은 몹시 섧게 울었다.

맛세노가 말했다.

"죽음 때문에 우는 것은 좋지 못함이라. 죽음은 사람의 적이 아니라 친구이니라. 생의 과업이 끝나면 세상에 연결된 인간 보트의 줄이 끊어져 보다 조용한 바다를 향하여 가게 되느니라. 어떠한 말로도 어머니의 가치를 형용할 수 없으며,

어머니께서 살아계신 동안 자신의 소임을 충분히 다했느니라. 어머니의 고귀한 생애가 그대에게 힘이 되고 영감이 되면 그것으로 충분하니라.

예언자들은 그대를 일러

'엘리야가 다시 왔다고 이르고 있다.'

이곳에서 그대의 사명은 선구자로서의 소임이니라. 그것은 그대가 그의 길을 닦기 위하여 메시아의 면전에 나아가는 일과, 사람들로 하여금 그들의 왕을 받아들일 수 있도록 준비시키는 일이다.

그대는 어렸을 적에 서약을 통하여 나사렛 사람이 되었다. 그러므로 면도날을 얼굴에 대어 수염을 깎아서는 안되느니라. 포도주와 독한 술을 마셔도 안 된다.

그러므로 그대는 다음과 같이 가르치라.

'그대들, 이스라엘 사람들이여, 들으라! 회개하여 물로써 세례를 받아 순결한 사람이 되어라. 그리하면 그대는 용서를 받으리라.'

실로 세례의식과 이 교회는 단지 생활 속의 순결을 통하여 영혼을 깨끗이 하는 상징이며, 영혼의 왕국의 상징이니라. 그것은 겉모습에 의하여 이루어지는 것이 아니라, 인간의 마음 속에서 이루어지는 교회를 뜻하느니라.

한편 그대는 길만 가르치고 사람들에게 자기가 하지 않는 일을 시켜서는 결코 안된다. 직접 사람들 앞에 나서서 길을 가르쳐 주어야만 한다. 사람들이 씻어야만 하는 것을 가르치려면 먼저 사람들을 인도해야 하며, 영혼을 씻는 상징으로 자신의 몸을 먼저 씻어야만 하느니라."

"제가 기다릴 필요가 있습니까? 지금 곧 가서 씻으면 안될

까요?"

"좋다. 그들은 요단강 가의 나루터로 내려가 이스라엘 백성들이 처음으로 가나안으로 건넌 곳인 여리고의 동쪽으로 가서 머무르라."

그리하여 요한은 요단강에서 씻겨지고 그들은 광야로 되돌아갔다. 이로써 엔게디의 숲속에 있던 맛세노의 사명은 끝이 나고 요한과 함께 애급으로 갔다. 그들은 나일강 가의 계곡에 있는 사카라 성전에 도착하여 몇 년 동안 맛세노는 이 성전에 있는 모든 형제단을 지도하는 교사로 있었다.

그가 요한의 생애와 사람의 아들로서 온 사명에 대해 언급하였을 때 신비의식(神秘儀式)의 사제는 기뻐하며 선구자를 받아들여 '나사렛의 형제'로 불렀다.

요한은 8년 동안 이 성전 안에서 생활하며 일했다. 그는 이곳에서 자아를 극복했으며, 위대한 영적인 스승이 되어 선구자로서의 의무를 다하였다.

(5) 예수의 유년교육

요셉의 집은 나사렛의 마미온 거리에 있었고, 마리아는 여기에서 아들 예수에게 엘리후와 살로메의 교훈을 가르쳤다. 예수가 상당히 좋아한 것은 베다의 찬가와 아베스타의 경전이었으나. 무엇보다도 좋아한 것은 역시 다윗의 시편과 솔로몬의 신랄한 말을 읽는 것이었다. 유태의 예언서는 그의 기쁨이었고, 일곱 살이 되자 그 모두를 외워버려서 더 읽을 책이 없어졌다.

예수의 조부모인 요아킴 부처는 모든 가까운 친척들을 초대하였다. 소년 예수는 손님들 앞에서 자기가 꾸었던 꿈 얘기를 하였다. 할머니 안나 또한 예수와 같은 꿈을 꾸었다고 무척 귀여워하였다.

그 꿈의 요체(要諦)는 예수가 진리의 지팡이로서 많은 사람들을 신성한 진리의 빛과 생명의 사자가 되게 한다는 내용이었다.

친구인 요하킴이 예수에게 일곱 번째 생일 기념으로 가장 갖고 싶은 것을 말하라고 하자,

"많은 굶주린 아이들을 배불리 먹이고 싶다."

요하킴이 승낙하자 예수는 즉시 거리로 달려 나가 곧장 160명의 헐벗은 아이들을 데리고 왔다. 예수와 그의 어머니 마리아가 시중을 들고 모두 기쁘게 먹고 놀았다. 예수의 생일 축하선물은 정의의 왕관이었다.

나사렛 회당의 랍비 바라카이가 예수를 가르치는 마리아를 도와주었다.

어느 날 아침, 명상에 잠겨 있는 예수에게 랍비가 물었다.

"십계명 중에서 어느 것이 가장 소중하다고 생각하느냐?"

"어느 것이 가장 소중한지 모르겠습니다. 저는 십계명에 흐르고 있는 모든 정신을 하나로 묶을 수 있는 황금의 끈을 알고 있습니다. 그 끈은 바로 사랑입니다. 만일 사람이 사랑이 충만하다면 어떠한 종류의 명령도 필요하지 않습니다."

"너의 말은 위로부터 온 지혜의 소금이 쳐져 있구나. 이 진리를 가르쳐준 선생이 누군고?"

"누가 저에게 가르쳐 주었는지 모르겠어요. 제가 보기에 진리는 결코 닫혀 있지 않은 것 같아요. 왜냐하면 진리는 어떠

한 틈이건, 창문이건, 입구이건 들어올 수 있는 것이기 때문입니다.”

“진리가 들어올 수 있도록 마음의 창이나 입구를 활짝 열 수 있는 강한 손은 무엇인고?”

“십계명을 하나로 묶을 수 있는 황금의 끈인 사랑은 진리가 마음을 깨울 수 있도록 마음의 문을 열 만큼 충분히 강하다고 생각합니다.”

저녁이 되어 어머니와 단 둘이 남게 되자 예수가 말했다.

“랍비께서 하느님이 불공평하게도 유태 사람을 마음에 드셔하는 것 같고, 축복받은 민족이라고 생각하는 듯합니다. 저는 하느님께서 어떻게 특정한 사람만을 좋아하면서도 공정하다고 말할 수 있는지 모르겠습니다. 사마리아 사람·희랍 사람·로마 사람도 유태인과 마찬가지로 신성한 하느님의 자녀들이 아니겠어요. 그들은 다른 곳에서도 꽃이 피고 있으며 수확이 다른 사람에 의해서도 이루어지고 있다는 걸 모르는 것 같아요. 저는 유태의 땅을 떠나서 다른 나라에 살고 있는 나의 형제들을 만나고 싶습니다.”

유태인의 대제전이 다가오자 요셉과 마리아 및 아들 예수와 그들의 친족들이 예루살렘으로 갔다. 그때 예수의 나이 열 살이었다.

예수는 도살자가 양과 짐승들을 제단에 바치는 잔인한 광경을 보고 충격을 받고 슬퍼하였다. 그는 제사장에게 희생제물을 왜 올려야 하는지에 대한 의문을 제기하자 제사장이 물었다.

“이스라엘의 모든 제사장보다 율법에 대해서 많이 아느냐?”

라고 조롱하였다.

예수는 유태인 최고 법원장인 힐렐에게 가서 말했다.

"피를 흘리고 살을 태우는 잔인한 희생을 기꺼워하는 하느님은 나의 하느님이 아닙니다. 저는 사랑의 하느님을 찾기 원합니다. 선생님, 당신은 현명하시므로 어디에서 사랑의 하느님을 찾을 수 있을는지 저에게 말해주실 수 있을 것입니다."

그러나 힐렐은 대답을 못하였고 동정심으로 동요된 그는 손을 아이의 머리에 올려놓고 울었다.

힐렐이 말하였다.

"사랑의 하느님이 계시니까 함께 가자꾸나. 서로 손에 손을 잡고 사랑의 하느님을 찾아 나서 보자."

"어찌하여 우리가 나설 필요가 있습니까? 저는 하느님이 모든 곳에 계신다고 생각합니다. 우리들의 마음을 순결히 하여 잔인성과 온갖 사악한 마음을 몰아내어 그 안에 사랑의 하느님이 거할 수 있는 성전을 마련할 수는 없는 것인가요?"

그때 유태인 최고법원장은 자기보다 한층 높은 율법의 스승 앞에 서 있는 듯이 느끼며 속으로 조용히 말했다.

"이 아이는 하느님이 보내신 예언자가 확실하다."

힐렐은 요셉과 마리아를 찾아내어 예수를 자기가 데리고 있으면서 성전의 제사장으로서 율법의 가르침과 모든 교훈을 교육시키고 싶다고 하였다.

예수의 부모는 허락을 하였고 예수는 예루살렘의 성전에 머물면서 매일 힐렐의 가르침을 받다가 1년 후 나사렛의 집으로 돌아와 그는 아버지 요셉과 함께 목수로 일했다.

예수의 나이 12세에 다시 예루살렘의 축제에 요셉과 마리아와 예수가 올라갔다. 예루살렘에는 유태사람들과 많은 나라에서 온 개종자들이 모여 있었다. 예수는 성전의 넓은 홀에서 제사장들과 박사들 사이에서 예언서를 펼쳐들고 읽었다. 힐렐이 나서서 예수에게 그 예언서를 해석해 달라고 하자,

"이기심과 잔혹심으로 말미암아 이 백성들은 엘로힘에게까지 악취가 풍깁니다. 우리들의 박사들, 율법학자들, 제사장, 학자들은 사치스럽게 생활하면서 가난한 자들을 억압하고 있습니다. 이스라엘이 바치는 희생이나 제물은 하느님께는 단지 혐오스런 추악한 것에 지나지 않습니다. 하느님께서 요구하시는 유일한 희생은 자아 바로 그것입니다. 그리하여 하느님께서는 이스라엘을 개혁하여 다시금 성스러운 길로 돌아오기를 소망하십니다."

예수가 말을 끝내고 자리를 떠나자 모든 사람들이 놀라서 틀림없는 그리스도라고 하였다.

유월절(逾越節)의 축제가 끝나고 고향으로 오는 길에 마리아와 요셉은 예수를 잃어버렸다. 그들이 다시 예루살렘의 성전의 뜰로 왔을 때 예수는 성전에서 율법박사들과 토론을 하고 있었다.

그들이 예수를 책망하자 예수가 말했다.

"제가 제 아버지의 일을 해야 한다는 것을 모르십니까?"

예수는 율법박사들과 후일을 기약하며 부모님들과 나사렛으로 돌아왔다.

어느 날 일을 하기 위해 연장을 꺼내오면서 말했다.

"이 연장들은 사상을 조립하여 인격을 높이는 마음의 공장에서 취급하는 것을 생각나게 합니다. 우리들의 행위의 모든

면을 정비하는 데 자를 나무입니다. 우리의 감정과 욕망을 억제하기 위하여 그 주위에 원을 그리는 컴퍼스를 준비하여야겠습니다. 인격에 모난 부분을 잘라내기 위하여 도끼를 갖고 진리의 문을 때려 박아 그것이 전체의 일부가 될 때까지 쇠망치로 쳐서 거칠고 고르지 않은 표면을 매끈하게 하기 위해 대패질을 할 것입니다. 정·줄·묵통·톱 등은 마음의 공장에서 모두 쓸모가 있습니다. 그리고 믿음과 소망과 사랑으로 된 세 층의 사다리가 있어야 합니다. 그것으로 우리는 순결한 생명의 지붕으로 올라갈 수가 있습니다. 그리고 우리가 일생을 다하여 짓고자 하는 완전한 인간의 성전의 꼭대기에 도달할 때까지 우리는 12계단의 사다리 위로 올라갈 것입니다."

2. 예수의 인도유학

(1) 왕자 라빈나와의 인연

남부 인도의 오릿사 지방의 왕자인 라빈나가 유태인의 제례에 참석하였다가 예수를 보게 되었다. 그는 부유하고 의로운 사람이었고, 브라만 승려들을 이끌고 서양세계의 지혜를 구하러 왔었다.

어린 예수가 유태의 제사장들 앞에 서서 읽고 말하는 것을 보고 깜짝 놀랐다.

힐렐이 그에게 예수에 대해서 말해주었다.

"우리는 이 아이를 멀리 하늘에서 내려온 샛별이라고 부르고 있습니다. 왜냐하면, 그는 생명의 빛을 가지고 와서 사람들이 걸어가는 길을 밝혀주어 그 백성인 이스라엘을 속죄하기 위하여 왔기 때문입니다."

그리고 그 소년에 대한 모든 사실과 그 소년에 대한 예언, 태어나던 날 밤의 경이로운 사건들, 마기교(조로아스터교)의 사제인 동방박사들의 방문, 악인(헤롯왕)의 노여움으로부터 애급으로 피난한 일, 지금 나사렛에서 그의 아버지 요셉과 함께 목수로 일하고 있는 일 등에 대해 자세히 말해주었다.

라빈나는 이 이야기를 듣고 몹시 흥분하여 꼭 예수를 만나고 싶다며 나사렛으로 가는 길을 물었다. 그의 호화로운 행렬이 나사렛에 당도하여 그가 예수를 처음 봤을 때 예수는 집을 지으려고 사다리를 오르고 있는 중이었다.

라반나가 소리쳐서 인사하였다.

"안녕하시오. 하늘에서 최고로 복 받은 소년이여!"

하고 라반나는 이어서 모든 마을 사람들을 여관으로 초대하여 대접하였다.

예수님과 그의 부모님이 연회의 주빈이었다.

라반나는 수일 동안 마미온 거리에 있는 요셉의 집에 머물며 그 아들의 지혜의 비밀을 배우고자 했으나 도저히 감당하기 어려웠다.

그는 소년의 보호자가 되어 동양으로 데리고 가서 그곳에서 브라만교의 지혜를 배우게 하고 싶다고 하자 그러자 예수도 간절히 배우길 원했으므로 며칠 뒤에 그의 부모님들의 승낙을 받아 떠나게 되었다.

그래서 라반나 일행과 함께 예수는 여행길에 올랐다.

며칠 뒤에 신드강을 건너서 마침내 인도의 남부 오릿사 지방의 궁전으로 돌아왔다. 브라만 승려들은 왕자의 귀국을 환영했으며, 유태인 소년을 호의로써 받아들였다.

(2) 라마아스 브라만과의 대화

예수는 쟈간나스 사원의 생도로서 입학하고 베다경전과 마니법전을 배웠다. 브라만교의 선생들은 소년의 총기어린 이해심에 놀라고 오히려 그로부터 종종 법전의 해석을 듣고는 감탄해 마지않았다.

쟈간나스의 승려들 중에서도 예수를 친애한 이는 라마아스 브라만으로 알려진 스승이었다.

어느날 둘이 광장을 걷고 있을 때 라마아스가 물었다.

"작은 유태인 선생님, 진리란 무엇이라고 생각합니까?"

"진리란 변화하지 않는 유일한 것입니다. 진리란 있는 그대로이며, 거짓이란 있는 것처럼 보이는 것입니다. 성기(聖氣)란 진리이며, 과거·현재·미래를 통하여 영원히 존재할 수 있는 것입니다. 그것은 변화할 수도 소멸할 수도 없는 것입니다."

"인간이란 무엇입니까?"

"인간이란 진리와 거짓이 이상하게 혼합된 것입니다."

"힘(Power)에 대해선 어떻게 생각하십니까?"

"그것은 표현된 결과, 곧 힘(Force)의 결과로서 없는 것(無)에 지나지 않습니다. 힘(Force)은 변화하지 않으나 파워(Power)는 에테르가 변화함에 따라 변합니다. 힘(Force)은 하느님의 의지이며 전능한 것입니다. 파워는 성령의 기운에 의하여 지도되어 표현되어진 하느님의 의지입니다. 바람에 파워가 있고, 파도에 파워가 있고, 번갯불에 파워가 있고, 사람의 팔과 눈에 파워가 있습니다. 에테르는 이와 같은 파워를 불러일으키고 엘로힘·천사·인간 그 밖의 생각하는 것의 사상을 포오스(Force)는 지도합니다. 그리고 포오스가 그의 일을 마치면 파워는 더 이상 없는 것입니다."

"예지력(叡智力)에 대해선 어떻게 생각하십니까?"

"예지란 인간을 토대로 삼아 자기 자신을 그 위에 세우는 바위입니다. 그것은 유(有)와 무(無), 진리와 거짓을 가려서 알아내는 영혼의 직관입니다. 예지는 저급한 자아의 본질을 알아내고 인간 자신의 파워를 감지합니다."

"지혜에 대해서는 어떻게 생각하십니까?"

"인간이 참다운 존재라는 것, 하느님과 인간이 하나라는 것을 의식하는 것입니다. 천국과 땅과 지옥은 위나 주위나 밑에 있는 것이 아니고, 단지 안에 존재하는 것입니다. 그것은 유(有)의 빛 안에서 무(無)가 되어 하느님이 일체의 것(all)이라는 사실을 의식하는 것입니다."

"신앙이란 무엇입니까?"

"하느님과 사람이 전능하다는 것을 확증하는 것이며, 사람이 신적인 생활에 도달할 것을 확증하는 것입니다. 구원이란 인간의 마음에서 하느님의 마음으로 올라가는 사다리입니다. 구원에는 세 개의 계단이 있습니다. 첫 번째 사다리가 믿음인데, 이것은 아마도 사람이 진리라고 생각하는 것을 대상으로 하는 것입니다. 다음 단계가 신앙이니 인간이 진리가 무엇인지를 아는 것입니다. 마지막이 완성입니다. 이것은 인간 자신이 바로 진리라는 것을 깨닫는 것입니다. 믿음은 신앙에 젖어 없어지며, 신앙은 완성 속에서 사라집니다. 그리고 인간은 그 자신이 하느님과 같은 생활에 도달하여 그 자신과 하느님이 하나가 되었을 때 구원을 받게 되는 것입니다."

이 이야기는 이사전 4: 12~3과 거의 같은 내용이다.

(3) 인도에서 익힌 베다사상

인도는 서기전 2500년부터 인더스문명이 발달한 나라였다. 아리야인들이 갠지스강 가에 진출하면서 브라흐마나 문헌을 성립 16대국이 출현하였다. 도시가 출현하면서 고우파니샤드

철학이 성립될 무렵 석가모니 부처님이 탄생하여 자유사상이 꽃을 피웠다.

서기전 350년 빠니니가 산스크리트어를 만들면서 부처님의 말씀과 쟈이나교(마하비라교)의 학설이 산스크리트어로 만들어지고 있었다.

알렉산더대왕이 서북인도를 침범하면서 마우리야왕조가 나타났는데 이때 불교가 전인도에 퍼지면서 이스라엘, 애급까지도 전파하게 되었다.

B.C. 283년경 아쇼카왕이 즉위하면서 마힌다장로가 스리랑카에 불교를 전해 팔리어로 불경이 편집되면서 쟈타카의 원형이 만들어진다. 그 후 힌두교가 흥기하여 슝가왕조가 성립되고, 미린다왕이 서북인도에 와서 나가세나 장로와 대화하여 저 유명한 나선비구경이 성립된다.

인도 사상계에서는 미맘사 학파가 성립되고 불교에서는 아비달마 발지론이 나오면서 소승부파불교가 끝나고 대승불교가 일어나고 있었다. 그렇기 때문에 예수님도 인도 귀족 라마 아스와의 대화에서 상당한 수준의 지식과 상식을 토로하고 있다.

그래서 베다에 대한 학문을 손쉽게 이해할 수 있었다.

'베다(veda)'는 명(明)·지식(知識)으로 번역한다. 이것을 알면 우주와 인생의 진리를 밝게 알 수 있기 때문이다.

베다에는

① 리그베다(Rig-veda)

② 사마베다(Sama-veda)

③ 야쥬르베다(Yajur-veda)

④ 아타르바베다(Atharva-veda)가 있다.

첫째, 리그베다는 신을 찬송하는 시(讚頌明)로 10권 1,017편 10,580송으로 구성되어 있고,

둘째, 사마베다는 가영명(歌詠明)으로 신을 찬미하는 음부가 붙은 시집인데 2권 1,549송이다. 그러나 리그베다에 없는 새 노래는 74송 뿐이다.

이 두 베다는 모두 운문으로 되어 있다.

셋째, 야쥬르베다는 운문과 산문이 혼합된 것으로 기원전 1000~800년경에 이룩된 것이고,

넷째, 아타르바베다는 불을 숭상하는 사화승도(事火僧徒)들 이 개인적 주법(呪法)을 모집해 놓은 다라니다.

그러니 결국 이 네 가지는 제사의 직장(職掌)을 따라 제관 (祭冠)들이 만들어낸 제사문집이라 하여도 과언이 아니다.

그러나 그 속에는 천지만물을 찬송하고 보호하고 벌을 받고 상을 받는 온갖 일들이 낱낱이 기록되어 있어 정치이전의 종교적 법률서라 볼 수 있다. 그러므로 이것을 모르고는 인도 사상을 알 수 없다 할 것이다.

① 바루나(Varuna) 송가(頌歌)

제왕이신 바루나
이름 높은 바루나께
멋진 기도, 깊고 사랑스러운 기도
한 편을 드리나이다.

그는 땅을 쳐서
하늘로부터 가르고

태양 아래 펼쳤습니다.
마치 사제가 제물을 잡아 그 가죽을 벗기듯.

〈리그베다 5권 85편 중에서〉

바루나 신은 천공신(天空神)으로 인간의 행동을 감시하고 악을 징벌하는 가장 숭고한 신이다. 말하자면 우주의 법과 질서를 수호하고 관장하는 신이며, 흔히 우레 신 미트라와 함께 찬양받는 신이다.

② 수리아(Sūrya) 송가(頌歌)

모든 태어난 것들을 모시는 신
그는 그의 찬란한 깃발들이 끌어 올려
모두가 태양을 바라보게 하는구나.

〈리그베다 1권 50권 중에서〉

수리아는 태양신이다. 바루나와 같은 신인데 그 빛은 일곱 마리의 말이 수레를 끄는 모습으로 형성화하고 있다.

③ 인드라(Indra) 송가(頌歌)

금강저를 휘두르는 신,
인드라가 향한 최초의 영웅
그는 용을 죽여서
물이 흐르도록 출구를 뚫었으며
산허리를 갈라 재꼈다.

〈리그베다 1권 32편 1절〉

인드라는 본래 천둥 번개의 신으로서 마치 서북인도를 침범한 아리안 무사들을 연상시켰다. 이 신은 소마주를 즐기며 천둥 번개를 무기로 삼아 적을 물리치는 것으로 묘사되고 있다. 특히 브리트라라하는 용을 물리쳐서 비를 내리게 하고 동굴에 갇혀 있는 암소들을 풀어 비를 오게 하는 용맹한 신으로 인식되었다.

④ 아그니(Agni)와 소마(Soma) 송가(頌歌)

가정의 사제, 제사의 신
읊조리고 기원하고
많은 재보를 가져오는 아그니에게 기도합니다.

어둠을 밝히는 아그니여,
당신께 우리는 날마다
우리의 생각을 아뢰고
경배하며 나아갑니다.

〈리그베다 1권 1편〉

여기까지는 아그니를 찬송하는 시다.

브르트라의 살해자,
인드라로 하여금 샤리야나바트(소마 木이 있는 산)에서
술을 마셔 힘을 쌓고
위대한 용사의 행위를 하게 하라.

오, 소마방울이여,

인드라를 위해 흐르소서.

〈리그베다 9권 113편〉

아그니는 불신, 소마는 술신이다. 제사에 있어서 없어서는 아니될 재료들이다. 베다의 시인들은 불에 구운 고기를 먹으며 소마를 마시고 영감을 얻었다.

⑤ 루드라(Rudra)와 비쉬누(Viṣṇa) 송가(頌歌)

마루트들의 아버지여,
당신의 친절함을 여기 보내주소서.
태양을 보지 못하게 가리우지 마소서.
용사는 우리의 말들을 해치지 마소서.
오, 루드라여.
자손들을 통해 우리가 다시 태어나게 하소서.

〈리그베다 2권 33편 1절〉

비쉬누의 용맹스러운 위업을 노래하리이다.
그는 세 걸음을 내딜음으로
대지의 영역을 하늘로부터 가르시고
상층주거(하늘)를 떠받치셨습니다.

〈리그베다 1권 154편 1절〉

이렇게 자연을 배경으로 한 베다의 신들이 우파니샤드 (Upanisad)에 이르러서는 우주 만물에 단 하나의 궁극적 실재만을 인정하는 일원론적인 유일신사상으로 대체된다. 그러나 우파니샤드에 이르러 힌두교의 신관은 일단 갖추어지지만, 그 후 철학인들을 통해서 다양하게 이론화되고 프루나 같은 문헌을 통하여 풍부한 신화적 내용이 첨가되어 1억 4천800이나 되는 범신론적인 사상으로 발전한다.

> 비실재로부터 실재로 나를 인도하소서.
> 어둠으로부터 빛으로 나를 인도하소서.
> 죽음으로부터 영생으로 나를 인소하소서.
>
> 〈브르하드 아라니아카 우파니샤드 1, 3, 28〉

> 나는 불생(不生)이며
> 나의 자아는 불변(不變)하고
>
> 나는 모든 존재들의 주인이 되지만
> 나 자신의 창조력에 의하여
> 자신의 물질을 사용하여 존재하게 된다.
>
> 〈바가바드 기타 4장 5~11절〉

예수님은 이렇게 자연신(自然神)이 자체신(自體神)으로 변하여 범신론적(汎神論的)인 사고방식을 가진 인도사상을 배웠으나 자신의 유일절대신(唯一絶對神) 사상에는 미치지 못한다 생각하였다. 왜냐하면 여러 신들은 혼돈하여 질서가 없이 느껴졌기 때문이다.

예수는 친구 라마아스와 함께 오릿사지방의 모든 고을을 돌아다녔으며, 갠지스강 주변의 골짜기를 차례로 방문하여 여려 계급의 사람들이 흩어져 노래하는 것을 보고 들었다.

3. 영혼의 강이 흐르는 베나레스

갠지스강(Gaṅgā) 마하나디(Mahā-nadhi)는 인도의 젖줄로 만 2천리를 흘러내리는 큰 강이었다. 그런데 이들 강 가운데에서 베나레스는 이들 여러 강들이 한데 모이는 곳이다.

그래서 사람들은 죽으면 이 강물에 화장되어 떠내려가기를 희망한다. 영혼이 근원으로 돌아가는 지름길이 되는 곳이 된다고 믿었기 때문이다.

그래서 예수님도 스님이 된 이후 몇 년간 수행하다가 도반들을 따라 성지순례에 나서 베나레스에 왔다. 강가에는 수천수만을 헤아리는 사람들이 각양각색의 모습을 하고 강물에 들어가 목욕하고 다생의 죄업을 씻었다.

(1) 세례의식(洗禮儀式)

세례는 각 나라마다 다소 차이는 있지만 자고 나면 낯을 씻고 손을 닦는 풍습, 농사짓는 사람이 전답에 다녀와서 손발을 씻고 밥상 앞에 나아가는 의식과 같았다.

그런데 그것이 더욱 더 깊이 있게 이해되어 세수하고 나면 새 얼굴이 나타나듯이 손발을 씻고 나면 새로운 정신이 들듯이 사람이 물에 들어가 목욕하고 나면 몸도 깨끗해지지만 마음도 청결하게 되므로 그 같은 방법에 의해 죽은 사람이나 산 사람에게 목욕시키는 의식이 발달하였다.

사람들은 강 속에 들어가 한참 있다가 나와 밝은 빛(태양)이나 달빛을 바라보고 환희하였으며, 어떤 사람들은 아이들을 데리고 물속으로 들어갔다 나왔다 하기를 수십 차례 하였다. 한번 들어갔다 나오는데 5백 생의 죄를 사하기 때문이라 하였다. 서양의 종교에서도 물속에 들어가는 것을 통해 옛사람이 죽은 죄를 씻는다 생각하고 있는데 그 이치는 꼭 같았다.

마찬가지로 사람들은 "의식을 정결히 하기 위하여 물로 깨끗이 씻었다." 하는데 이것이 곧 유태교의 세례가 아니었던가. 특히 그들은 이방인들이 유태교로 개종할 때에는 그들에게 할례를 하고, 그 후 할례 받은 상처가 아물 경우 그들을 물속으로 데리고 들어가 흐르는 물에 가서 물 가운데 세우고 율법을 읽어주었다. 그리고 축도하고 그를 물에 잠기게 한 뒤 그가 물에서 올라오면 그를 완전한 유태교인으로 새로 태어난다고 하였다.

그런데 뒤의 요한의 세례는 결례만이 아니고 뒤에 올 메시아의 대망을 희망하는 가운데 회개와 하느님의 법을 헌신하는 것이었다.

이것이 장차는 죽은 자들을 위해서 세례를 받는 법까지 생기게 되었으니 불교의 세례도 예외는 아니었다. 부처님께서 처음 탄생하였을 때 아홉 용이 물을 뿜어 목욕시키자 아기 부처가 일어서서 사방으로 일곱 발짝씩을 걷고 '천상천하 유아독존'이라 하였다 하니 이것은 껍데기 부처가 속부처를 탄생시키는 한 과정이 아닌가 생각되었다.

바라문들은 죽은 사람의 영혼을 강가에 와서 씻으며 "감로

향탕으로 다생의 죄구(罪垢)를 씻고 청정한 법수로 누겁(累劫)의 진노를 벗어나 환화(幻化)의 공신(空身)을 벗고 신업(身業)을 청정히 하여 다시는 티끌에 물들지 않게 한다." 하였다. 하물며 뜨겁고 괴로운 세계를 벗어나 진정한 세계에 나아가지 않겠는가.

그래서 그들은 산 사람이 죽은 자를 대신하여 위패(神主)를 모시고 물에 들어갔다 나오기도 하고, 그의 자식이나 가족들을 목욕시키기도 하였으며, 순교자를 위해서는 피를 뿌리기도 하였으니 모두가 죽은 사람의 정신을 산사람에게 부탁하고 산 사람으로 하여금 그의 정신을 계승케 하는 것이었다.

그러나 예수는 부처님께서 "갠지스강 가에 사는 소와 목동은 매일 같이 강을 건너가 풀을 뜯고 오기 때문에 모든 죄가 다 없어지지 않겠느냐." 하신 말씀을 듣고 두 가지 참회법을 생각하였다. 하나는 사실적인 방법이니 다생(多生)에 몸과 입과 뜻으로 지은 죄를 물로 참회하는 것과 다른 하나는 마음속으로 지은 죄를 마음속으로 뉘우쳐 이치적으로 깨달아 가는 것이다. 이것이 장차 이스라엘 사람들이 물로 세례를 주던 것을 성령으로 세례를 주는 방법으로 바꾸게 한 바탕이 된 것이었다.

(2) 베다경전을 읽는 사람들

아침부터 저녁까지 꼼짝하지 않고 숨도 제대로 쉬지 않으며 경전을 읽는 사람들이 여기 저기 널려 있었는데, 가만히 그들의 숨소리를 들으며 자신도 모르게 삼매(三昧)에 들었다.

나는 수많은 생을 거쳐 왔고
그대 또한 그러하다.
오, 아르쥬나여,
나는 그 모든 생들을 알지만
그대는 알지 못한다.
오, 적을 괴롭히는 자여,

나는 불생(不生)이며
나의 자아는 불변하고
나는 모든 종자들의 주(主)지만
내 자신의 창조력에 의해

자신의 물질을 사용하여 존재하게 된다.

의가 쇠하고
불의가 흥할 때마다,
오, 바라타의 자손이여,
나는 자신을
세상에 내어 보낸다.

선한 자들을 보호하고
악한 자들을 멸하기 위하여,
의의 확립을 위하여,
나는 때에 맞추어 세상에 나온다.
나의 신비한 출생과 행위를

이와 같이 진실로 아는 사람은
육신을 떠나도 다시 태어남이 없이
나에게로 돌아온다.
오, 아르쥬나여,

많은 이들이 애욕과 공포와 분노를 떠나
나와 같이 되고, 나를 피난처로 삼아
지혜와 고행에 의해 정화되어
나의 상태에 이르렀노라.

사람들이 어떤 방식으로
나에게 나아오든지,
그와 꼭같이 나는 그들에게 사랑을 베푸노라.
모든 면에서 사람들은
나의 길을 따른다.
오, 프르타의 아들이여,

나를 의지하는 가운데 요가를 수련하면서
나의 전부를 그대가
의심 없이 알도록 들어 보아라.

이 지혜와 통찰을 나는 그대에게
남김없이 말해주겠노라.
그것을 알고나면 이 세상에서 알아야 할
그 어떤 것도 더 이상 남지 않는다.
수천의 인간 가운데

혹시 한 사람 정도 완성을 향해 노력하며,
노력해서 완성된 자들 가운데
혹시 한 사람 정도 나를 진실로 안다.

지(地)·수(水)·화(火)·풍(風)·공(空)
마음(意根)·지성·아만(我慢)
이렇게 나의 물질적 본성은
여덟 가지로 나뉘어져 있다.

이것은 나의 낮은 본성이다.
그러나 이것과 다른 나의 더 높은 본성을 알라.
만물의 생명이 된 것,
오, 강한 팔을 지닌 자여,
그것에 의해 이 세계가 유지되는 본성을

모든 존재가 그것을
모태로 함을 확신할지어다.
나는 이 온 세계의 생성이며
또한 해체로다.

나보다 더 높은 다른 어떤 것도
존재하지 않노라.
오, 다남자야여,
구슬 다발이 실에 꿰어 있듯이
이 모든 세계는 나에게 꿰어져 있노라.
쿤티의 아들들이여,

나는 물의 맛이며,
해와 달의 빛이며,
모든 베다 중의 성음(聖音 om)이며,
공기 중의 소리이며, 남성의 성이 됨이여……

나는 지상의 좋은 향기이며,
불의 빛이며,
모든 존재들의 생명이며,
고행자들의 고행이로다.

나는 모든 존재들의
영원한 씨앗임을 알라.
오, 프르타의 아들이여,
나는 지혜로운 자들의 지혜이며,
찬란한 자들의 찬란함이로다.

또 나는 힘센 자들의 힘이로되
욕망과 애욕을 벗어났고,
나는 모든 존재들에 있어서,
오, 바라타족의 으뜸이여,
법도에 어긋나지 않는 욕망이로다.

선과 격정과 암흑의 요소를 지닌 존재들마다
나로부터 나옴을 알지어다.

그러나 나는 그것들 안에 있지 않으며

그것들은 내 안에 있도다.

이 세 가지 요소로 된 존재들에 의해
이 세계는 모두 미혹되어

그것들을 초월하는 불변의 나를
인식하지 못한다.

요소들로 된 나의 이 신비한 환술은
초월하기 어렵기 때문이다.
그러나 오직 나에게 귀의하는 자는
이 환술을 넘어선다.

악행을 하는 자, 미혹되고 비루한 사람들은
환술에 의해 지혜를 빼앗겨
악귀(아수라)와 같은 존재 양태를 지향하며
나에게 귀의하지 않는다……

무지한 사람들은 나를 현현된
미현현(未顯現)으로 생각한다.
나의 불변하는 무상(無上)의
더 높은 상태를 알지 못하고,

나는 내 자신의 요가와 환술에 가리어져
모든 사람들에게 드러나 있지 않다.
이 세상은 미혹되어서

불생불변의 나를 알지 못한다.

아르쥬나여, 나는 지나간 존재들과
현재의 존재들과
앞으로 올 모든 존재들을 알건만

아무도 나를 아는 자는 없다.

욕망과 증오로부터 생겨나는
대립성의 미혹에 의해,
오 바라타족의 자손이여,
모든 존재들은 태어날 때에
미혹에 이른다.
오, 적을 괴롭히는 자여,

그러나 악이 종식되고
덕 있는 행위를 하는 사람들은
대립성의 미혹으로부터 해방되어
굳건한 원(願) 가운데 나를 신애한다.

늙음과 죽음으로부터 해방되기 위하여
나를 의지하며 애쓰는 사람들은
브라흐마나 전체와
최고아(最高我), 그리고 일체의 행위를 안다.

존재들의 본질, 신들의 본질,

그리고 제사의 본질과 더불어
세상을 떠나는 시간에도 나를 아는 자들은
제어된 마음으로 나를 아는 자들이다.

이 모든 세계는 미현현(未顯現)의 형태를 지닌
나에 의해 편만해 있다.
모든 존재들은 나에 거하나
나는 그들에 거하지 않는다.

그러나 또한 존재들은 나에 거하지 않도다.
나의 전능한 요가를 보아라.

존재들을 유지하되,
나의 자아는 존재들에 거하지 않으며
존재들을 존재하게 하노니

마치 어디에나 부는 큰 바람이
늘 허공에 거하듯
그와 같이 모든 존재들이
나에 거한다고 이해하라.

한 겁(劫)이 끝날 때 모든 존재들은
오, 쿤티의 아들이여,
나의 물질적 본성으로 들어온다.
또 한 겁이 시작될 때
나는 다시 그들을 방출한다.

나는 자신의 물질적 본성에 근거하여
나는 이 모든 무력한 존재들의 무리를
거듭 거듭 방출한다.
나의 물질적 본성의 힘에 의해서,

그러나 이러한 행위들은
나를 속박하지 않는다.
오, 다남자야여,
이러한 행위들 가운데
집착 없이 무관심하게 앉아 있는 나를,

감독자인 나에 의해 물질적 본성은
생물과 무생물을 산출한다.
이러한 이유로 인해서,
오, 쿤티의 아들들이여,
세계는 돌고 돈다.

어리석은 자들은 인간의 형상을 입은
나를 멸시한다.
존재들의 대주재자인
나의 더 높은 상태를 알지 못하고,

헛된 희망과 헛된 행위와
헛된 지혜로 정신이 나가서
야차(野次)와 아수라(阿修羅)와 같은
허망한 물질적 본성들을 그들은 지향한다.

그러나 위대한 영혼들은
신적인 본성을 지향하여
다른 생각 없이 나를 신애한다.
존재들의 시초인 불변의 나를 알고서,

언제나 나를 찬양하면서
굳건한 원(願) 가운데 애쓰면서,
신애로써 나를 경배하면서
항시 제어된 상태로 그들은 나를 공경한다.

또 다른 사람들은 지혜의 제사로써
제사 드리며 나를 공경한다.
하나로, 각각으로, 혹은 여러 모양으로
사방을 향한 나를.

나는 의례이며 나는 제사이며
나는 죽은 자를 위한 공물이며 약초이다.
나는 만트라이며 나는 고인 버터이며,
나는 불이며 나는 공물이다.

나는 세계의 아버지며

어머니며, 수립자며, 조부이다.
나는 앎의 대상이며, 정구(淨具)이며, 옴(om)이며,
리그, 사마, 야쥬르(베다)로다.
나는 목표이며 유지자이며 주(主)이며 관조자이고,

주처이며 피난처이며 친구이다.
나는 우주의 생성과 해체와 유지이며,
보고(寶庫)이며 불멸의 씨앗이다.

내가 열을 주고
내가 비를 억제하고 내리게도 한다.
나는 불사(不死)이고 죽음이며
존재이고 비존재이다.
오, 아르쥬나여.

〈바가바드 기타 9장 4~20절〉

(이상의 시는 길희성 교수님이 번역한 힌두교편 경전으로
본 세계종교에서 발췌한 것이다.)

이 같은 글을 3번, 7번, 21번, 49번, 108번을 읽고, 또 다른 글을 계속해서 읽어 아침부터 저녁까지 시간 가는 줄을 몰랐다. 어떤 사람은 바루나·수리야·인드라·아그니·소마에 관계된 것들을 읽고 루드라·비쉬누·크리쉬나·쉬바와 관계된 것들을 읽어 초하루부터 보름까지 계속하여도 끝이 나지 않는다 하였다.

옛날 가나안·페니키아·히타이트·유태인들이 바알·엘·엘렐·엘로힘을 찾으며 큰 소리로 그들의 성경을 읽는 것과 같았다.

(3) 쉬베타케투의 자손들

쉬베타케투 아루네야(Śvetaketu Āruneya)는 그의 아버지의 명령을 받고 12년 동안 스승의 집에 가서 베다공부를 마치고 24세에 집에 돌아오니 그 아버지가 말했다.

"애야, 너는 듣지 못했던 것을 듣고, 생각하지 못했던 것을 생각하고, 알지 못했던 것을 다 알아 왔느냐?"

"그런 가르침은 처음 듣는 말씀인데요."

"그래. 그렇다면 너는 이제까지 변동된 존재에 대해서만 공부하였구나. 금가락지·금목걸이가 모두 하나의 금에서 나오듯, 옹기·항아리·접시·밥그릇이 모두 한 가지 진흙으로 만들어지듯, 만물의 실재에 대해서 확실히 알아야 한다. 이 세상의 근본도 유일한 非實在(비실재) 속에서 갖가지 實在(실재)가 나타난 것이다. 물에서 물이 나오고 물은 음식을 만들어 내듯이 말이다."

"아, 그래서 사람이 슬퍼지면 눈물이 나고, 땀이 나는군요."

"그렇다. 비온 뒤엔 먹을 것이 풍부하게 되는 것이다. 그런데 그것들은 다시 셋으로 나누어지나니, 조잡한 음식은 대변이 되고, 중간은 살이 되며, 섬세한 것은 정신이 되고, 물은 소변과 피가 되고, 호흡이 되고, 불은 뼈와 골수가 되고, 말이 된다. 그래서 음식 속에 마음이 들어있고, 숨 속에 물이 들어있으며, 말 속에 불이 있다고 말하는 것이다."

"그럼 배고픔과 갈증은 어떤 것입니까?"

"음식은 물을 뿌리로 하여 존재하듯이 사람의 말은 정신에 흡수되고, 정신은 숨에 흡수되고, 숨은 불에 흡수되고, 불은 신에게 흡수된다. 마치 벌들이 꽃의 정수를 모아 꿀을 만드나 그 꿀은 내가 꿀이다 하는 생각이 없듯이, 만 가지 강이 하나의 바다가 된 뒤에는 바다라는 생각도 없듯이, 만물은 모두 그 하나에 돌아가면 모든 생명의 존재는 그 하나로 돌아간다. 그런데 그 하나가 떠나면 마치 나무가 죽어버리듯 죽는다. 그러나 그 하나의 존재를 자아라 부른다. 그 자아는 소금을 물에 타면 모든 물이 소금물이 되듯 그 본래의 존재로 돌아가면 모든 무지, 윤회에서 해탈하게 된다. 악으로부터 자유롭고, 늙음과 죽음, 슬픔과 배고픔, 목마름에서 벗어난 자아는 물 속에 나타낸 온갖 그림자 그대로이다. 옷을 입으면 옷을 입은 대로, 옷을 벗으면 옷을 벗은 대로 그 모습이 나타난다. 그 자아에게는 꿈이 없다. 그러기에 꿈속에서 다리가 부러지고 눈이 멀어도 꿈을 깨고 나면 멀쩡한 것과 마찬가지다. 인생은 꿈속에서 살고 있으며 진짜 자아는 꿈을 깬 주인공과 같다. 실로 이 몸은 쾌락과 고통에서 놀고 있다. 그러나 이 몸을 떠난 자는 쾌락과 고통을 모른다. 아무리 하늘에 구름이 흘러가고 번개가 치고 비바람이 몰아쳐도 허공은 움직이지 않는 것과 같다."

이렇게 쉬베타케투의 공부하던 일을 이야기하니 다른 수행자가 말했다.

"옛날에 야즈나발키야(Yājñavalkya)는 마이트레이와 키티야야니라는 두 아내를 거느리고 있었다. 마이트레이는 브라만을 논하는 반면 키티야야니는 여자들의 삶에 대한 지혜를 가지고 있었다. 야즈나발키야가 출가수행을 준비하고 있을 때 야즈나발키야가 물었다."

"이세상의 부를 다 어찌하고 떠나려 하십니까?"

"그것은 영생하는 것이 아닙니다."

"그렇소, 이 세상의 사랑은 사랑하는 사람 때문에 생긴 것이 아니라 자아(ātman) 때문에 생겨난 것이오. 이 세상의 부와 가축, 바라문, ṃ샤트리아. 세상, 집, 베다 —이 모든 것이 자아 때문에 생겨난 것이오. 북을 치면 소리가 밖에 들리듯이 고동소리, 피리소리도 그렇고, 불을 붙이면 연기가 나듯 세상의 모든 것은 자아 때문에 생겨난 것이오. 그러니 당신은 어떤 것에도 집착하지 말고 자아를 관하십시오. 그래서 그는 자아를 관찰하여 영생을 얻었습니다."

듣고 보니 이 세상의 실재인 브라흐만과 아트만은 어떠한 속성도 부여하기 어려운 실재적인 존재였다. 굳이 거기에 긍정적 개념을 적용한다면 단지 순수한 존재(Sat), 순수한 의식(Cit), 순수한 기쁨(ānanda)이라고나 할까. 그런데 그 인격체가 뒤에 가서는 유일절대의 신으로 나타난다는 것을 알게 되었다. 왜냐하면 뒤에 나타나는 쉬베타스바타라 우파니샤드(Śvetāśvatara-upanisad)에서는 대주재자 비쉬누와 크리쉬나 쉬바 등으로 나타나고 있기 때문이다.

(4) 비쉬누(Viṣṇu)와 크리쉬나(Krsna)

베다시대에는 크게 부상하지 못했던 루드라(쉬바)와 비쉬누가 시간이 갈수록 신화적 내용이 풍부해지면서 드디어 전우주를 다스리는 대주재신으로 힌두교 신앙의 중심을 차지하게 되었다.

이 신은 우파니샤드에서 대주재신으로 그 모습을 나타내면서 우주의 실재인 궁극적 브라흐마나와 동일시된다. 말하자면 무서운 파괴력과 무한한 자비, 끝없는 고행 등, 다양한 모습을 나타내어 마치 남자의 성기(Linge)처럼 다양한 **化身**(화신)으로 심지어 라마왕·물고기·황소·난쟁이·사자·인간 등 크리쉬나를 포함한 십수 개의 화신으로 숭배되었다. 아울러 그의 아내 두르가(Drugā) 칼리(Kāli)도 함께 작용했는데, 성지순례에 나온 남방인도 사람이 그의 가족들과 함께 단을 차리고 이야기하고 있었다.

"옛날 일곱 번째 트레타(**成·住·壞·空中** 제2기)를 맞아 온 세계가 발리(바이로자나의 아들)와 악령들의 지배하에 있을 때 비쉬누의 세 번째 화신 난쟁이가 비로자나의 아들 발리에게 세 걸음 디딜 만한 땅을 받아 천·공·지(**天·空·地**)에 꽉 차게 발을 뻗고 빛을 발하니 온 세계가 빛으로 변하여 악령들은 저절로 지옥으로 쫓겨났다.

또 옛날 태양의 아들 마누가 고행을 많이 한 후 왕권을 자기 아들에게 물려주었는데, 자아의 영혼을 갖춘 아들이 히말라야 산맥 너머에서 요가의 최고 경지를 완성, 모든 움직이는 자의 보호자가 되어 있을 때 작은 물고기 한 마리가 나타나 점점 커졌으므로 그를 바다에 던져 이 세상이 물에 잠길 때 그 고기의 머리에 배를 매 살게 되었으니 장차 이 자가 우주의 통치자가 되었다는 것이다."

어쩌면 이것은 노아의 홍수 때 일어난 사건과 비슷한 이야기다. 하여간 인도에는 이같이 헤아릴 수 없는 이야기들이 많이 있었는데, 갠지스강 가에 모여 앉아 있는 성자들은 길거리에 늘어서 있는 거지들에게 이런 저런 이야기로 하루해를 보내며 그들이 올리는 공물을 받아먹고 있었다.

크리쉬나의 이야기며 쉬바의 이야기며, 여러 가지 여신들의 이야기는 더욱 더 재미있었으나 예수님은 그들의 이야기만 듣고 있을 수 없어 갠지스강 상류로 올라가면서 또 다른 세계를 관찰하였다.

(5) 화장장의 비참한 모습들

사람이 죽으면 인도 사람들은 갠지스강 가에 와서 태워져 그대로 갠지스강에 뿌려지기를 희망하였다.

그런데 하루에도 수백 구의 시체가 몰려오기 때문에 나무가 부족한 가난한 사람의 시체는 조금 익혀져 개와 닭들의 밥이 되는 경우가 많았고, 잘 익혀진다 하더라도 그것이 다른 음식물과 함께 찧어져 강 가운데로 운반되어 날짐승에게 공양되고 그 나머지는 강 가운데 뿌려져 고기밥이 되게 하였다.

사람이 이 세상에 살면서 물 속의 고기와 날아다니는 짐승과 기어다니는 짐승들을 잡아먹고 살았기 때문에 그 은혜를 보답하는 일은 죽은 시체라도 그렇게 베풀어야 좋은 곳으로 갈 수 있다고 하였다.

생각해보면 서양사람들이 돌구덩이에 시체를 넣어 놓고 올리브나무 기름을 바른 뒤 천년만년 썩지 않기를 바라는 것보다는 나은 것 같았다.

그런데 자식들이 보는 가운데에서 그의 시체를 작살내는 모습은 너무도 잔인하게 느껴졌고 무자비하기 그지없는 것같이 생각되었다.

그런데 더욱 놀란 것은 남편이 죽었을 때 여인들이 따라 죽는 것이었다.

장자 바라문이 죽으면서 나는 누구와 함께 갔으면 좋겠다 하면, 그녀는 그날부터 음식을 전폐하고 있다가 남편이 화장된 그 자리에서 함께 화장되었으며, 그렇지 못한 사람 가운데에서도 남편을 따라 죽기를 희망하는 사람들이 열을 지어 기도하고 있는데, 때가 이르러도 죽지 아니할 때에는 옆에 있는 사람에게 돈을 주고 죽여달라고 하면 돌멩이로 쳐 죽여 함께 화장하는 경우도 있었다. 이것은 진짜 사람으로서는 눈뜨고 볼 수 없는 광경이었다.

갠지스강 가에 거지들이 많은 것은 그들이 입고 있던 옷이나 가지고 있는 물건들을 얻기 위해서 몇 날 며칠을 기다리고 있는 사람이 있는가 하면, 또 좋은 일 한다고 무차대회(無遮大會)를 열어 음식물이나 옷이나 돈을 평등하게 나누어주므로 그것을 받기 위해 모여 있는 사람들도 많았다.

그러나 알고 보면 그들은 태어나면서부터 직업을 가질 수 없는 천민으로 태어났기 때문에 한 떼기의 땅도 없고, 집도 없어 거처할 곳이 없으므로 아무데서나 자며 얻어먹는 것으로 일을 삼고 있었다.

참으로 이해할 수 없는 나라였다. 자신을 데리고 온 귀족 바라문은 노예 일꾼이 3천 명이 넘고 바다에서 부리는 배가 100척이 넘었으며, 부인이 2백 명이나 되니 거기서 태어난 아들 딸들이 5백 명이나 되었다. 많은 땅을 경작하고 임야를 소유하여 거기서 길러내는 목축만도 수천만 마리가 되어 먹고 남는 음식은 짐승들에게 주면서도 이들 거지들에게 주는 법이 없었다. 개 돼지가 먹는 음식을 사람이 빼앗아 먹으면 기필코 그들을 쳐 죽여 개 돼지가 먹게 하였다. 너무나도 불쌍한 세상, 차마 사람으로서는 볼 수 없는 광경도 있었다.

예수는 여기에서 친구와 작별하고 인도에서 제일가는 의사 우도라카의 제자가 되었다.

(6) 우도라카의 자연의학

① 우주생성과 자연

인도인들의 창조설화는 일반적으로 무에서 유를 창조해내는 그리스도교적인 사고방식(Creatio ex nihilo)이나 창조주와 피조물을 엄격히 구분하지 않고 있다. 세계를 우주 만물을 품고 있는 어떤 모태와 같은 궁극적인 실재로부터 전개되었다고 생각하고 있기 때문이다.

그러므로 그 창조는 창조보다는 생산·산출·방출·전개 혹은 생성·발전의 개념으로 인식할 수 있다.

어떻든 이 세계는 흙(地)·물(水)·불(火)·바람(風)의 4대 원소에 의하여 이루어져 있는데, 자연의 법칙에 의하여 이루어져 있는 것은 무정 세계이고, 인위적 법칙에 의하여 모여져 있는 것은 유정 세계라 보는 것이다.

물체의 가장 작은 기본단위를 극미원소(極微元素)라 하는데, 1cm의 1억조 분의 1까지 분해된 색은 곧 정신과 같이 시간과 공간을 초월하여 무한한 세계를 마음대로 날고 앉는다는 것이다. 이것이 모이고 모여서 산과 물이 되고 사람과 짐승이 되는데, 거기에서 방·원·장·단(方·圓·長·短)의 형상과 동·서·남·북(東·西·南·北)의 방위가 생겨난다는 것이다.

땅(地)은 견고한 것이니 피차 저항하는 힘을 가지고 있고,

물(水)은 유연한 것으로 피차 끌어당기는 힘을 가지고 있고,

불(火)은 뜨거운 것으로 피차 부패를 방지하고 만물을 익히는 힘이 있고,

바람(風)은 움직이는 것으로 피차 흔들어 생장하게 하는 힘을 가지고 있다.

그런데 모든 만물에는 이 네 가지를 모두 내재하고 있는데, 그 가운데 어떤 것이 더 많이 모여져서 큰 세력을 형성하느냐에 따라 땅·물·불·바람으로 나타나게 된다는 것이다.

말하자면 땅은 견고하고 굳어지는 힘을 많이 가지고 있으므로 산과 언덕과 구릉을 형성하고,

물은 습하고 끌어당기는 힘을 많이 가지고 있으므로 비·수증기·안개·물로 나타나며,

불은 뜨거운 힘과 익히는 능력을 많이 가지고 있으므로 불이 되고,

바람은 움직이며 생장하는 마음이 강하므로 바람으로 나타난다는 것이다.

그러나 그 속에는 어느 것이나 그 여러 가지 요소를 함께 가지고 있기 때문에 물속에서 수력발전을 일으키기도 하고, 바람 속에서 풍력발전을 일으키기도 하며, 땅 속에서는 온천이 나오게 된다는 것이다.

대개 눈으로 볼 수 있고 귀로 들을 수 있는 색은 청·황·적·백·흑이 중심인데, 이것들이 분합되면서 구름(雲)·연기(烟)·티끌(塵)·안개(霧)·그림자(影)·빛(光)·밝음(明)·어둠(暗)이 나타난다고 한다.

말하자면,

대기가 얽히면 구름이 되고,

화기가 위로 올라가면 연기가 되고,
먼지가 흘러가면 티끌이 되고,
땅기운이 위로 올라가면 안개가 되고,
햇빛을 막으면 그림자가 되고,
어둠이 걷히면 빛이 나오고,
햇빛이 잘 비치면 밝게 보고,
그림자가 지면 어두워지는 것이다.

이러한 것을 모두 서양사람들은 신의 조화라 생각하고 있는데, 동양의 물리학이 서양의 과학보다 훨씬 앞서 있다는 것을 알 수 있다. 뿐만 아니라,

홍(紅)은 적(赤)의 옅은 것이고
천청(淺靑)을 벽(碧)이라 하는 것이라든지
청황의 합작은 녹(綠)이고
자색, 갈색도 모두가 사현색(四顯色)의 농(濃)·담(淡)·혼(混)·효(淆)에서 온다든지, 형색(形色)의 장단(長短)·방원(方圓)·고하(高下)·정부정(正不正)도 마찬가지다.

양면이 연장된 것을 장(長)이라 하고,

양면이 연장성이 없는 것을 단(短)이라 하며,
4면이 평균한 것을 방(方)이라 하고,
전면이 평균한 것을 원(圓)이라 하며,
중앙이 돌출한 것을 고(高)라 하고,
아래로 들어간 것을 저(底)라 하며,

형상이 바른 것을 정(正)이라 하고,

형상이 바르지 못한 것을 부정(不正)이라 한다.

1면·2면·3면·4면·5면·6면도 마찬가지다.

소리도 심식(心識)이 집지(執持)하여 괴로움과 즐거움을 느끼는 유정의 소리와 비정의 소리가 있는데, 노래하는 소리·꾸짖는 소리·박수치는 소리·곡하는 소리·부드럽게 대화하는 소리·뇌성벽력 소리·관현악기의 소리가 그것이다.

향도 맡기 좋은 호향(好香)이 있고, 맡기 싫은 오향(惡香)이 있는데, 맡기 좋으면서도 몸에 좋은 등향(等香)과 맡기 싫은 부등향(不等香)이 있다.

맛에는 시고(酢)·짜고(鹹)·쓰고(辛)·달고(甘)·싱겁고(淡)·괴로운(苦) 것이 있으며,

촉감에는 능조(能造)의 촉(堅·濕·煖·動), 소조(所造)의 촉(滑·澁·重·輕·冷·饑·渴)이 있다.

물과 불의 세력이 부드럽게 흘러가는 것을 비교하여 활성(滑性)이라 하고,

흙과 바람의 세력이 성하여 거칠게 나아가는 것을 삽성(澁性)이라 하고,

흙과 바람의 정도가 무거운 것을 중(重)이라 하는데, 모두 이것은 차고·고프고·목마른 결과에서 나타나는 힘을 그렇게 부른다는 것이다.

② 인체생리의 여러 가지 요소

사람은 눈·귀·코·혀·몸 다섯 가지 뿌리(五根)를 가지고 빛·소리·냄새·맛·감촉 등을 섭취하여 인식하는 작용을 하는데 이들의 조직도 모두 4대 색성에 근거하고 있다.

말하자면 육체적인 부진근(浮塵根)은 거친 원소가 집합된 것이고, 미세한 신경계는 극미소진(極微所塵)의 집합체(集合體)로서 마치 빛나는 구슬과 같다.

안근(眼根)의 집합체는 반짝이는 눈망울 위에(眼晃) 뿌려져 마치 양수기에서 나타나는 분말과 같고,

이근(耳根)의 극미는 귓구멍에 고리와 같이 형성되어 책 표지를 싼 것과 같으며,

비근(鼻根)의 극미는 콧구멍 속에 아래 쪽으로 두 손톱이 쌍으로 드리운 것 같고,

설근(舌根)은 혓바닥 위에 퍼져 반달과 같으며,

신근(身根)의 극미는 온몸에 흩어져 자기 신체의 양과 같다.

그러므로 논(論)에

"身等色根 不名斫所 非可全斷"이라 하고,

"乃至又身根等 如冷妙枝 如珠寶光"이라 한 것이다.

이와 같이 5근은 각기 특별한 능력이 있어서 눈·귀 2근은 부지경(不至境)을 취하나니 눈은 5근 중에서도 가장 예민한 감관으로 먼 거리에 있는 색을 취할 뿐 아니라 짧은 시간에 그 물상을 보아 내계(內界)의 안식(眼識)을 일으키게 한다.

귀는 먼 거리의 소리를 취하여 이식을 일으키되 눈에 비하면 약간 더디므로 멀리서 사람이 종을 치면 먼저 눈으로 본 다음에야 소리가 귀에 들린다.

코와 혀와 몸은 멀리 막힌 경계를 취하지 못하고, 다만 가까운 경계만을 감촉한다. 즉 경계의 물질이 접근해야만 코와 혀와 몸의 작용이 나타나기 때문이다.

그러나 접근하는 정도가 세 개의 근이 각각 한 개의 극미(極微)로 쪼개어 4분으로 한다면 코는 3분을 격하여 냄새를 맡

고, 혀는 2분을 격하여 맛을 보고, 육체는 1분을 격하여 감촉을 할 수 있으므로 눈·귀·코·혀·몸의 순서로 자리를 정한 것이다.

그러나 이 세상의 모든 것은

눈으로 색을 보고,

귀로 소리를 들으며,

코로 냄새를 맡고,

혀로 맛을 보며,

몸으로 부딪치는 것만 있는 것이 아니라 표색(表色)을 나타낼 수 없는 무표업(無表業)도 있는 것이다.

표색은 당장 좋고 나쁨(好惡)을 표시하지만 무표색은 전혀 고·락(苦·樂)을 표시하지 않기 때문이다. 그러나 표시하지 않는다고 해서 아주 그 작용이 나타나지 않는 것이 아니라 단지 변괴(變壞), 질애(質碍)에 능발(能發)·소발(所發)이 없을 뿐이다. 이러한 것들이 마음 속에 작용하여,

① 내 마음(心)

② 내 뜻(意)

③ 내 식(知識·常識)을 형성하여 온갖 사업을 일으켜 사량(思量)·계교(計較)·요별(了別)하나니, 이것을 통칭하여,

㉠ 자성분별(自性分別: 直覺)

㉡ 수념분별(隨念分別: 追想)

㉢ 계탁분별(計度分別: 推理)이라 하는 것이다.

사실 원래 눈·귀·코·혀·몸은 사대종(四大種)으로서 계탁분별하는 능력을 가지고 있지 않았으나 그것이 널리 깊이 고찰 사유하므로 상대에 대한 분별심을 일으키게 되어 습관적으로 그 작용이 나타나게 되는 것이다.

여기서 좋아하는 것과 싫어하는 것, 예뻐하는 것과 미워하는 것이 생겨 만 가지 병을 형성하나니, 인도에서는 그 병을 통칭 사대오장병(四大五臟病)이라 부르고 있다.

4대는 지·수·화·풍 4대로 이루어진 것인데, 뼈대와 손톱·발톱·머리칼 같은 것은 모두 지대의 집합체이고, 살결은 물, 체온은 불, 호흡은 바람이다. 그런데 이 몸속에서 과·불급(過·不及)을 따라 장애가 나타나면 4대병이 생긴다.

그리고 5장은 간장(肝臟)·심장(心臟)·비장(脾臟)·폐장(肺臟)·신장(腎臟)을 말하고 육부(六腑)는 지라(膽)·위(胃)·대장(大腸)·소장(小腸)·삼초(三焦)·방광(膀胱)의 여섯 가지를 말한다.

말하자면 4대의 기관 내에 자리 잡고 있는 각국의 대신과 같은 역할을 하는 것이다.

간장은 횡경막 바로 밑 복강(腹腔) 우측에 있는 소화기관에 달린 분비선이다. 두 개의 나뭇잎처럼 위로 위(胃)를 반쯤 덮고 있으면서 중앙 부근에 담낭(膽囊)을 형성하여 담즙을 조성함으로써 영양물의 대사(代謝)와 독극물을 분해시키는 작용을 하는 것이고,

심장은 염통으로 인체생리의 중심이 되므로 심장이라 한다. 혈액순환을 통하여 맥박을 유지시키는 작용을 하고, 혈맥의 신축과 정맥의 작용에 의해서 정맥관에서 돌아온 혈액을 동시에 동맥관으로 밀어내는 역할을 한다.

그리고 비장은 지라이다. 이자(胰子) 또는 췌장(膵臟)이라고도 하는데, 위(胃)의 위쪽에 있으면서 백혈구를 만들고, 묵은 적혈구를 파괴하는 역할을 한다.

폐장은 허파로 호흡하는 기관이다. 흉강(胸腔) 양측 횡경막

의 상부에 좌우 한 개씩 있어 탄산가스를 배출하고 산소를 공급하는 중요한 역할을 하고 있다.

신장은 콩팥이다. 척추 양측에 자리 잡고 있으면서 핏속에서 오줌을 걸러서 방광으로 보내는 작용을 한다.

이것이 5장이다.

담은 쓸개다. 간장에서 분비되는 쓸개즙을 일시 저장 농축해 놓았다가 12장으로 보내어 소화를 돕는다.

위는 밥통으로 식도와 장 사이에 있다. 염산을 함유한 위액을 분비하여 음식물을 산성으로 변화시키고 펩신이란 효소를 내어 단백질을 펩톤으로 삭히는 일을 한다.

대장은 큰 창자, 소장 끝에 붙어서 항문에 이르는 소화기관으로 소장보다 짧고 굵다. 맹장·결장·직장 세 부분으로 이루어져 있는데, 소장과 다른 것은 내벽에 융털돌기가 있다.

소장은 작은 창자로서 위의 유문(幽門)에서 대장 사이를 잇고 있는 소화기관으로 장액을 분비하여 음식물의 영양을 흡수한다. 대개 포유류에서는 12지장·공장(空腸)·회장(回腸)으로 나눈다.

삼초는 상초(上焦)·중초(中焦)·하초(下焦)로 되어 있다. 상초는 바로 위의 윗부분을 말하고, 중초는 위의 부근을 말하고, 하초는 위 아래 배꼽 부분을 말한다. 주로 음식을 흡수한나.

방광은 오줌통이다. 콩팥으로부터 보내온 오줌을 받아 저장하는 곳이다. 남자는 치골(恥骨)과 직장(直腸) 사이에 있고, 여자는 치골과 자궁(子宮) 사이에 있다.

이것이 6부이다.

이상 5장 6부는 4대 육신의 생리에 절대 필요한 기관으로 이 기관이 고장이 나면 사대오장병(四大五臟病)이 생기게 되어 있다. 다음은 정신병이다.

③ 여러 가지 정신작용####3

가. 지식과 지혜병

그런데 여기서 그냥 놓아 보내기 어려운 것은 이 4대 5장 6부 속에서 일어나는 정신작용이다. 말하자면,

㉠ 눈이 색을 보고 얻어낸 지식과 상식(眼識)

㉡ 귀가 소리를 듣고 만들어낸 이식(耳識)

㉢ 코가 냄새를 맡고 만들어낸 비식(鼻識)

㉣ 혀가 맛을 보고 만들어낸 설식(舌識)

㉤ 몸이 감촉을 통해 만들어낸 신식(身識·觸識)

이것은 1회 1기에서 끝나는 것이 아니라 신체부위 속에 저장되어 있다가 하나의 큰 세력으로 형성되어 마침내 색·성·향·미·촉을 총체적으로 분별하는 의식(意識)을 형성하고 있다.

이 의식이 하나도 빠짐없이 저장되어 있는 창고를 아뢰야식(阿賴耶識)이라 하는데, 온갖 종자를 저장 변이시키므로 종자식(種子識)·저장식(貯藏識)·이숙식(異熟識)이라 부르기도 한다.

이들은 모두 다 자의식(自意識)에 의해서 무의식화(無意識化)된 것을 이해하고 기억하고 있으며, 이것이 장차 구체적으로 나타난 것이 인체 속의 뇌(腦)이다.

그런데 그 뇌 속에 저장된 종자를 자기 의지를 따라 사랑

하고 비교하고 맹목적 견해로 꺼냈다 저장했다 하는 마음을 제7마나식(摩那識)이라 부르며, 그 작용을 따라 아견(我見)·아애(我愛)·아만(我慢)·아치(我癡)라 부르기도 하였다.

전6식이 맹목적인 생각을 벗어나 모든 사물을 바로보고 판단하면 묘하게 사물을 관찰한다 하여 묘관찰지(妙觀察智)라 부르고, 제7식이 아만·아애·아견·아치가 없어 밝은 마음으로 내외를 평등하게 살피면 평등성지(平等性智), 제8장식이 있는 그대로 모든 것을 거울 속에 물건처럼 보면 대원경지(大圓鏡智) -그리하여 눈·귀·코·혀·몸이 하고 싶은 것, 보고 싶은 것, 먹고 싶은 것을 알맞게 제공하면 성소작지(成所作智)라 하는데, 사람들은 이에 무능하여 좋아하는 것만 좋아하고 싫어하는 것을 싫어하다보니 거기에서 막히고 구부러지고 썩고 썩어 온갖 병이 나타나게 된다는 것이다.

해가 뜨면 만물이 성장하고, 달이 뜨면 만물이 쉬듯 5장 6부를 그렇게 관리하고, 봄이 오면 잎이 돋아나고, 여름이 오면 가지가 뻗어 나오고, 가을이 되면 열매를 맺고, 겨울이 오면 그것을 저장하여 소비하듯 -자연의 원리 그대로 살아가면 사람도 나무처럼 건강하여 천년만년을 살 수 있다고 하는 것이 자연의학이었다.

예수님은 어려서 모든 것을 하느님의 상·벌(賞·罰), 선·악(善·惡) 양면에서만 생각했던 것이 더욱 깊어지고 넓어지는 것을 느꼈다.

'아, 세상은 내가 혼자 잘나 사는 것이 아니로구나. 위로는 하늘이 있고, 밑으로는 땅이 있고, 산과 물이 있어 그 속에서 공기를 마시고 살기 때문에 생명이 유지되고 있구나……' 하는 것을 다시 한번 절감하게 되었다.

우도라카가 말했다.

"자연의 법칙은 건강의 법칙이다. 지·수·화·풍·4대는 물론 정신적 조화를 이루지 못하면 건강을 망치게 된다. 인간의 모든 신체부분에서 조화를 이루게 하는 것이 의약이다. 인간은 현악기와 같아서 줄을 너무 조여도 안 되고, 너무 늘려도 안 된다. 알맞게 조여야 소리가 나듯 사람도 마찬가지이다.

어떤 사람에게는 약이 되는 것이 또 다른 사람에게는 독이 될 수 있으므로, 어떤 풀잎은 누군가를 고칠 수 있는 약초가 될 수 있으며, 한 모금의 물이 다른 누군가의 병을 고치고, 산에서 부는 미풍이 절망적으로 여겨졌던 사람을 살릴 수도 있다. 숯불이나 한 줌의 흙으로 또 다른 사람들을 치료할 수 있을 것이며, 흐르는 물줄기나 웅덩이 물에 씻어서 깨끗하게 완치되는 사람도 있을 것이다. 손이나 숨결에서 나타나는 효험은 능히 천명 이상의 병을 고치겠지만 사랑은 여왕이다. 사랑에 의해 더 큰 힘을 강화시킨 사상은 천신들이 하사하신 최고의 명약이다.

참다운 의사는 영혼을 다스리는 스승인 것이며, 강한 의지의 힘에 의하여 이러한 사악한 신명들을 누를 수 있을 것이다. 공중에 있는 악령 중에서는 사람의 힘으로 어찌할 수 없을 정도로 강한 자들이 많다. 그러나 보다 높은 곳에는 인간을 도와주는 고급 영들도 있다. 그러므로 이들에게 자꾸 청하여 기원하면 그들은 인간을 도와서 악마를 쫓아준다. 그러나 이렇게 외부에서 오는 악령의 병도 있지만 자기가 알고 있는 지식과 지혜에 집착하여 병이 드는 수도 있으니 조심하여야 한다."

다음은 귀신병이다.

나. 귀신병

귀신의 병도 일종의 정신병이다. 개인 혹은 사회적인 분위기 속에서 원한과 집착이 하나의 관념을 형성하면 그 관념이 대대로 내려오면서 갖가지 병통을 형성한다.

(ㄱ) 마음(心王)과 마음의 심부름꾼(心所)

앞에서 5온으로 형성된 이 몸을 설명한 바 있는데, 지·수·화·풍의 4대에 의하여 우리들의 정신작용인 수·상·행·식이 나타나게 된다. 눈·귀·코·혀·몸이 외계의 접촉을 통하여 괴롭고(苦) 즐겁고(樂) 괴롭지도 즐겁지도 아니한 감정(捨)을 느끼는 것을 수(受)라 하고, 경계의 모양과 말과 행동을 상상하고 감상하여 갖가지 상상을 분별하는 것을 상(想)이라 하며, 갖가지 상상에 의하여 몸소 행동으로 나타내는 것을 행(行)이라 하고, 눈·귀·코·혀·몸이 빛·소리·냄새·맛·감촉 등을 받아들여 그것이 무엇인지 바르게 인식하는 작용을 하는 것이 곧 식(識)이다.

불교에서는 이 정신작용을 심왕(心王: 8식 혹은 9식)과 심소(心所: 46·51)로 구분해 놓았다.

마음에서 일어나는 온갖 작용을 주재하므로 심왕이라 한다. 마치 왕이 국민을 통괄하는 것과 같기 때문이다.

심왕에는 심(心)·의(意)·식(識)·세 가지 이름이 있는데, 심은 범어 지다(質多: Citta)로서 집기(集起)의 뜻이 있고, 의는 마나(末那: mana)로서 요별(了別)의 뜻이 있다.

'집기'란 심왕의 힘에 의하여 심소(心所) 및 사업을 일으킨다는 뜻이고, '사량', '의지'란 온갖 생각과 관찰을 하면서도 다른 심심소(心心所)를 발생하는 의지가 된다는 뜻이며, '요별'이란 반연한 바 모든 일들을 알아서 구별한다는 뜻이다.

인간은 이 6근이 6경을 상대하여 얻어진 지식과 상식, 두 가지를 가지고 일생을 살아가고 있다. 대개 전5식은 눈앞에서 일어나는 사건들을 직감적으로 인식하므로 자성분별(自性分別)이라고도 하고, 제6식은 과거의 일들을 생각에 따라 분별하므로 수념분별(隨念分別)이라고도 하며, 멀리 미래의 일까지도 생각하여 3세의 일을 계산할 뿐 아니라 속까지도 속속들이 취급하여 분별하므로 계탁분별(計度分別)이라고도 한다.

이들이 작용하는 것을 보면 눈이 분별하는 것은 눈과 색, 공간(空間)과 광선 및 作意(작의)를 반연하여 생기고 귀가 분별하는 것은 근·경·작의에 공간이 있어야 되며, 코·혀·몸은 근·경·작의가 있어야 한다. 그래서 모든 것은 인(因)과 연(緣)이 닿아야 작용이 일어난다고 말하는 것이다.

그러면 마음은 어떠한 권속들을 데리고 작용하는가. 마음의 왕(心王)에 딸려서 나타나는 권속들을 심소(心所)라 부른다. 심왕의 소유라는 뜻이다. 유식학에서는 심소를 51로 설명하였는데, 구사론에서는

대지법(大地法) 10,

대선지법(大善地法) 10,

대번뇌지법(大煩惱地法) 6,

대불선지법(大不善地法) 2,

소번뇌지법(小煩惱地法) 10,

부정지법(不正地法) 8 등

6종 46심소로 나누어 설명하고 있다.

대지법이란 선(善)·악(惡)·무기(無記) 3성에 통하며 마음의 작용이 일어나면 두루두루 작용하므로 주변(周徧)의 뜻으로 대(大)자를 쓴다. 여기에는 수(受)·상(想)·사(思)·촉(觸)·욕(欲)·혜(慧)·염(念)·작의(作意)·승해(勝解)·삼매(三昧) 등 열 가지가 있다.

'수(受)'는 앞의 5온에서 밝힌 바와 같이 감수(感受) 영납(領納)의 뜻이 있어 경계에 따라 괴롭고(苦), 괴롭지도 않고 즐겁지도 않는(捨) 정신작용을 일으키기 때문이다. 같은 고락이라도 순수정신에서 일어나는 것은 뜻에 맞는 것과 맞지 않는 것을 구분하여 우·희(憂·喜)라 하고, 육체에 붙어 뜻에 맞지 않는 것을 고·락이라 한다. 그래서 한 가지 감수작용을 어떤 곳에서는 세 가지(三受)로 구분하고, 어떤 곳에서는 다섯 가지(五受)로 구분하기도 한다.

다음 '상(想)'은 사물의 형상과 언어 음향까지도 사진 찍는 작용을 하는 것이고,

'사(思)'는 선·악·무기의 행위를 일으키는 기본 동작이며,

'촉(觸)'은 촉각이고,

'욕(欲)'은 희망이고,

'혜(慧)'는 정사(正邪) 선악을 판명하여 간택하는 마음이다.

'염(念)'은 명확하게 기억하여 잊어버리지 않는 것이고,

'작의(作意)'는 자주 경계하는 경각(警覺)의 뜻이며,

'승해(勝解)'는 간별(簡別) 인가(印可)의 정신작용이고,

'삼매(三昧)'는 정신통일(專注)하는 마음의 정신작용이다.

대선지법은 착한 마음으로 일체에 마음을 일으켜 의심을 제거하게 하는 것이니 믿음(信)·불방일(不放逸)·경안(輕安)·사(捨)·참(懺)·괴(愧)·무탐(無貪)·무진(無嗔)·불해(不害)·부지런함(勤)이다.

'믿음'은 소대(所對)의 경계에 대하여 의심이 없게 하는 것이고,

'불방일'은 전심으로 선법을 닦고 익히는 것이며,

'경안'은 몸과 마음을 경쾌하고 안락하게 가지는 것이고,

'사'는 마음이 평정하여 들뜨지도 않고 가라앉지도 않게 가지는 것이고,

'참'은 안으로 죄장을 자각하여 부끄러워하는 심작용이고,

'괴'는 밖으로 어질고 착한 것에 대하여 수치심을 일으키는 것이고,

'무탐'은 이미 얻은 재산에 대하여 탐착하지도 않고 새로 구하는 재물에 대해서도 욕심을 내지 않는 것이고, '무진'은 정(情)·비정(非情) 일체에 대해서 연민심을 일으키는 것이고,

'불해'는 화를 내지 않거나 거친 행동이 나타나지 않게 하는 것이며,

'부지런함'은 이미 생긴 선을 수호증진하고 다시 과실을 범치 않는 것이다.

모두 이것은 착한 성품 속에서 착한 마음을 일으키는 것이므로 일체에 두루하여 '대선지법'이라 하는 것이다.

다음 대번뇌지법은 마음의 하는 일이 불선과 유부무기(有覆無記)에 통하여 모든 번뇌와 함께 하므로 '대번뇌지법'이라 부른다. 여기에는 어리석음(痴)·방일(放逸)·해태(懈怠)·불신(不信)·혼침(昏沈)·도거(掉擧) 등 여섯 가지가 있다.

'어리석음'은 속이 캄캄하여 결단심이 없는 것이고

'방일'은 이리 저리 돌아다니며 놀기를 좋아하는 것이며,

'해태'는 게으른 것이고,

'불신'은 믿음의 반대이고,

'혼침'은 침울하여 사물을 판단치 못하는 것이며,

'도거'는 불안 초조, 마음이 들떠 있는 것이다.

그리고 대불선지법에는 무참·무괴 두 가지가 있는데, '무참'은 '참'의 반대이고,

'무괴'는 '괴'의 반대이다. 이 두 가지는 불선지법이 일어날 때에는 반드시 동반하는 것들이다.

소번뇌지법(小煩惱地法)은 불선(不善)과 유부무기(有覆無記)에만 통하나 다만 제6식의 염오심(染汚心)에만 따르기 때문에 소번뇌지법(小煩惱地法)이라 하며 여기 열 가지가 있다.

분진(忿瞋)은 분해서 성내는 것이고,

부(覆)는 죄과를 감추는 것이며,

인재(悋財)는 법과 재물을 아끼는 것이고,

질(嫉)은 남의 영달을 좋아하지 않는 것이고,

뇌(惱)는 남의 가르침을 듣지 않는 것이고,

해(害)는 남에게 위해를 가하는 것이고,

한(恨)은 이미 분노한 사실에 대하여 원망하는 마음을 가지고 풀지 못하는 것이고,

첨(諂)은 남을 농락하기 위하여 그를 따르면서 자기의 본심을 숨기는 것이고,

광(誑)은 사기성으로 거짓된 행위를 하는 것이며,

교(憍)는 자기의 재물이나 지위나 학문이나 재능을 가지고 자부심을 강하게 가지는 것이다.

다음 부정지법(不正地法)은 심(尋)·사(伺)·수면(睡眠)·악작(惡作)·탐(貪)·진(瞋)·만(慢)·의(疑)처럼 낱낱이 일어나 각별한 행동을 하는 심소이다.

'심'은 거칠고 얕은 심리작용이고,

'사'는 가늘고 깊은 심리작용이며,

'수면'은 흐리멍덩한 것이고,

'악작'은 과거의 선악에 대하여 후회하는 것이며,

'탐'은 물들고 집착하는 마음으로 탐구하는 것이고,

'진'은 극악한 행위의 동기를 말하며,

'만'은 자타를 비교하여 남을 업신여기는 것이고,

'의'는 진리를 의심하여 바로 믿지 않는 것이다.

위와 같은 심왕과 심소는

첫째 소의(所依)하는 것이 같고,

둘째 반연(所緣)하는 바가 같으며,

셋째 행하여 아는 것(行解)도 같고,

넷째 동시(時)이며

다섯째 같은 일(事)을 하므로 다섯 가지가 절대 평등하다고 하는 것이다.

이 같은 마음들이 서로 작용을 일으킬 때에는 동시에 일어나는 것도 있고 경계에 따라 작용이 조금씩 차이가 나는 것

도 있다. 대지법은 10, 대선지법도 10, 번뇌지법은 6, 대불선지법은 2, 부정지법은 앞의 네 가지만 종속되고 제6식에는 46심소가 모두 다 종속된다.

이 외에도 색심에 관계없이 존재하는 득(得)·비득(非得)·명근(明根)·중동분(衆同分)·무상정(無想定)·무상과(無想果)·멸진정(滅盡定), 생·주·이·멸의 4상(相)과 명·구·문(名·句·文), 생멸(生滅), 3세(世) 등 불상응행법(不相應行法)이 있는데 색에 일어날 때에는 색에, 심이 일어날 때에는 심에 부대(付帶)하여 일어나되 색·심과는 관계하지 아니하므로 불상응행법이라 한다.

이상의 모든 법은 시간과 공간 속에 변이상속(變異相續)하므로 유위법(有爲法) 또는 유루법(有漏法)이라 하고, 시간과 공간 속에 관계없이 존재하는 것을 무위법(無爲法)·무루법(無漏法)이라 하며, 허공(虛空)·택멸(擇滅)·비택멸(非擇滅)이라 한다.

허공은 걸림이 없는 것으로서 본체를 삼아 만물의 존재 여부에 관계없이 온 세계에 가득 차 자타에 장애를 주지 않는다. 그러므로 그 가운데에서 백천세계가 동시에 생겨났다 없어신다. '택멸'은 번뇌 망상에 매여 있던 모든 법이 모두 떨어져 나갈 때 나타나는 이치이니 열반과 같은 이치이다.

그리고 비택멸은 애초부터 이 번뇌 망상과 관계없이 존재하는 법체(法體)이니 불성(佛性)과 같은 원리이다.
이와 같은 모든 마음을 선·악·무기(無記) 세 가지 성품으로 나누어져, '선'은 즐거움으로 천당의 종자가 되고, '악'은 괴로움으로 지옥의 종자가 되며, '무기'는 이것도 저것도 아니므로 세력이 없는 중간자가 되는 것이다.

이러한 이치를 잘 모르고 여러 가지 마음이나 물질을 업력에 치우쳐 집착하면 정신질환에 걸리게 된다.

(ㄴ) 귀신의 정체

귀신은 어떻게 하여 형성되는 것인가. 능엄경에서는 귀신의 무리들을 귀(鬼)와 신(神) 두 가지로 크게 나누고, 모두가 중생들의 전도심(顚倒心)에서 나타난 것이라 풀이하고 있다.

한 생각이 일어나므로(動) 소리(聲)가 있고,
소리가 있으므로 빛(色)이 있고,
빛이 있으므로 인하여 냄새(香)가 있고,
냄새로 인하여 촉감(觸)이 있고,
촉감으로 인하여 맛(味)이 있고,
맛으로 인하여 법(法)이 있다.

이 여섯 가지가 어지럽게 망상을 일으켜 업을 지어
세계가 생기므로
태·난·습·화(胎·卵·濕·化) 4생과
유색(有色)·무색(無色)·
유상(有想)·무상(無想)·
비유색(非有色)·비무색(非無色)·
비유상(非有想)·비무상(非無想)이
온 세계에 꽉 차게 되었다.

고기와 새, 거북이, 뱀 등은 난생이고,
사람·축생·용·신선 등은 태생이며,

꿈틀거리는 벌레들은 습생이고,
매미 같은 것은 화생이다.
빛과 화합한 것들은 유색이 되고,
어두운 것과 화합한 것은 무색이 된다.
생각이 있는 것은 유상이 되고,
생각이 없는 것은 무상이 되며,
수모(水母)와 같은 것은 비유색이 되고,
주저(呪詛), 염생(染生)의 무리는 비무색이며,
포로(蒲盧) 같은 것은 비유상이고,
식토조(食土鳥) 같은 것은 비무상이다.

이상 12류들이 사는 것을 보면
인간은 덩어리밥(段食)을 먹고,
귀신은 촉식(觸食)하고,
선천(禪天)은 사식(思食)하고,
식천(識天)은 식식(識食)을 한다.

순수한 생각만으로 사는 것은 천신(天神)이 되고,
정이 적고 생각이 많은 것은 신선과 대력귀왕·비행야차
·지행나찰 같은 것이 되며,
감정과 생각이 반반인 것은 인간에 태어나고,
감정이 많고 생각이 적은 것은

옆으로 다니는 짐승이 되며,
감정 7에 생각이 3정도 되는 것은
물이나 불을 가까이 하고 사는 아귀가 되고,
순수한 감정만 가지고 사는 것들은
지옥중생이 된다.
음습교접(婬習交接)으로 뜨거운 불을 일으키는 것은
철상(鐵床)·동주(銅柱)지옥에 태어나고,
탐습(貪習)으로 냉기(冷氣)를 흡축(吸縮)하는 자는

타타(吒吒)·파파(波波)지옥에 떨어지며,
진습(瞋習)으로 원한을 맺고 살기가 비등한 무리들은
찰날지옥에 떨어지고,
사습(詐習)으로 승목(繩木)·교살(絞殺)하는 자는
축계·가쇄지옥에 떨어지고,
광습(誑習)으로 무망(誣罔)하는 자는
몰익(沒溺)·비추(飛墜)하며,
원습(寃習)으로 한을 품어 돌을 던지고 사는 자는
상탄(相吞)·투척(投擲)지옥에 떨어지고,
견습(見習)으로 금계(禁戒)를 어긴 사람들은
고문·추국의 고통을 받고,
왕습(枉習)으로 비방하는 자는
합산(合山)·합석(合石)지옥에 떨어지고,
송습(訟習)으로 감추고 덮는 사람은
화주(火珠)·업경대를 면치 못한다.

대개 이 같은 무리들은 눈·귀·코·혀·몸·뜻으로 보고

·듣고·깨닫고·아는 것을 기본으로 갖가지 업을 짓나니, 그
업을 지을 때에도 무겁고 가벼운 것이 있어 과보를 받는 것
또한 무겁고 가벼운 것이 있다.

> 모든 중생이 오직 악행만 지으면
>> 무간지옥에 떨어지고,
> 간간이 악을 지으면
>> 8무간지옥에 떨어지며,
> 몸과 입과 뜻으로 살·도·음을 중심으로 악행을 지으면
>> 18지옥에 떨어지고,
> 3업을 겸하지 아니하면
>> 36지옥에 떨어지고,
> 단일업으로 가벼운 자는
>> 108지옥에 떨어지는데

이것은 남의 구속에서 벗어나지 못하는 귀신들이다.

다음 계율을 피하고 잡업(雜業)을 범하면 귀신이 되는데 이
것 또한 경중에 따라 여러 종류가 있다.

> 물건을 탐하다 귀신이 된 자는 괴귀(怪鬼)가 되고,
> 색탐으로 귀신이 된 자는 발귀(魃鬼)가 되고,
> 탐혹(貪惑)으로 귀신이 된 자는 매귀(魅鬼)가 되고,
> 탐한(貪恨)으로 귀신이 된 자는 여귀(癘鬼)가 되고,
> 탐만(貪慢)으로 귀신이 된 자는 아귀(餓鬼)가 되고,
> 탐망(貪罔)으로 귀신이 된 자는 염귀(魘鬼)가 되고,

탐명(貪明)으로 귀신이 된 자는 역사귀(役使鬼)가 되고,
탐당(貪黨)으로 귀신이 된 자는 전송귀(傳送鬼)가 된다.

또,

괴귀(怪鬼)가 축생이 되었을 때에는
효조(梟鳥)무리가 되고,
발귀(魃鬼)가 축생이 되었을 때에는
쥐·양 같은 무리가 되며,
매귀(魅鬼)가 축생이 되었을 때에는
여우 같은 무리가 되고,
고귀(蠱鬼)가 축생이 되었을 때에는
뱀 같은 무리가 되며,
여귀(癘鬼)가 축생이 되었을 때에는
회충 같은 무리가 되고,
기귀(氣鬼)가 축생이 되었을 때에는
식류(食類)의 무리가 되며,
유귀(幽鬼)가 축생이 되었을 때에는
피복(被服)의 무리가 되고,
정귀(精鬼)가 축생이 되었을 때에는
철새(應數)의 무리가 되며,
영귀(靈鬼)가 축생이 되었을 때에는
봉황(休徵)의 무리가 되고,
인귀(人鬼: 傳送鬼)가 축생이 되었을 때에는
고양이나 개의 무리가 된다.

또, 축생의 무리가 인연이 다 되어 사람의 몸을 받을 때에도 일정하지 않다.

올빼미가 사람이 될 때에는 완악(頑惡)한 무리가 되고,
쥐·고양이가 사람이 될 때에는 우둔(愚鈍)한 무리가 되며,
여우가 사람이 될 때에는 심술궂은(狠戾) 무리가 되고,
뱀류가 사람이 될 때에는 용열(庸劣)한 무리가 되며,
회충이 사람이 될 때에는 미천(微賤)한 무리가 되고,
식류가 사람이 될 때에는 유약(柔弱)한 무리가 되며,
피복류가 사람이 될 때에는 노역(勞役)한 무리가 되고,
철새류가 사람이 되면 문장가가 되고,
봉황이 사람이 되면 총명한 사람이 되며,
고양이류가 사람이 되면 통달인(通達人)이 된다.

또 사람이 신선이 되는 과정을 보면 다음과 같다.

약 먹기를 좋아하면 지행선(地行仙)이 되고,
초목(草木)으로 약을 삼으면 비행선(飛行仙)이 되며,
금석(金石)으로 견고히 하면 유행선(遊行仙)이 되고,
동지(動止)로써 견고히 하면 공행선(空行仙)이 되며,
진액(津液)으로 견고히 하면 천행선(天行仙)이 되고,
정색(精色)으로 견고히 하면 통행선(通行仙)이 되며,
금주(禁呪)로써 견고히 하면 도행선(道行仙)이 되고,
사념(思念)으로 견고히 하면 조행선(照行仙)이 되며,
교구(交構)로써 견고히 하면 정행선(精行仙)이 되고,

변화(變化)로써 견고히 하면 절행선(絶行仙)이 된다.

또 천취의 과보에도 여러 종류가 있다.

사음(邪淫)을 유일(流逸)하지 않으면 사천왕천이 되고,
깨끗하게 살기를 좋아하는 사람(淨居天)은
도리천이 되며,
때때로 마음을 고요히 가지는 자는 염마천이 되고,
정미(精微)한 생활을 하는 자는 도솔천이 되며,
무심의 경계를 어느 정도 증득한 사람은 자재천이 되고,
초월한 경지에서 사는 사람은 타화자재천이 되고,
애염(愛染)이 없어지면 범중천이 되고,
온갖 율의를 잘 따르면 범보천이 되며,
몸과 마음이 묘원(妙圓)하면 대범천이 되고,
마음이 고요하여 빛이 나면 소광천이 되며,
빛과 빛이 상연(相然)하면 무량광천이 되고,
원광(圓光)을 흡지(吸持)하면 광음천이 되며,
빛으로써 음성을 삼고 살면 소정천이 되고,
마음이 허공처럼 맑아지면 무량정천이 되며,
세계와 신심이 원만하여 깨끗해지면 변정천이 되고,
몸과 마음을 핍박하지 않고도 고통이 없으면
복생천이 되며,
사심(捨心)이 원융하여 밝은 지혜를 내면 복애천이 되고,
한량없이 깨끗한 마음에 복덕이 원만하면 광과천이 되며,
마음이 재(灰)와 같이 되어 사심이 연속부절하면
무상천이 되고,

고와 낙을 한꺼번에 다 잊으면
오불환천(五不還天)이 되며,
고락의 경계에 다투는 마음이 없어지면 무번천이 되고,
홀로 있어도 교섭할 생각이 없어지면 무열천이 되며,
시방세계가 묘하게 맑아지면 선견천이 되고,
도주(陶鑄)가 걸림이 없으면 선현천이 되며,

색성(色性)이 끝없는 세계까지 올라가면 색구경천이 되고,
마음이 허공처럼 걸림이 없으면 공처(空處)에 태어나며,
온갖 식(識)이 미세해지면 색처(色處)에 나게 되고,
공과 색을 이미 잊으면 무소유처천에 나며,
식성(識性)이 부동하면 비상비비상처천에 태어난다.

그리고 수라에는 네 종류가 있다.
귀도(鬼道)에 있을 때
큰 법의 힘으로 신통을 얻어 허공에 들어가면
이는 귀수라(鬼修羅)로서 알로 태어나고,
천중에서 덕이 모자라 떨어지면
인수라(人修羅)가 되는데 태생이 되며,
범왕과 제석과 4천왕과 더불어 권세를 다투면
천수라(天修羅)로서 화생이 되고,
바다 속에서 생겨나서 수혈구(水穴口)가 생겼으면
축수라(畜修羅)로서 습생이 된다.

이로써 보면 6취중생이 모두 한 생각 속에서 올라가고 내려간다. 그러므로 귀신이나 천이나 인간이나 수라나 모두가

한 생각 망념의 발동에서 나타난 것인데, 이것을 잘 모르기 때문에 끝없는 세월을 윤회하고 돌아다니게 되는 것으로 이는 자기 자신만 그렇게 돌아다니는 것이 아니라 인연 있는 모든 것들을 함께 동원하여 윤회하게 되므로 '삼계열뇌(三界熱惱)가 마치 불난 집과 같다.'고 하는 것이다.

그러면 이제부터 이들 귀신이 들린 사람들의 병 증세가 어떠한지 살펴보기로 하겠다.

(ㄷ) 귀신병의 증상

귀신병은 원혼귀가 침범하여 전신이 불안해지기 때문에 병에 질정을 잡을 수 없을 정도로 마음이 의혹하고 행동이 암산(癌散)하며 생각이 질역(疾疫)해진다. 혹은 창(瘡)이 변해서 독을 이루기도 하고, 독이 변해서 창을 이루기도 한다. 오달국사(悟達國師)의 인면창(人面瘡), 세조대왕의 문둥병, 사도세자의 의대증 같은 것은 모두 그렇게 하여 난 것이다.

이러한 원친(怨親)은 크게 세 가지로 나누는데,

상친(上親)은 부모 사장(師丈)의 원혼에 의하여

일어나는 것이며,

중친(中親)은 형제자매의 원혼이며,

하친은 붕우 지식(知識)의 원혼이 붙어 생긴다는 것이다.

말하자면 부모·스승·형제·자매·친구·친지 사이에 원한이 맺혀 죽으면 그 원귀가 신경을 자극시켜 일으키는 것이므로 요즈음 병명으로 말하면 일종의 신경질환이다.

이러한 병은 약물로 치료가 잘 되지 않고 참회와 기도 정성에 의하여 치료가 가능해질 수 있다고 한다. 그러나 이보다 더 무서운 병은 마(魔)에 끄달려 다니는 사람이다.

(ㄹ) 마(魔)의 정체

'마'란 인도말 '마라 파피아'에서 연유된 말이다. '마라'란 '죽여 버린다' '죽게 한다' '새까맣게 만들어 버린다'의 뜻이 있다. 주로 우리의 마음을 새까맣게 만들어 버리고 죽게 하는 것은 이 몸(四大))과 마음(四蘊)이며, 이 몸과 마음을 죽게 만드는 것은 곧 생각이다. 특히 이 같은 생각을 일으키게 하는 원인은 허망한 생각이 원료가 되어 세속적인 향락을 부추기는 데서 오므로 불교에서는 마의 종류를 '5온마(五蘊魔)'·'사마(四魔)'·'색마(色魔)'·'천마(天魔)' 등 몇 가지로 나눈다.

그런데 이 가운데에서도 자기 속에 마가 들어 있으면서도 미처 깨닫지 못하고 있는 경우가 많은데 그래도 색마나 천마(향락마)는 몸과 마음이 지칠 때 '이래서는 안 되지.' 하는 마음이 있고, '사마' 또한 공포 속에서 뉘우치는 바가 있으나 5온마는 전혀 그 기미를 깨닫지 못하는 경우가 많다.

능엄경에서는 5온마에 걸린 사람의 증상을 다음과 같이 구체적으로 설명하고 있다.

㉠ 색마(色魔)

사람이 한 가지 생각에 골똘하여 삼매의 현상이 나타나면,

"무엇에 묶였던 몸이 확 풀리는 기분이 나고,
온 몸이 투명체가 되어 배 속의 회(蛔)를 꺼내도
상처가 나지 않으며,
공중에서 들려오는 말소리를 듣기도 하고,
온 세계의 비밀한 뜻을 주고받기도 하고,
부처님이나 신의 영상이 허공 가운데 나타나는 것을 보고,

허공 가운데에서 온갖 보배롭고 찬란한 빛을 보며,

참참한 방안이 갑자기 대낮같이 밝아지고,

온몸이 마치 목석과 같아 아무런 감각이 없어지며,

막혀있던 것이 갑자기 통해져서

무엇이든지 마음대로 보고,

밤중에 먼 곳의 일을 보거나 들으며,

이러한 모든 것들이 독립 혹은 종합적으로 나타난다."

이 같은 현상은 신들린 사람들이나 기도가 지극한 경지에 이르렀을 때 또는 기 공부하는 사람이나 선 공부하는 사람들 가운데에서 특히 색음(色陰)이 녹아나는 과정에서 나타나는 현상인데 이를 착각하여 성현의 경계로 아는 사람이 있다. 이는 공부하는 사람 가운데에서 흔히 볼 수 있는 일임을 깨닫고 그냥 지나치면 상관없지만 그렇지 아니하면 마에 걸려 마의 노예가 되고 만다.

㉑ 수마(受魔)

"온 몸이 가위 눌리는 것과 같은 현상이 나타나며,

모든 것이 불쌍히 보여 눈물이 저절로 흐르고,

용기백배하여 한 생각에

무한한 과거와 미래를 초월한 소리를 하며,

갑자기 기억력이 없어져 바보처럼 침을 흘리고,

자신이 성자라고 큰 소리를 치며 자신만만해 하고,

자살하고 싶은 생각을 일으켜 빨리 목숨을 끊겠다 하고,

끝없는 환희심으로 희열을 느끼고,

큰 거만심을 일으켜 남을 업신여기고,

작은 것을 알고도 만족한 마음을 가지고,

공에 집착하여 인과를 불신하고 단멸의 견해를 가지며,

밝은 빛이 심골(心骨)에 사무쳐 광증을 일으킨다.”

이것은 수행자가 색음(色陰)이 녹아난 뒤 수음(受陰)이 분명
해지면서 생기는 증세이다. 이 또한 공부의 한 과정으로 생각
하고 거기 끄달리지 말아야 한다.

　　ⓒ 상마(想魔)

생각을 정미롭게 하여 무엇이든지 다 자신있게 해보고 싶
은 생각을 내고,

마음대로 놀아나고 방탕하고 싶은 생각이 나며,

은밀히 묘한 이치에 계합하고 싶은 욕망이 생기고,

만물의 변화와 성품의 시종을 명쾌하게 분석하며,

모든 성인의 보살핌 속에 은밀히 계합할 것을 바라고,

고요한 경계에 빠져 가만히 있기를 바라며,

전생의 일을 훤히 알고자 몸부림치고,

갖가지 신통변화에 애착을 가지고 연모하며,

마음을 비워 열반에 들기를 바라고,

영원히 죽지 않고 살고 싶은 생각을 일으킨다.

이렇게 하면 어떤 경우에는 천마가 나타나 있으므로 그에
해당되는 경책들을 마음대로 읽어주고 마군이의 권속들이 붙
어 거기에 관계되는 것들을 훤히 알게 하여 이익을 주기도
하고 손해를 끼치기도 하기 때문에 세상 사람들은 ‘모두가 신
이 하는 짓이라 사람으로서는 어찌할 수 없다.’고 말한다.

그러나 모두 이것은 수음(受陰)이 비어 묘하고 삿된 생각을 만나지 아니하는데 생기는 것이니 오직 마음만 훤히 밝힐 뿐 거기에 좌우되어서는 안 된다.

　㉣ 행마(行魔)

사람이 이렇게 수행을 지극히 하여 색·수·상의 마군들이 녹으면 평상시 꿈과 현실이 한결같고 전진(前塵)에 거친 그림 자가 없어 8만 겁까지의 모든 일을 보고 듣게 된다. 그렇게 하면 그 이전의 일은 알지 못하므로 독단적인 사고방식을 가 지게 되는데 이것이 행마이다.

"이 세상의 처음과 끝은 어떠한 원인도 결과도 없다고 생 각하고, 마음과 영계 4대 8식 등에 대하여 영원하다고 고집하 며, 자타(自他)·심토(心土)·심정(心精) 4음을 잘못 분별하여 고 집하고, 3세·견문·피아·생멸에 대해서 잘못 분별하여 고집 하며, 지견 중에서 교란을 일으켜 생멸에 대해서 변항(變恒), 생멸, 증감, 유무의 상을 일으키고 마음은 없다 하고 모든 법 은 있다 고집하고, 업이 상속하는 가운데에서 나타난 후유상 (색신)을 고집하여 자아로 삼으며, 5음(색·수·상·행·식)은 멸해 없어진다 고집하고, 음(陰)이 있다 없다 고집하며 피차를 파하고, 옳다 그르다 고집하며, 인간·6욕천·4선천·4공천은 마침내 모두 다 없어진다 고집하여 7단멸상을 일으키고, 6욕 천과 4선천은 마침내 5열반에 든다고 고집한다."

이것은 모두 수행자가 삼매 가운데에서 상주의 묘명심(妙明 心)과 항사국토 자타를 관찰하고 분별 계탁하는 데에서 나타 난 경우이므로 설사 그런 경우가 나타나더라도 이것은 행마의 한 경계임을 깨닫고 관계하지 말아야 한다.

　　ㅁ 식마(識魔)

"얻어진 마음을 가지고 진상인(眞常因)을 일으켜 사비가라(眞常外道)와 같은 견해를 일으키고,

　모두가 자기의 소망이라 하여 원망하고 후회함으로써 마혜수라천과 같이 식(識)을 자기 주인으로 삼으며,

　만물이 식으로부터 나왔다고 하여 자재천과 같은 생각을 하고,

　바타·사니와 같이 지체(知體)를 형성하여 모든 것은 원만한 곳에서 나왔다는 도원종(倒圓種)에 빠지며,

　온갖 물건에도 분별심이 있다고 고집하며,

　가섭유와 같이 물과 불을 영원하다고 하여 자연숭배자가 되고,

　더 이상 나갈 곳이 없는 곳에 나아가 무상증(無想症)을
일으키며,

　상상하고 견고한 몸을 탐해서 아시타와 같이 망연에
빠지고,

　증득한 열반에 만족하여 택에가라와 같이 공에 빠지며,

　증득하였다는 마음을 세워서 성문 연각과 같이 적멸에 빠진다."

　이것은 모두 깨닫기는 깨달았어도 깨달음이 원만하지 못한 데에서 생긴 마들이다. 그러니 공부하는 사람이 사견에만 떨어지지 아니하면 음마는 저절로 소멸하고 천마는 저절로 부서지며 대력귀는 넋을 잃고 이매망양(魑魅魍魎)은 다시 나타날 수 없게 될 것인데, 어느 곳에 병이 붙어 몸과 마음을 괴롭게

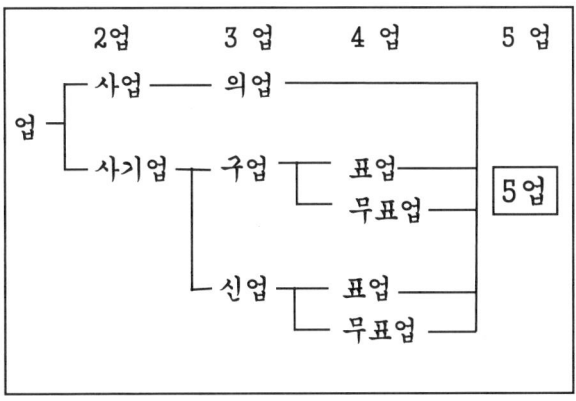

하겠는가.

　다. 업보소감(業報所感)의 병

　업보소감의 병은 과거에 지은 모든 악업으로 말미암아 금
생에 나쁜 병의 과보를 받는 것이다.

　그 증상은 천차만별하여 한 가지로 다 말할 수 없다.
　업은 조작(造作)의 뜻이다. 몸과 입과 뜻을 발동하는 작용이
다. 구사론에서는 업을 크게 2종으로 나누어서 사업(思業)과
사기업(思己業)으로 분류하는데, '사업'은 몸과 뜻을 통하여 행
위와 언어로 나타내려할 때에 마음으로 생각하는 심작용(心作
用)이고 '사기업'은 그 마음의 동기를 따라 몸과 입으로 말하
는 언어와 동작을 말한다.
　이 두 가지 업을 신·구·의 3업으로 나누고 다시 표업(表
業)과 무표업(無表業)으로 나누기도 한다.
　표업과 무표업은 입과 몸을 통해 표시를 하느냐 하지 않느

냐에 따라 생기는 업이다. 자기 마음속으로만 생각하면서 표시하지 아니하면 무표업이 되고, 몸과 입을 통해 표시하면 표업이 된다. 그런데 의업은 심심소(心心所)이므로 표시를 하든지 하지 않든지 무기성으로서 무표색에 해당한다.

대개 표업에서 무표업이 발생하는 까닭은 능히 발동하는 선악심에 달렸다.

세력이 강하면 몸과 입을 통해 바로 나타나고, 약하면 나타나지 않으나 그 세력은 팽이가 팽이채에 의하여 돌아가듯 그 세력이 다할 때까지는 없어지지 않는다.

이것은 사람의 병과는 다소 다른 바 있으나 경전에 나타난 '개(狗)의 병'을 중심으로 업의 병이 어떻게 나타나는가를 간단히 살펴보기로 하겠다.

부처님 당시 수가라는 장자가 있었다. 아버지가 돌아가신 뒤 강아지 한 마리를 얻어 유독 사랑하고 길렀는데, 부처님만 보면 짖고 죽는 시늉을 하였다. 장자는 매우 불편하여 강아지를 안고 '누가 너를 이렇게 괴롭게 하였는지 내 그 사람을 혼내줄테니 조용히 하라.' 하니 강아지는 눈물을 흘리며 평상 밑으로 들어갔다.

이튿날 똑같은 현상이 생겨 오늘은 강아지를 안고 부처님이 계신 기원정사에 들어가니 강아지가 기원정사 문 앞에서 발버둥을 치면서 들어가지 않으려 하였다. 하는 수 없이 상아지를 놓아두고 정사 안으로 들어가 장자는 매우 흥분한 가운데 자기 강아지를 괴롭게 한 사람이 누군지 찾으니 부처님께서 말씀하셨다.

"왜 그러는가?"

"우리 강아지가 스님들만 보면 자지러지게 짖으며 죽는 시늉을 하니 무슨 까닭입니까?"

"그래, 그 강아지가 강아지로만 보이는가?"

"그럼 강아지가 아니고 무엇입니까?"

"그 강아지는 강아지가 아니고 바로 너의 아버지니라."

"그런 말씀 마십시오. 강아지가 어찌하여 우리 아버지가 될 수 있습니까?"

"강아지가 너의 아버지가 틀림없는 줄 알려면 오늘 저녁 그대 집에 돌아가서 돌아가신 아버지 밥그릇과 또 다른 여러 가지 밥그릇에 음식을 담아놓고 강아지에게 말해보라. '아버지 당신이 진짜 강아지가 되었다면 당신의 밥그릇에 담아진 음식을 찾아 잡수세요.' 하라. 그리하면 반드시 자신의 밥그릇을 찾아 먹으리라."

그리하여 장자는 그 길로 집으로 돌아와 아버지의 밥그릇인 놋그릇에 음식을 담고 일렀다.

"강아지야, 진짜 네가 내 아버지라면 네 밥그릇에 담은 음식을 찾아 먹어보라."

그러나 강아지는 눈물을 흘리며 쳐다만 보고 음식을 먹지 않았다. 그래서 장자는 다시 그 강아지를 공경히 바라보며 존경사를 써서 말했다.

"아버님, 진짜 당신이 아버지라면 당신의 밥그릇에 담아 있는 음식을 잡수십시오."

말이 끝나기도 전에 강아지는 문득 달려가 놋그릇에 담긴 음식을 먹었다.

너무도 놀란 장자는 이튿날 다시 부처님을 찾아 물었다.

"강아지가 저의 아버지인 것은 대강 짐작하였으나 어떻게 강아지가 되었는지 궁금하며 어찌하여 스님들과 부처님만 보면 사지를 떨면서 짖는지 알 수 없습니다."

"장자여, 이것은 자신이 지은 인과이니라. 너도 지금 바라문교를 믿고 있지 않느냐."

"예, 바라문교를 믿고 있습니다. 그리고 저의 아버지는 살아 계실 때 바라문교의 회장을 역임한 바 있습니다."

"그러게 말이다. 너희 아버지가 사위성에 처음 불교가 들어온다 할 때부터 불교의 수입를 극구 반대하였고, 기타 태자와 수닷다 장자가 기수급고독원을 짓고 나서부터는 마음속에 한이 맺혀 스님들만 보면 욕을 하고 꾸짖었다. 그 인연 과보로 너희 아버지는 너희 집에 와서 강아지가 되었으며, 지금도 우리들만 보면 죽을 힘을 다해 짖는 것이다. 한 가지 더 증험을 해보려면 오래전에 돌아가신 너희 어머니 밥그릇에 음식을 담아놓고 시험을 해보라."

장자는 바로 돌아와 자기 어머니께서 받아 잡수시던 밥그릇에 음식을 담고 잘 보이지 않는 곳에 다른 음식들과 섞어 놓은 뒤 말했다.

"아버님, 진짜로 당신이 저희 아버지가 틀림없다면 어머니께서 받아 잡수시던 밥그릇에 담아진 음식을 찾아 잡수세요." 하니,

이번에는 깡충깡충 뛰어가 그의 어머니 밥그릇에 담아 있는 음식을 맛있게 먹었다.

장자는 이에 바로 부처님을 찾아뵙고 아버지를 제도할 방법을 물었다.

"부처님, 어떻게 하면 저희 아버지를 구제할 수 있겠습니까?"

"너희 아버지는 단번에 제도하기 어려운 업장이 지중한 사람이니 매일 아침이면 베다경전을 외우고 맨 마지막에 내 말한 마디씩만 일러주라. 그리하면 좋아할 것이다."

장자는 그 길로 돌아와 이튿날부터 베다경전을 큰 소리로 읽으니 강아지는 두 발을 들고 춤을 추었다. 마지막에는 '가사 백천 겁이라도 지은 바 업은 없어지지 않고 있다가 인연이 모이면 마침내 그 과보를 받는다.'하고 부처님께서 가르쳐 준 법문을 하니 쪼그리고 앉아서 눈물을 흘리며 크게 참회하는 빛을 보였다. 그 뒤부터는 스님들을 보아도 짖지 않고 공손히 따라 다녔다. 장자는 그 후 3개월 동안 지극정성으로 개 아버지를 잘 봉양하였는데, 하루는 꿈을 꾸니 '네가 깨우쳐 준 덕분에 한 생각을 돌려 큰 깨달음을 얻고 천상에 가 태어나게 되었으니 걱정하지 말라.' 하여 아침에 보니 개가 죽어 있었다.

이것은 사람의 일이 아니므로 잘 이해가 되지 않을는지 모르지만 부처님 당시 일어났던 몇몇 사건 가운데 대표적인 일이므로 5, 6 가지 제목으로 경전에 수록되어 있다.

여기에서는 전생의 업장을 녹이고 선업을 지어 천상락을 받게 한 것을 개에게 베다경전과 부처님의 말씀을 일러 주면서 개를 위해 여러 가지 복을 지어준데 있지만, 또 다른 경론에서는 어떻게 설하고 있는지 살펴보기로 하자.

부처님의 계율을 가까이 하면 미연에 방지할 수 있다. 비구의 별해탈계(別解脫戒)가 되었든지 하룻저녁 하룻밤만 가지는 근주율의(近住律儀)가 되었든지, 일생 동안을 한정해서 지키는 근사율의(近事律儀)나 출가한 사미승들이 지키는 근책율의(近策律儀), 식차마나가 가지는 정학율의(正學律儀)가 되었든지 계를 가지는 사람은 낱낱이 그 계를 받고 지키는 가운데에서 전생의 업을 버리고 새로운 선업을 짓게 되므로 과비(過非)를 덜 범할 수 있다. 만일 선정을 통해 그 율의가 제재될 때에는 그 것을 정려율의(定慮律儀)라 하고 무루심(無漏心 : 번뇌망상이 없는 경지)이 생기면 그것을 무루율의(無漏律儀)라 한다.

그러나 전혀 계율을 알지 못하는 사람이 자기 의지에 의하여 살·도·음·망을 행하거나 언제 어느 곳에서나 아무 생각없이 그 같은 일을 인연 따라 행하면 불율의(不律儀) 또는 처중율의(處中律儀)라 한다. 그것은 때와 장소를 가리지 않고 언제 폭발할지 모르는 휴화산과 같기 때문이다.

불교에서는 모든 업을 10불선업도와 10선업도로 나누는데, 10불선업도는 살생·도둑질·사음·거짓말·꾸미는 말·이간질·추악어·탐욕·성냄·어리석음으로 보고, 10선업은 방생·보시·청정·진실어·바른말·화합어·착한 말·불탐·부진(不瞋)·불치(不痴)이다.

이 가운데에서도 부모와 아라한을 죽이고 부처님 몸에서 피를 내고 대중의 화합을 깨뜨리는 자는 극악무도한 오무간업(五無間業)으로 무간지옥에 떨어진다는 것이다.

인과의 업을 받는 시기는 크게 네 가지로 나눈다.

금생에 지어 금생에 받고(順現受業)

금생에 지어 내생에 받고(順生受業)),

금생에 지어 내내생에 받고(順後受業),

언제 받을지 결정될 수 없는 업(順不定受業),

그리고 업의 체성(體性)에는 인업(引業)과 만업(滿業)이 있는데,

인업은 총과보로 일생 동안 유지해 가는 명근(命根)과 중동분(衆同分)이고,

만업은 별도의 과보로서 총보위에 나타난 호추(好醜)·귀천(貴賤)·상하(上下) 등 여러 가지 차별을 말한다.

마치 화가가 한 색으로 모형을 그리는 것은 인업과 같고, 그 위에 여러 가지 색을 넣어 그림을 그리는 것은 만업과 같다.

감정에 의해 업을 지어 만들어진 세계를 유정세계라 한다. 이 유정세계에는 유정들을 한 그릇에 담아 생활하게 하는 기세간(器世間)과 그 속에서 생활하는 유정(有情)들의 세계가 있는데, 불교에서는 그 유정세계를 지옥·아귀·축생·인천·수라 등 6도로 나눈다.

한 중생이 하나의 생을 거칠 때에는 반드시 네 개의 과정을 거치게 되는데, 이것을 중유(中有)·생유(生有)·본유(本有)·사유(死有)라 한다.

'중유'는 '사유' 이후 '생유' 이전 중간에서 생기는 신체로 지극히 미세한 물질로 형성되기 때문에 육안으로는 볼 수 없으나 천안으로 보면 5, 6세의 아이와 같이 6근이 완비되어 장차 받을 몸과 꼭 같다고 한다. 이 중유의 눈(眼根)은 정력이 강대하여 원근 산악 등 어떠한 장애도 넘어설 수 있는 힘을 가지고 있기 때문에 자기가 태어날 곳을 발견하기만 하면 멀고 가깝고를 가리지 않고 어머니를 찾아 입태하는데, 중유는 입태와 동시 없어지는 것이니 택태하면 곧 생유가 되기 때문이다.

그런데 생유는 본래 자기가 가지고 있는 업을 그대로 실천하는 것이므로 택태에 생유한 이후를 본유(本有)로 본다. 본유에는 열 가지 단계가 있다. 곧, 태내 5위와 태외 5위가 그것

이다.

태내 5위란 입태 후 초 7일까지를 갈라남(羯羅藍) 응활(凝滑)이라 하는데 4대가 응고하여 뭉쳐지는 순간이다. 제2, 7일을 악부담(頞部曇) 포(胞)라 하는데 굳어진 4대위에 엷은 막이 생기는 것을 말한다. 제3, 7일은 폐시(閉尸) 즉 혈육으로서 점차로 굳어지는 상태를 말하고, 제4,7일은 건남(犍南) 즉 견육(堅肉)으로서 고깃덩어리가 굳어져서 고체로 변해가는 상태이다. 그리고 제5, 7일로부터 출태기까지 3, 4주간은 발라사카(鉢羅奢佉) 즉 지절(支節)로서 두 손과 두 발, 피부, 골격 등이 차례로 생기는 순간이다.

그리고 태외 5위는 출산 이후 6세까지를 영해(嬰孩), 7세부터 15세까지를 동자(童子), 16세부터 30세까지는 소년(少年), 31세부터 41세까지를 성년(盛年), 42세 이후를 노년(老年)이라 한다.

이렇게 10기를 거치며 살다가 마지막 숨 떨어지는 순간을 사유(死有)라 한다.

이 세상의 모든 존재는 거의 이와 같은 과정을 거쳐 생(生)하고 사(死)하여 끊임없이 반복하는 것이 마치 수레바퀴가 돌아가듯 하므로 '생사윤회(生死輪廻)'라 하는 것이다.

대개 생사윤회는 3세에 걸쳐 12과정을 경유하면서 형성되므로 이것을 12인연 또는 삼세양중인과(三世兩中因果)라 하나. 12인연은 무명(無明)·행(行)·식(識)·명색(明色)·육입(六入)·촉(觸)·수(受)·애(愛)·취(取)·유(有)·생(生)·노사(老死)를 말한다.

무명이란 과거세에 번뇌를 일으키던 몸과 마음을 총칭한 것인데 밝지 못한 마음이 가장 큰 세력을 형성하고 있는 까

닭이고,

행은 과거세에 선악업을 짓던 몸과 마음을 총칭한 것인데 그 가운데에서도 선악행이 현저한 까닭이며,

식은 어머니 태속에 드는 맨 처음의 몸과 마음을 말하고,

명색은 태속에서 5위를 형성하는 몸과 마음이며,

6입은 어머니 태속에서 눈·귀·코·혀·몸 등 여러 가지 기관이 생기는 것이고,

촉은 출태 후 3, 4세까지 모든 근이 발달하지 못하여 단순히 지각만 일으키는 것이고,

수는 5, 6세부터 14세까지 음식 장난감 등에 대하여 허망한 애욕을 일으키는 몸과 마음을 말하고,

애는 15세 이후부터 재물과 색 등에 탐착하는 것을 말하고,

취는 앞의 탐심경계에 더욱 더 몸과 마음이 불어나는 것을 말하고,

유는 지금까지 지은 선악업이 장차 미래생의 결과를 짓는 것을 말하고,

생은 지금 당장 그 결과에 의하여 생을 받는 것을 말하며,

노사는 지금 받은 이 몸(**名色·六入·觸·受**의 **四位身心**)이 늙고 병들어 고생하다가 죽는 것을 말한다.

이상의 12인연을 통해서 1중인과라 하나 3세에 걸쳐서 작용하는 것을 보면 무명·행 2지(支)는 과거의 인(因)이고, 식·명색·육입·촉·수 5지는 현재의 과이며, 또 수·취·유 3지는 현재의 인이고, 생과 노사는 미래의 과이기 때문에 이것을 합하여 삼세양중인과라 한다.

욕계·색계·무색계에 태어나는 모든 중생은 이 3세인과를 통해 생사에 윤회하게 되므로 아무리 즐거운 천당락을 받더

라도 결국에는 죽음의 고초를 받지 아니하면 안된다. 그래서 구사론에서는 유정의 신체가 이미 괴로움에 의하여 초감(招感), 다시 정신적으로 항시 고통을 느끼게 되므로 이것은 고통 가운데에서도 고통을 형성한다 하여 '고고(苦苦)'라 하고, 또 유정의 쾌락은 일시적일 뿐 어떠한 경계에 부딪히면 반드시 파괴되므로 이것을 '괴고(壞苦)'라 하고, 그것은 시간 속에서 끊임없이 변이상속(變異相續)해 가므로 '행고(行苦)'라 한다.

그러므로 이 세상은 고통투성이이며 참된 낙이란 찾아 볼 수 없기 때문에 이 세상을 '사바(娑婆)'라 부르게 된 것이니 '사바'란 '참고(忍) 견디는(堪) 사람만이 살아갈 수 있는 곳'이라는 말이다.

유정이 사는 세계를 기세간이라 하고 그들이 과보를 받는 장소를 말할 때에는 의보처(依報處)라 한다.

대개 이 기세간에는 욕계·색계·무색계 세 가지가 있다. 여기에 욕계를 6욕(欲), 색계를 4선(초선·2선·3선·4선)에 의하여 태어나는 순수 색상의 세계이므로 색계 또는 4선이라 부르기도 하며, 무색계는 4무색정(공무변처·식무변처·무소유처·비상비비상처)에 의하여 태어난 순수 정신의 세계이므로 무색계 혹은 4정세계라 한다.

욕계에도 인사주(人四洲)와 3악취(지옥·아귀·축생)가 있고, 땅을 의지한 천당인 지거천(地居天: 四天王·忉利天)이 있고, 허공을 의지해 있는 공거천(空居天): 夜摩天·兜率天·樂變化天·他化自在天)이 있어 이 지거천과 공거천을 합하여 욕계육천(欲界六天)이라 부른다.

색계천도 초선에 의하여 형성된 범중천(梵衆天)과 범보천(梵輔天)과 대범천(大梵天)의 3천이 있고, 2선에 의하여 형성된 소광천(小光天)·무량광천(無量光天)·극광천(極光天) 3천이 있으며, 3선에 의하여 형성된 소정천(小淨天)·무량정천(無量淨天)·변정천(遍淨天)이 있고 4선에 의하여 형성된·복생천(福生天)·복애천(福愛天)·광과천(廣果天)·무상천(無想天)·무번천(無煩天)·무열천(無熱天)·선견천(善見天)·선현천(善現天)·색구경천(色究竟天)의 9천이 있어 모두 18천이 된다.

무색계에는 공무변처천·식무변처천·무소유처천·비상비비상처천 4천이 있으니 천당만해도 모두 합하면 28천이 된다.

대우주 안에는 이와 같은 세계들이 수없이 있으므로 화엄경에서는 무진세계(無盡世界)라 한다.

4대주·일월·수미산·6욕천과 초선의 범천 1천개를 합하면 그 양이 하나의 2선천과 같은데 이것을 소천세계라 하고, 1소천세계를 천배한 것은 하나의 3선천과 같은데 그것을 1중천세계라 하며, 1소천세계를 천배한 것은 하나의 4선천과 같은데 이것을 1대천세계라 한다. 1소천세계와 1중천세계와 1대천세계를 합하여 통칭 3천대천세계라 하는데 이것의 양이 마치 허공과 같으므로 등허공계(等虛空界)라고 한다.

그런데 그 속에 사는 모든 유정들이 생멸변화하는 것과 마찬가지로 수많은 극미(極微)로 형성된 이 세계 또한 성·주·괴·공(成·住·壞·空)을 거듭하고 있다.

제1공겁(空劫)에 존재하던 삼라만상이 모두 괴멸되어 공막(空漠)하므로 공겁이라 하는데, 그 시간이 약 20중겁(中劫)쯤 된다. 막막한 공간 속에 그동안 쌓여 있던 유정들의 공업력(共業力)이 최소단위의 극미들이 모여 새로운 세계를 형성하는 시기를 성겁(成劫)이라 하는데 그 시기 또한 20중겁이 된다.

1중겁이란 20소겁을 합한 것을 말한다. 인도사람들은 1소겁을 범천(梵天)의 하루, 인간의 수명으로는 4억 3천2백만 년으로 계산한다.

이 4억 3천2백만 년을 계산하는 방법이 세 가지가 있다.

4방 80리 되는 돌을 안개와 같은 옷을 입은 사람이 100년만에 한번씩 와서 그 옷을 스치고 지나감으로써 바위돌이 달아 완전히 없어지면 그것을 1소겁 또는 일 불석겁(拂石劫)이라 하고,

또 4방 80리 되는 성중에 겨자씨를 가득 채워 놓고 100년만에 하나씩 집어가 그 겨자씨가 하나도 남지 않고 없어지면 그것을 1소겁 또는 1겨자겁(芥子劫)이라 한다.

그리고 인간의 수명이 10세 정명에서부터 시작하여 100년마다 한 살씩 불어나 8만 4천 세까지 이르면 이것을 1증겁이라 부르고, 다시 8만 4천 세부터 100년마다 한 살씩 줄어 10세 정명에 이르면 1감겁이라 부른다. 그리고 이 증감겁을 합해서 1소겁이라 부르는데, 그 기간이 4억 3천2백만 년이 걸린다는 것이다.

성겁초에는 기체가 일어나 바람(風輪))을 형성하는데 그 넓이는 수량을 헤아릴 수 없고, 두께가 16억 유선나나 된다고 한다. 다음에는 기체의 상층에서 점점 액체가 생겨 큰 수륜(水輪)을 형성하는데 그 깊이가 11억 20만 유선나가 된다고 한다.

다시 바람이 생겨 액체를 고체로 만들면 그 가운데에서 금륜(金輪)이 생기는데 그 두께가 3억 2만 유선나가 된다. 이렇게 점점 지반(地盤)이 성립된 뒤 마지막에는 수미산과 철위산 등 9산(山) 8해(海)가 형성된다.

수미산 4방에는 4대주가 형성되어 거기에 인간이 살고 있

는데 해와 달이 왕래하는 가운데 4천왕이 자리를 잡고 인간의 생활을 보호한다고 한다.

세계의 성립은 밑에서부터 위로 올라가나 유정들은 위에서부터 밑으로 내려오게 된다. 말하자면 제2선천의 유정들이 점차 하생하여 인간·방생(傍生)·지옥·아귀 순으로 형성된다.

지옥 중생이 탄생하는 시기는 성겁의 최후가 된다. 이렇게 20중겁 동안 세계가 형성되고 유정들이 생겨나면 제3기에는 그 세계가 유지 상속되는 기간이 되는데 이를 주겁(住劫)이라 한다. 주겁에는 세계의 변화는 없으나 생명의 수명에는 장단이 일정하지 않다.

사람의 수명이 8만 세에서 10 세 정명으로 줄 때마다 7일간 도병(刀兵)이 일어나고, 7개월 7일간 질병이 오고, 7년 7개월 7일간 기근의 3종 재난이 일어나는데 이것을 소삼재(小三災)라 부른다.

다음 파괴기인 제3 괴겁시(壞劫時)에는 유지기의 최후가 되면 모든 사람들의 마음이 착해져서 한 사람도 지옥에 태어날 사람이 없게 된다. 이로써 괴겁의 시초가 된 것을 안다.

이로부터 19겁 동안 지내오면서 하계(下界)로부터 상계(上界)로 점점 비워져서(空) 생물이 없어지게 되면 유정겁(有情劫)이 다하게 된다. 그러다가 마지막 제20겁에 이르러 풍·수·화의 대삼재가 일어나 이 세계가 부서지게 된다는 것이다. 그것도 3재가 한꺼번에 일어나 이 세계가 한꺼번에 부서지는 것이 아니고 먼저 화재(火災)가 7회를 거듭하다가 제8회째 수재(水災)가 오고, 이렇게 7주를 거듭하다가 7회째 화재가 일어나고, 마지막 제8회째 풍재가 일어 날려버릴 만한 것들은 모두 가루로 만들어 날려버리게 된다는 것이다.

이렇게 보면 화재가 56회, 수재가 7번, 풍재가 1번 있게 된다. 이것을 64전겁(轉劫)이라 한다. 이 가운데 화재는 욕계와 초선을 부숴버리고 수재는 2선을, 풍재는 3선까지를 파괴하므로 3선천은 63괴겁시에 부서지나 제4선천 이상은 3재가 이르지 못하는 곳이므로 삼재부도처(三災不到處)로서 영원히 존재한다는 것이다.

그러나 이것은 1회, 2회에서 그치는 것이 아니고 80겁을 1주로 하여 끊임없이 성·주·괴·공이 이루어지므로 영겁부사의(永劫不思議)라 하는 것이다.

진실로 인도의학은 자연에서 나타난 4대5온병 뿐 아니라 정신적·육체적 온갖 병을 심리학적으로 조직적으로 체계있게 연구하고 있었다.

우도라카에게 이렇게 의학을 배운 예수는 다음 마니법전을 배웠다.

4. 마누법전(Manu法典)

인도 신화에 나오는 인류의 시조 마누는 원래 인간이라는 뜻으로 영어의 Man과 관계가 있다. '샤타파타 브라마나'를 비롯하여 각종 서사시와 프라나 등의 문헌에 의하면, 만물을 휩쓸어버린 대홍수가 지나간 뒤 마누만이 살아남았다고 한다.

즉, 마누가 어느 날 아침 일찍 세수를 하고 있을 때 한 마리의 물고기가 그의 손 안에 들어와 마누에게 자신을 길러달라고 부탁하면서 그 대가로 머지않아 닥칠 대홍수의 위험으로부터 마누를 구해주겠다고 약속하였다.

그 뒤 대홍수가 일어나자 마누는 물고기가 시키는 대로 미리 준비해 놓은 배를 물고기의 뿔에 붙잡아 매고 히말라야산의 최고봉으로 대피하였다. 홍수가 물러간 뒤 산에서 내려와 제식을 끝냈을 때 어디선가 '아이다'라는 여성이 나타나 함께 다시 인류의 시조가 되었다고 한다.

어쩌면 이것은 구약성서에 나오는 노아의 홍수 이야기와 유사한 점이 있다. 셈족의 전설을 인도인들이 옮겼는지는 단정할 수 없으나 아주 유사한 점이 있다. 그런데 그 마누가 인도의 최초의 법전 마누법전을 만들었다는 것이다.

마누법전(Manu-smrti)은 산스크리트어로 '마누어 전승'이라는 뜻이다. 전통적으로 최고의 권위를 인정받고 있는 인도의 힌두법전 '다르마 샤스트라'는 정식 이름으로 '마나바 다르마 샤스트라(Mānava-dhar maśāb Sūtra)'이다.

전설상 인류의 시조이며 법의 창시자인 것이다. 그런데 마누법전이 지금의 형태로 법전이 만들어진 것은 BC. 1세기경부터인 것이니 곧 예수님의 유학시절로 인식된다.

마누법은 힌두인이 지켜야 할 법을 규정한 것인데, 인류사회를 총 4계급으로 나누어 그들 구성원들이 각기 지켜야 할 법률을 체계있게 정리한 책이다.

총 2,694조, 12장으로 이루어져 있는데, 우주의 기원에서부터 다르마의 정의, 성례(聖禮: Samskara), 장례(葬禮), 베다 공부, 음식제한, 오염(汚染), 정화(淨化)의 방법, 여자와 유부녀의 품행과 역대 제왕들의 법까지를 다루고 있다.

역대 제왕들의 법령에서는 제목을 18개로 나누어 사법적인 이해관계 문제를 다루고 있고, 그 뒷부분은 다시 종교관련 주제로 돌아가 헌납(獻納)·보상(補償) 및 의례(儀禮), 인과응보, 천국, 지옥 같은 부분을 설명하고 있다.

단지 마누법전은 현대의 종교법과는 달리 세속법 출세속법 사이에 어떤 구분도 두지 않고 있으나 그 영향력은 엄청나게 커 힌두교의 카스트제도에 실질적인 윤리 체계를 부여하고 있다.

이제 그 일부를 소개해 보면 다음과 같다.

(1) 마누법전

마누(Manu)가 명상 중에 있을 때, 위대한 선인(仙人)들이 그에게 다가와 예의를 갖추어 여쭈었다.

"존자시여, 당신만이 모든 신분(4성계급)에 대해서 그리고 그 사이에 난 자들(混種身分)이 지켜야 할 다르마(義務)에 대해서 저희에게 낱낱이 말씀해 주실 수 있으십니다.

당신은 자생자(自生者: Svayambha)요, 상상할 수도 증명해 보일 수도 없는 존재(브라흐만: 꿀류 까빳따)의 작용으로 인한 모든 일의 근본이 되는 진리를 알고 계시는 분이기 때문입니다."

이렇게 선인들이 청하니, 무한한 광휘의 마누께서 그들 선인들에게 대답하여 가로되,

"세상이 창조되기 전 사방천지(四方天地)에는 아는 자도, 알아볼 수 있는 징표도, 드러날 것도, 깨달을 것도 없이 온통 어둠만이 잠자듯 있었다."

이 구절은 천지창조를 리그베다 10. 129 나사디야 숙따(Nāsadīya sūkta)의 내용을 기초로 한 것이다.

"그때 추진력을 가진 그 모습이 드러나지 않는 존귀한 자생자가 근본물질(四大)과 그 밖의 것(말·맛·냄새·촉감·열기 등 24종의 요소)을 드러나게 하시고, 어둠을 깨신 것이다."

그는 감각을 초월한 방법으로만 느껴질 수 있으며, 항상 존

재하는 자, 이 세상의 만물 그 모든 것이오. 그러나 상상할 수 없는 자이니 그를 이름하여 '스스로 생겨난 자'라 하였다.

그가 자신의 몸으로부터 갖가지 자손들을 창조할 뜻을 두었으니, 먼저 물을 생기게 하고 그 물에 씨(精子)를 뿌렸다.

그 씨는 수천의 태양빛만큼이나 환한 알(卵: 胎)의 모습으로 나타났고, 이 알에서 모든 세상의 조부인 브라흐마(Brahma)가 스스로를 드러내었다.

물은 나라(nara; 사람)에게서 나므로 '나라에게서 난 것(nara)'이라고 불리는데, 그 물을 자리로 하는 자가 있으니, 그의 이름은 '나라야나(Narāyana: 子孫)'라고 한다.

모든 세상의 근원이면서, 드러나지 않고, 영원하고, 참과 참이 아닌 것 모두를 그 안에 담고 있으니, 그 뿌루사(太初人)는, 세상에서 창조자 '브라흐마'라는 이름으로도 불리고 있다.

그 존자가 알 속에 그의 1년(오랜 세월) 내내 머물다가 명상의 방법으로 알을 두 조각으로 나누었다.

그는 그 알 조각들로부터 하늘과 땅, 그리고 그 사이의 대공(大空), 여덟 방향과 영원히 존재하게 될 바다를 만들었다.

그리고 스스로 참과 참이 아닌 것, 이 둘을 모두 가지는 '마나스(마음)'라는 것을 생겨나게 했다.

또 마음에서 자아의식(自我意識)을 가진 신(神: īśvara)이 생겨나게 했다.

그리고 그 자아의식을 만든 다음에는 아뜨만(Ātman), 모든 창조물에 들어 있는 세 가지 근본속성(根本屬性: 眞性·動性·暗性)과 그 속성들로 만들어진 대상들을 감지하는 다섯 감각기관들을 차례로 만들었다.

또한 그는 모든 곳에 무한히 뻗치는 광휘와 같은 이 여섯 요소들에 자신의 다양한 모습을 섞어서, 모든 생물체들을 만들었다.

이처럼 생물체들은 모두 여섯 미세한 요소들에 의지하고 있기 때문에 현자들은 그 육신을 일컬어 '샤리라'(6근을 구족한 몸)라 하는 것이다.

그 안으로 다섯 근원물질(根源物質)들이 각각 그 까르마 역할을 가지고 들어왔으며, 그 자신의 미세한 부분들로 모든 생물체에 작용하는 영원히 파멸치 않을 마나스도 들어왔다.

이제 그 위대한 광휘의 일곱 미세한 요소들로부터 세상이 생겨나니, 파멸하지 않는 것에서 파멸하는 것이 나온 것이었다.

창조된 세상은 그 다섯 요소들의 다섯 성질을 하나하나 가지고 뻗어 나갔으며, 그리하여 세상은 다섯 요소들을 가진 순서에 따라 그 성질들을 갖게 되었다.

최초에 그는 베다의 가르침들을 통하여 모두에게 각기 다른 이름과 까르마를 정하였으며, 모두 각기 다른 구조로 만들었다.

그 만물의 주인은 업을 가진 존재(存在: 業神), 신(神)들 그리고 세세한 생물들의 무리들과 사디야(sadhya)들을 만들었으며, 영원히 이어질 제사도 만들었다.

그 영원한 창조자가 그 제사를 이롭게 하기 위해, 아그니(Agni), 와유(Vayu), 그리고 수리야(Sūrya) 이들 셋을 통해 영원히 존재하게 될 리그·사마·야쥬르·아타르바 베다들을 꺼내었다.

또 그는 시간·시간단위·별자리·별·강·바다·산·평지·험지들을 만들었다.

창조자는 계속해서 열기·말(언어)·성(性)적 유희, 그리고 욕망과 분노를 만들었으니, 이 모두가 그가 창조하고자 하는 뜻을 둔 결과로써 창조된 것들이었다.

까르마(일)를 구분해내기 위해 다르마와 다르마가 아닌 것을 정하였으며, 기쁨과 슬픔처럼 모든 창조물을 한 쌍으로 빚어냈다.

다섯 근원요소들의 세밀한 성질에 따라 이 모든 것이 하나씩 생겨났다.

이처럼 창조의 처음에, 창조자가 각각에게 알맞은 업을 정해 주었으며, 그 스스로가 반복하여 까르마를 겪으면서 다시 태어나고 있는 것이다.

창조의 처음에 창조자가 창조물에 부여한 대로 폭력과 폭력이 아닌 것, 부드러운 것과 단단한 것, 다르마와 다르마가 아닌 것, 진실과 진실이 아닌 것이 각기 그 자리로 들어갔다.

계절이 바뀔 때 계절이 스스로 자신만의 모습을 취하는 것처럼, 사람도 자신의 까르마(業)를 스스로 취하는 것이다.

세상을 구별 짓기 위해 입과 팔 등에서 각각 브라만·끄샤트리야·바이시아·수드라를 나오게 하였다.

이 구절은 리그베다 10. 90. 12에 나오는 뿌르샤 숙따(原人讚歌)에서 기원된 것이다.

그런데 이것이 끊임없이 계승되어 "신의 입에서 브라만, 팔에서 끄샤트리야, 넓적다리에서 바이시아, 발에서 수드라가 나왔다."고 하는 결정적 설화로 변했다.

그는 스스로를 나누어 반은 남자 반은 여자로 만들었고 그 여자 안에 최초의 거대한 비라자(생명력을 지닌 존재)를 만들었다.

재생자(신앙을 통해 거듭난 자)들 중에 가장 뛰어난 자(브라만)여, 힘겨운 고행을 통해 이 모든 것들을 창조하였으니, 그 창조자가 바로 나임을 알라.

내가 창조물들을 창조할 뜻을 두고, 고행을 통해 창조물의 초인이 될 위대한 열 명의 선인들도 창조해냈다.

그들의 이름은 마리찌·아뜨리·아기라사·뿔라스띠야·뿔라하·끄라뚜·쁘라쩨따·바쉬슈타·브리구 그리고 나라다였다.

이들 뛰어난 영감을 가진 성자들은 일곱 마누와, 신들과 신들이 머물 곳, 그리고 또 다른 위대한 광휘를 가진 성자들을 만들었다.

그들은 또 약샤·락샤사·삐샤짜·간다르와·선녀·아수라·뱀·신들의 세계에 사는 새 수빠르나와 조상신들을 모두 창조했다.

또 번개·천둥·구름·빛·무지개·유성·회오리·혜성, 이 모든 것들도 만들었다.

긴나다(Kinnaḍa)·원숭이, 여러 종류의 물고기와 새, 짐승과 닭과 같이 날개는 있으나 땅 위에 다니는 새, 인간 그리고 사자 등 위 아래로 모두 이(齒)가 나 있는 모든 생물도 그들이 만들었다.

기생충·나방·나비·이·파리·빈대·모기·각다귀, 그리고 움직이지 않는 것들도 그들이 만들었다.

여기까지가 마누법전 제1장 제1절이다. 다음은 제2절이다.

이렇게 해서 나의 뜻에 따라 위대한 영혼들이 스스로의 고행의 방법을 통하여 움직이는 생물과 움직이지 않는 모든 생물들을 차례로 만들었다.

앞에서 만들어진 생물들에게 각기 주어진 까르마가 있다고 말했으니, 이제 그가 어떤 탄생을 통해 어떤 까르마와 만나게 되는지에 대해 말하겠다.

위 아래로 이(齒)가 있는 짐승, 닭, 맹수, 락샤사, 삐샤짜, 그리고 사람 등, 이들은 모두 '자궁에서 태어나는 자'다.

새·뱀·악어·물고기·거북이, 그리고 이러한 종류들의 다른 것으로 땅에서 다니는 것들과 물에 다니는 생물들, 이들은 모두 '알에서 태어나는 자'이다.

모기·각다귀·이·파리·빈대와 같은 생물들은 열기(습기)에서 생겨나니, 이들은 '땀에서 태어나는 것(Svedaja)들'이다.

씨나 가지를 심어서 나는 모든 움직이지 않는 식물은 '씨에서 나는 것(Udbhijja)들'이오, 그리고 꽃이 피고 열매를 맺는 모든 식물은 '풀(auṣadī)'이다.

그 중에 꽃이 없이 열매를 맺는 것은 '숲의 주인(brhas-pati)'이라 부르고, 꽃과 열매가 모두 열리는 것은 '나무(brksa)'라고 부른다.

이렇게 하여 갖가지 다발식물(多發植物), 관목(灌木), 그리고 모든 덤불, 옆으로 벌어지는 나뭇잎, 줄기식물들이 모두 씨와 가지들에서 생겨나게 된다.

전생에 이룬 까르마(業)로 인하여 이들은 모두 갖가지 모양의 암흑으로 덮여 있으니, 이들은 안으로 의식을 가지며, 기쁨을 느끼기도 하고 슬픔을 느끼기도 한다.

언젠가는 끝나게 될 생명을 가진 세상 속에, 브라흐마 (Brahma)로부터 시작된 끝이 없는, 창조의 과정은 오늘까지 계속 진행되어 왔다.

이처럼 그 상상해 볼 수조차 없는 훌륭한 창조자는 이 모든 세상과 나를 창조했으며, 시간으로 시간을 소멸시키면서 그 스스로의 모습을 다시 안으로 거두어들이고 있다.

그 신이 깨어날 때 모든 세상도 다시 의식을 차리게 되고, 그가 평온 속에 있을 때에는 이 모든 세상은 눈을 감고 있다.

그가 그 본래의 자리에서 잠을 자고 있을 때, 모든 생물은 그들 마음의 욕망을 털어버리고 애욕을 버리나니, 그때 스스로의 까르마에서 풀려나게 되는 것이다.

그리하여 이 모든 생물들이 위대한 아뜨만(브라흐만) 안에 다시 거두어지나니 그때, 모든 아뜨만이 해방되어 행복하게 잠을 자게 된다.

암성에 의지한 만물들이 오랫동안 감각기관들과 함께 엉켜 있다가 각자 까르마의 굴레를 벗어나게 되면 그가 그 육체로부터 벗어나게 되는 것이다.

그가 다시 미세한 형태가 되어 움직이거나 움직이지 않는 생물체의 씨앗으로 들어가게 되면 그는 지금까지의 육신을 떠나게 되는 것이다.

이렇게 해서 파멸치 않는 자(브라흐마)가 모든 움직이는 생물과 움직이지 않는 생물을 깨어나게 하고, 다시 때가 되면 수면상태(睡眠狀態)로 만들어 소멸하게 하는 것이다.

브라흐마가 스스로 이 법전을 지어 창조의 때에 나에게 법도에 따라 가르쳐주었으며, 나는 마리찌 등 성자들에게 그대로 가르쳐주었다.

이제 이 경전을 브리구, 그대에게 모두 알려주겠다. 그대는 내게서 모든 것을 훌륭히 익힌 자이기 때문이다.

마누께서 이렇게 말씀하시자, 선인(仙人) 브리구는 기쁜 마음으로 다른 선인들에게 말하였다.

"자생자(自生者)에서 나신 이 마누의 가문에 여섯 명의 마누가 더 계신다오. 그들은 모두 위대하시며 커다란 광휘(光輝)의 영혼들이시니, 각기 그들의 창조물을 만드셨다."

(2) 베다당가분

이와 같은 마누법전은 베다당가분이라 부르는 여섯 가지 부수학문(字彙學·語源學·史傳·文法·順世派·大人相學)을 통하여 이해하였다.

'자휘학(字彙學)'이란 문자가 어떻게 만들어졌는가를 연구하여 그 속에 들어있는 뜻을 이해하는 것인데, 예를 들면 '근본물질'이란 '땅·물·불·바람·허공' 등 다섯 가지 메다띠티꿀류 까빳따를 의미하고, 또 거기에 연관된 언어(śabba)·맛(rasa)·냄새(ghandha)·촉감(sparśa)·열기(teja)·자아의식(ahamkāra) 등 24종의 요소를 말한다.`

그리고 언어학은 anda란 알(卵)이 씨, 즉 황암태(hiraṇïagarbha)로 변형되어 장차는 자궁으로까지 이해되는 것을 어원적으로 밝히는 것이고, 사전은 그의 역사, 문법은 그것을 문법적으로 이해하는 것이다.

그리고 순세파는 그 같은 언어적 사고가 어떻게 세상을 변형시켰으며 더 나아가서는 사람의 상호와 어떤 연관을 가지는가를 연구하는 것이 대인상학이다.

이 여섯 가지의 부수학문 가운데 깔빠수뜨라(Kalpasūtra)는 법과 밀접한 관계가 있는데 복잡하게 분화되어가는 사회현상을 제도하고 통일함으로써 인간행동을 표준화한 것이 바로 마누법전이다.

그런데 예수님은 이 법전을 배우고 나서 크게 의심하였다.
"신이 어떻게 사람을 만들면서 그렇게 차별한 마음을 가질 수 있는가. 우리 서양에서는 절대평등한 가운데 세계와 인류를 창조하였다."

이 말을 들은 바라문(힌두교인)들은 자기네의 신을 무시하고 사회질서를 파괴한다고 예수에게 협박하였다.

주지승려격(住持僧侶格)이 되는 율법선생이 나서서 말했다.
"우리가 브라마(絕對者)라고 부르는 성스러운 분은 그 분에 맞게 인간을 창조하셨으므로 새삼스레 인간의 불만을 말해서는 안됩니다. 인류역사가 시작되는 날에 브라마가 입을 열자 네 명의 사람이 그 앞에 나타났다. 그 때, 파라브라마(超絕對者)의 입으로부터 첫 번째 인간이 나왔다. 피부색이 희고 브라마 자신을 닮았기 때문에 브라만이라고 불렀다.

지상의 모든 것에 대해 브라만을 대행하는 성자였다. 두 번째 사람은 파라브라마의 손에서 나와 샤트리아(끄샤트리아, 차트리아)라 하였고, 왕·통치자·무사가 되게 하여 의무는 승려인 브라만을 보호하게 하는 것이었다. 파라브라마의 몸 안에서 세 번째 사람인 바이시아가 나왔는데 토지를 경작하고 목축을 하는 것이 그의 의무로 되어 있다. 파라브라마의 발로부터 네 번째 사람인 수드라가 나왔다. 가장 천한 계급으로 노예신분으로부터 벗어나기 위해서는 죽는 수밖에 없다.”

그러자 예수가 말했다.

“그렇다면 파라브라마는 공정하고 의로운 신이 아닙니다. 왜냐하면 그는 자신의 강력한 손으로 마음대로 사람을 높였다, 낮추었다 하기 때문입니다.”

그리고는 말을 멎은 채 하늘을 바라보다가 이윽고 말을 하였다.

“당신의 한량없는 사랑으로 백색인(白色人) · 흑색인(黑色人) · 황색인(黃色人) · 적색인(赤色人)들이 다 같이 얼굴을 우러러 뵙고, 우리의 아버지 하느님을 숭배하게 할 것입니다. 당신은 인류의 아버지며 사랑이기 때문에 나는 거룩하신 이름을 찬양합니다.”

승려들이 일제히 화를 내면서 달려가 예수를 붙잡고 가해하려 하였다.

그때 라마아스가 손을 들어 제지하며 말렸다.

“그대 브라마의 승려들이여, 조심하십시오. 사리분별 없이 그런 짓을 하는 것은 온당치 않습니다. 이 소년이 숭배하는 신을 알 때까지 기다리는 것이 좋겠습니다. 내가 이 소년이 기도하는 것을 보니 태양빛이 그를 에워싸고 있었소. 조심하십시오! 그의 신이 브라마보다 더 강할지도 모릅니다. 만일 예수가 말하는 것이 진리라면, 그리고 그 말이 옳다면 그대늘은 그에게 강제로 중지하게 할 수 없습니다. 만일 그의 말이 그르고 당신들의 말이 옳다면 그의 말은 빈 말이 될 것입니다. 왜냐하면 정의는 힘이어서 마침내는 이길 것이기 때문입니다.”

그리하여 승려들은 진정하였으나 그 중의 한 사람이 입을 열었다.

"이런 신성한 장소에서 이 무례한 젊은이는 파라브라마에게 무엄하게 군 것이 아닙니까. 율법에서는 분명히 브라마의 이름을 욕되게 하는 자는 죽여야 한다고 하였습니다."

라마아스는 계속 간청을 하였으나 결국 승려들은 예수를 그곳에서 추방하였다.

예수는 노예와 농부인 흑인과 황색인과 함께 살 은거처를 찾았다. 그리고 그들에게 처음으로 인류평등의 복음을 전해야겠다고 생각했다. 사람들은 마음 깊이 열락(悅樂)하며 '하늘에 계신 우리 아버지시여'라고 기도하자 수드라와 농민들에게 비유를 들어 설명하였다.

"네 아들이 있는 한 귀족이 아들들에게 막대한 재산을 나눠주고 각기 제 갈 길로 가게 하였습니다. 이기심에 가득찬 장남은 둘째를 꼭두각시 왕으로 앉히고, 셋째에게는 가축과 땅을 경작하게 하고, 막내에게는 줄 몫이 없다고 하며 감금하였는데, 귀족이 후일 아들들을 그 죄과에 따라 심판한다는 내용입니다."

그러자 한 명의 수드라가 말했다.

"저희들은 노예로서 승려의 변덕(變德)을 맞춰주어야 하고 짐승처럼 고통을 당하고 있습니다만 과연 쇠사슬을 끊고 자유로운 몸이 될 가망이 있을까요?"

"있습니다. 왜냐하면 모든 세계가 형제가 될 것이기 때문입니다. 오, 사람들이여, 일어나시오! 그대들의 권능을 깨달으시오. 뜻있는 사람들은 노예로 있을 필요가 없습니다. 그대들의 형제가 이렇게 생활했으면 하고 바라듯이 생활하시오. 꽃이 피듯이 날마다 피어나시오. 땅이 그대의 것이며, 하늘이 그대

의 것입니다. 그리고 하느님께서는 그대가 있어야 할 곳에 그
대를 데려다 줄 것입니다."

예수는 오릿사의 모든 도시에서 이렇게 가르쳤다. 강변에
있는 카타크에서 가르칠 때에도 수천의 군중이 그를 따랐다.

하루는 쟈간나스의 가마행렬이 수많은 열광하는 사람들 손
에 이끌려 지나가자 예수가 말했다.

"보시오. 영혼이 없는 빈 껍데기가 지나가고 있습니다. 혼
없는 육신이 제단에다 지필 불도 없는 성전들이 지나가고 있
습니다. 이 크리쉬나의 가마는 공허한 것입니다. 왜냐하면 크
리쉬나는 거기에 있지 않기 때문입니다. 이 크리쉬나의 가마
는 단지 육욕의 포도주에 취한 사람들이 숭배하는 우상에 불
과합니다. 하느님께서는 시끄러운 말 속에서 살고 있지 않습
니다. 하느님께서는 조용하게 조그마한 목소리로 말씀하십니
다. 그리고 이 말씀을 듣는 사람도 마음이 고요합니다."

그러자 모든 사람들이 말했다.

"마음속에서 조용한 목소리로 말씀하시는 신성한 신을 알
수 있도록 가르쳐 주십시오."

"신의 성스러운 숨결은 인간의 눈으로 볼 수 없습니다. 하
지만 사람의 얼굴을 들여다보는 이는 마음속에서 말씀하시는
신의 모습을 볼 수 있을 것입니다. 그리고 사람이 사람을 존
경하는 것은 곧 신을 존경하는 것이며, 삶을 위해서 무엇을
행하면 그것은 곧 신을 위해서 행하는 것입니다. 그러므로 명
심하십시오. 마음과 말과 행동으로 다른 사람을 괴롭히는 자
는 신에 대하여 죄를 범하는 것입니다."

"누구에게 봉헌물을 올리며, 어디에다 제물을 바쳐야 합니

까?"

"세상을 창조하신 신께서는 초목·곡물·비둘기·새끼양의 쓸데없는 낭비를 원하지 않습니다. 성전에다 불태우는 것은 버린 바 되고 굶주린 자의 입으로부터 음식을 빼앗아 불에 던지는 사람에게 축복이 올 리 없습니다. 사람의 마음을 그대 의 제단으로 삼아서 사랑의 불로써 그대의 제물을 태우시오. 샤카무니 부처님도 하늘 사람들은

감로(甘露)를 마시기 때문에 털 달린 짐승의 머리나 피 묻은 생물을 드시지 않는다고 하였습니다."

모든 사람들은 황홀해서 어찌할 줄을 모르고 예수를 신으로 섬기려 하였다.

"나는 당신들의 형제이며 하늘에 가는 길을 가르쳐주러 왔을 뿐입니다. 그대들은 인간을 숭배해서는 안됩니다. 단지 신성하고 거룩하신 하늘을 찬미하시오."

5. 예수의 진실한 설교

선생으로서의 예수의 명성은 순간 인도 나라 곳곳에 퍼졌고, 사람들이 멀리서 또는 가까이에서 몰려왔으며, 강가에 위치한 베하르에서 그는 많은 날 동안 가르쳤다.

베하르의 부호 아크라라는 자가 이들을 위해 연회를 베풀고 멀리서 온 사람들을 초대하였다. 이 중에는 도둑·강도·창녀들도 있었고 예수는 그들과 함께 앉아서 설교를 하였다. 하지만 다른 이들이 이를 몹시 언짢아하였다. 그들이 예수를 책망하여 말했다.

"현명하신 라보니 선생, 오늘은 당신께 수난의 날이 될 것 같습니다. 선생께서 창녀와 도적들과 함께 사귀었다는 소문이 나면 사람들은 독사를 피하듯이 당신을 피할 것이기 때문입니다."

예수가 말했다.

"지도자는 결코 명성이나 평판 때문에 그 자신을 숨기지 않습니다. 명성이나 평판은 단 하루 소문에 불과하기 때문입니다. 그것은 사리분별이 없는 자들의 마음에는 지표가 되며 사람들이 만드는 시끄러운 소란일 뿐입니다. 그리고 사람들은 그 시끄러운 강도에 따라서 가치를 판단할 것입니다. 하늘 신과 모든 땅의 지도자들은 사람을 있는 그대로에 의한 眞相(진상)을 보고 판단합니다.

그렇습니다. 그들은 죄인이며, 그들의 죄를 고백하고 있습니다. 반면에 당신들은 죄를 범하고 있는 동안에도 그대들의 죄를 감추기 위해 光彩(광채)나는 옷으로 갈아입고 시치미를 뗄 만큼 빈틈없이 약삭빠르게 행동을 합니다.

그대들은 다른 사람의 부를 탐내고, 미모에 반해 군침을 흘리며, 그대 마음속 깊이 그들을 향하여 정욕을 품고 있습니다. 날마다 사기를 치고 황금·영예·명성을 갈구하고 있습니다. 이러한 모든 것은 바로 자신의 이기적인 욕망을 위한 것입니다. 탐심을 갖는 자는 도적이며, 정욕을 품는 여자는 창녀입니다. 그대들 중에 그렇지 않은 사람이 있으면 말해보시오.

연화색 비구니가 창녀로 있을 때

'나 같은 사람도 도를 구할 수 있습니까?' 하니,

부처님께서 물었습니다.

'그대 이름이 무엇인가?'

'연꽃 여인입니다.'

'연꽃이 물에 젖는 것 보았는가?'

'아니오.'

'그렇다면 그대의 몸은 걸레짝이 되었을지라도 그대 마음은 물든 일이 없느니라.'

하여, 비구니가 되었다는 말도 들었습니다.”

아무도 말하는 사람이 없었고, 힐난하던 자들도 침묵하였다. 예수가 말했다.

“오늘의 증거는 모두 힐난했던 사람들에 대한 것입니다. 마음이 순수한 사람은 힐난하지 않습니다. 경건한 신앙의 신성한 煙幕(연막)으로 자신의 죄를 은폐하려는 마음이 천한 사람은 일찍이 술주정뱅이·도적·창녀들을 싫어하는 법입니다. 이렇듯 싫어하거나 멸시하는 것이야말로 비웃을 만합니다. 왜냐하면 만일 명망이라는 번쩍거리는 코트를 벗겨놓고 보면 위엄있게 말하는 선생님도 색욕과 사기 그 밖의 숨겨진 많은 죄에 빠져 있는 것을 알게 될 것이기 때문입니다. 다른 사람의 잡초를 제거하는데 그의 시간을 허비하는 사람은 자신의 잡초를 제거할 시간이 없으므로 아름다운 생명의 모든 꽃들은 곧 말라죽게 될 것이며, 毒(독)보리·엉경퀴·가시 열매 등만 남게 됩니다."

그리고 예수는 한 가지 비유를 들어 말했다.

"한 농부가 아주 잘 익은 곡식이 심어져 있는 들판을 가지고 있었습니다. 그가 바라보니 많은 밀대 잎이 아래로 숙여져 있었습니다. 그는 부러진 잎은 모두 잘라내어 창고에 넣지 말고 태우라고 하고, 며칠 후에 가보니 들판에는 한 톨의 곡식도 볼 수 없었고, 일꾼들은 그에게 명한대로 하였더니 곡식창고에 비축할 곡식은 하나도 없었습니다. 만약에 하늘 신이 잎이 부러지지 않은 줄기나 보기에 완전한 것만 구해주신다면 과연 누가 구원을 받겠습니까?"

힐난하던 사람들은 부끄러워서 머리를 떨구었으며 예수는 그곳을 떠났다.

베나레스는 브라만교의 성지였고, 예수는 그곳에서 가르쳤으며 설교를 들은 사람들은 대부분 우도라카의 손님들이었다. 우도라카는 그의 손님들을 위하여 잔치를 열었고 많은 상류계급의 힌두교 승려들과 율법학자들이 모였었다.

예수가 그들에게 말했다.

"저는 오늘 인생에 있어 생명의 同胞主義(동포주의)에 대하여 말하게 된 것을 기쁘게 생각합니다. 宇宙神(우주신)은 오직 한 분으로 알고 있습니다. 하느님의 향기로운 숨결에 의하여 모든 생명은 하나로 연결되어 있습니다. 그러므로 만일 여러분들께서 살아 있는 생명체의 한 줄기 纖維(섬유)를 건드린다면 생명의 중심에서 외부의 한계까지 진동할 것입니다.

그러므로 하잘 것 없는 미천한 버러지를 밟아도 하느님의 옥좌는 떨리고 정의의 칼은 칼집에서 울 것입니다.

인간과 새 그리고 짐승과 버러지 등은 肉化(육화)한 하느님의 신성입니다. 그런데 어찌하여 감히 인간이 죽일 수 있겠습니까. 세상을 일그러뜨리는 것은 잔인한 행위입니다. 생물을 해치는 것이 자신들을 해치는 것임을 깨닫는다면 죽이지 않을 것이며 다른 모든 신들도 창조하신 생명을 괴롭히지 않을 것입니다. 그러므로 부처님은 자기를 업신여기는 사람은 곧 모든 중생을 죽이는 것이라 하신 것입니다."

한 율법학자가 말했다.

"그대가 말하는 신은 누구이며 승려는 어디에 있고 그의 사원과 성전은 어디에 있는가?"

"내가 말하고 있는 신은 어느 곳에나 있으면서 役事(역사)하고 있습니다. 모든 사람들은 오직 한 분이신 그 신을 받들고 있지만 아무도 그를 볼 수 없습니다. 이 우주신은 지혜·의지·사랑입니다.

한 개인의 이상은 그 사람이 섬기는 신이므로 사람이 발전함에 따라서 신도 발전합니다. 오늘의 신은 내일의 신이 아닙니다. 모든 민족들은 각자 다른 견지에서 신을 보기 때문에 신은 모든 인간에게 똑같은 형태로 나타나지 않습니다.

그대 브라만들은 그 분을 파라브라마(超絶對者)라 부르고 있으나 이집트에서는 도오쓰(Thoth)라고 합니다. 희랍에서는 제우스라 하며, 여호와는 히브리 사람이 일컫는 말입니다. 그러나 어디에서나 그 분은 원인 없는 대원인이며 만물이 발생한 근원 없는 근원입니다.

사람들이 신을 두려워하게 되면, 그들은 다른 사람에게 환상적인 묘한 옷을 입히고 이를 승려(司祭)라 부릅니다.

그리고 기도에 의하여 신의 분노를 억제하도록 책임을 맡깁니다. 그리고 그들이 기도에 의하여 신의 호의를 사는데 실패하면 동물이나 새의 제물로써 신을 매수합니다.

단지 온갖 생명체에게 자신의 생명을 걸고 희생적인 봉사를 하면, 하느님께서는 즐거워하십니다."

이와 같이 말을 하고 예수가 옆으로 물러나자 사람들이 깜짝 놀라 소동(騷動)하였다.

어떤 이는 그가 성스런 브라마에게서 영감을 받았다고 하고, 다른 이는 제정신이 아니라고 하고, 어떤 이는 악령이 들려서 그래서 악마가 말하듯이 이야기한다고 말하기도 하였다.

예수는 그곳에 오래 있지 않았고 손님들 중에 한 농부가 관대한 마음으로 진리를 구하여, 예수의 말에 감농하고 그의 집에 가서 머물렀다.

베나레스의 사원에 있는 객승들 중에 라호르에서 온 아자이닌이라는 승려가 있었다. 그는 상인들로부터 유태 소년에 대한 말을 전해 듣고 스스로 채비를 하여 예수를 만나러 라호르에서 왔었다. 브라마 승려들은 예수가 말한 진리를 인정

치 않고, 우도라카의 집에서의 그 강연에 몹시 분개해 하고
있었다.

그러나 그들은 그 소년을 본 일이 없었으므로 그가 말하는
것을 몹시 듣고 싶어하여 사원의 손님으로 초대하였다. 그러
나 예수가 거절하며 말했다.

"진리의 빛은 지극히 풍부하여 모든 사람들에게 비치고 있
습니다. 만일 그대들이 거룩하신 하느님께서 사람들에게 주기
위하여 나에게 주신 복음을 듣고자 한다면 나에게 직접 오십
시오."

승려들은 몹시 화를 내었지만 아자이닌은 오히려 그 농부
의 집으로 값비싼 선물을 지닌 사절을 보냈는데 그 선물에는
다음의 서신이 동봉되어 있었다.

"선생님께 간곡히 부탁하오니 제 말씀을 들어주시기 바랍
니다. 브라만 율법에서는 어떠한 승려를 막론하고 신분계급이
낮은 사람의 집에 들어가는 것이 금지되어 있습니다. 그러나
선생님께서 우리에게 올 수는 있습니다. 부디 오늘 오셔서 우
리와 함께 식사를 하십시다."

그러자 예수가 말했다.

"만일 그대들이 계급제도에 대하여 자존심을 버리지 않는
다면, 그대들은 밝은 빛을 볼 자격이 없다. 나의 아버지께서
는 사람의 율법을 소중히 여기지 않는다. 황금이나 귀중품으
로 하늘의 지식을 살 수는 없다."

이로써 더욱 화가 난 승려들은 그를 그 지방에서 몰아내기
위한 책략을 짜기 시작하였다.

아자이닌은 야음(夜陰)을 틈타 예수에게로 몰래 왔다. 예수
가 말했다.

"해가 비치는 곳에 밤은 없습니다. 나에게는 사람들에게 전해 줄 비밀적인 복음은 없습니다. 빛이 비치면 모든 비밀은 드러나게 마련입니다."

"저는 예전부터 내려오는 고대의 지혜와 선생님께서 말씀하시는 신성한 하늘의 왕국에 대해서 배우고자 멀리 라호르에서 왔습니다. 왕국은 어디에 있으며 왕은 어디에 계십니까? 신하는 누구이며, 그 율법은 어떤 것입니까?"

"그것은 마음속에 있는 것입니다. 이 왕국으로 들어가는 문은 높지 않습니다. 그곳에 들어가려는 사람은 무릎을 꿇어야 합니다. 저급의 자아를 영적인 자아로 변형시켜야 하며 육신은 깨끗하게 흐르는 시냇물에 씻어서 정화시켜야 합니다."

"제가 이 왕의 신하가 될 수 있습니까?"

"당신 자신이 바로 왕입니다. 그러나 당신은 먼저 승복을 벗어 던지고 황금을 위해 하늘에 봉사하는 작태를 그만두어야 합니다. 자신의 생명과 지니고 있는 일체의 소유물을 버리고 기꺼이 사람들에게 봉사해야만 합니다."

예수는 더 이상 말을 하지 않았고 아자이닌은 돌아갔다.

그는 예수가 말한 진리를 이해할 수는 없었으나 여태껏 본 적이 없는 것을 보았다. 그는 신앙의 영역을 탐험해 보지 못했지만 마음속에는 신앙과 세계동포주의의 씨앗을 뿌릴 좋은 땅을 찾아냈다. 그가 집으로 가는 도중은 졸면서 어두운 밤을 지나가는 느낌이었다. 그러나 그가 깨었을 때 정의의 태양이 떠올랐으며 그는 왕을 찾았다.

예수는 많은 날을 베나레스에서 이렇게 머물며 전도하였다.

(1) 부친 요셉의 서거

어느 날 갠지스강 가에 서 있는 예수에게 서방세계에서 돌아온 한 떼의 대상들이 와서 부친 요셉의 부음을 전했다.

또 그들은 비탄에 빠진 마리아의 근황과 함께 아들 예수를 무척 그리워하고 있다고 전하였다. 예수는 깊은 명상에 잠긴 후 다음과 같은 내용의 편지를 전했다.

"가장 고결한 여성이신 나의 어머니, 방금 고향으로부터 온 사람에게서 아버님이 타계하였으며 어머니께서 몹시 슬퍼하시어 수심에 잠겨 있다는 소식을 들었습니다. 어머니, 만사는 잘 되어가고 있습니까? 아버지께서는 훌륭하셨으며 어머니께서도 훌륭하십니다. 지상에서 아버지의 과업은 완성되었습니다. 아주 고결하게 완성되었습니다.

여기 지상에서 살아계신 동안 아버님께서는 많은 과중한 업무를 끝내셨습니다. 그리고 이곳으로부터 떠나시어 영혼의 여로문제(旅路問題)를 해결하시기 위해 준비하고 계십니다.

왜 우시고만 계십니까. 눈물은 슬픔을 극복할 수 없습니다. 슬픔에는 마음의 상처를 아물게 하는 힘이 없습니다.

단지 슬픔에만 잠겨 있는 것은 태만한 것과 같습니다.

어머니께서 하셔야 할 성업은 사랑의 봉사입니다. 그리고 온 세상 모두가 사랑을 갈구하고 있습니다.

요한이 어머니를 잘 보살피고 어머니께서 필요로 하는 것을 잘 차려드리리라 믿습니다. 그리고 저는 항상 어머니와 함께 있습니다. 어머니에게 주님의 은총이 깃들기를 기원합니다."

소자 예수 드림.

이 편지를 예루살렘으로 가는 한 상인 편에 보냈다. 예수의 언행은 인도 전역을 불안하게 하고 있었다. 일반대중들은 그의 친구가 되어 그를 믿었고 무리를 지어 그를 따랐다.

그러나 승려들과 통치자들은 그를 두려워하여 그의 이름만 들어도 몸을 떨었다. 그는 인류의 동포애와 만인평등의 정당성에 대해 설파하고 승려와 신전에 제물을 바치는 규범의 무용성에 대해 말하며 사상누각(砂上樓閣)인 브라만교의 제도를 뿌리부터 흔들어 놓았고 브라만의 우상을 대수롭지 않게 여기고 신전에 바치는 제물에는 죄가 가득 차 있다고 하여 성전과 승려제도는 모두 잊혀지게 하였다.

승려들은 이 히브리 소년이 더 이상 인도에 머물렀다간 혁명이 일어나서 민중들이 승려들을 죽이고 사원들을 때려 부수리라고 선언하게 될 것같이 느꼈다. 그들은 널리 소집장을 보내어 각 지방의 승려들을 오게 하여 베나레스는 브라만교의 열풍으로 불타오르게 하였다.

쟈간나스 사원의 라마아스는 일찍이 예수의 내적인 인품을 알고 있었으므로 그들 앞에 나서서 말했다.

"나의 형제 승려 여러분, 조심하십시오. 당신들이 하는 일을 주의하십시오. 오늘은 아주 중요한 기록적인 날입니다. 세상이 내려다보고 있습니다. 브라만교 사상의 생명자체가 지금 시험대 위에 올라 있습니다. 만일 우리가 이성을 잃어서 편견이 오늘을 지배한다면, 만일 우리가 야수적인 힘에 의존하여 브라마가 볼 때 순진하고 순수한 사람의 피로 우리의 손을 물들인다면, 브라마의 보복이 우리에게 가해져서 지금 우리가 서 있는 바위 자체가 우리의 발밑으로 무너져 내려 사랑하는 우리 승려단과 율법, 그리고 사원들이 모두 붕괴될 것입니다."

그러나 그들은 더 이상 말을 못하게 하고 진노한 승려들은 그에게 몰려가서 손찌검을 하고 침을 뱉고 변절자라고 하며 피투성이가 된 라마아스를 거리에다 내동댕이쳤다.

그리고 큰 혼란이 야기되어 승려들이 폭도로 변하여 사람의 피를 보고 악귀 같은 짓을 하는 등 전혀 손을 쓸 수가 없게 되었다.

통치자들은 전쟁을 두려워 예수를 찾으니 그는 시장바닥에 앉아서 조용히 사람들을 가르치고 있었다. 그들은 그에게 떠날 것을 종용하여 목숨을 부지케 하였으나 예수는 거부하였다. 승려들은 그를 잡아들일 이유를 찾기 시작했으나 그는 죄가 없었다. 시비를 걸어 고소하여 법정으로 데리고 가려 했으나 민중들이 그를 호위하여 손을 못 대게 하였다.

승려들은 예수를 암살하기로 하였고 라마아스가 이를 미리 알고 예수에게 알리고 예수는 서둘러 그 고장을 떠났다.

예수는 야음을 틈타 베나레스를 떠나서 북쪽으로 걸음을 재촉하였고 가는 도중 어느 곳에서나 농부·상인·수드라 등이 편의를 제공해 주었다.

며칠 후 히말라야의 큰 봉우리에 도착하였고 가빠비쮸라는 도시에서 머물렀고 불교도들이 사원의 문을 활짝 열고 반겨 맞았다.

불교도 중에 바라타 아라보라는 자가 예수를 높고 오묘한 지혜의 사람으로 인정하였다.

예수와 바라타는 함께 유태시편(詩篇)과 예언서를 읽고 베다경전과 아베스타경전, 그리고 고오타마 싯달타의 지혜를 읽었다. 그들은 인간의 가능성에 대하여 읽고 이야기하였다.

바라타가 말했다.

"인간은 우주의 경이로움입니다. 인간은 그가 모든 생명의 단계를 지나온 생명체이므로 모든 것의 일부입니다. 인간이 존재하지 않던 시기가 있었습니다. 그때 인간은 시간의 주형 속에 있는 한 조각 형체 없는 실체였습니다. 그것이 원생체(原生體)가 되었습니다."라고 말하면서, 바라타는 원생체로부터 벌레, 파충류, 새와 짐승 그리고 마침내 인간이 되었다고 하며 모든 생명체가 안전한 사람의 단계로 진화할 때가 올 것이라고 하였다.

그리고 인간이 완전한 인간이 된 다음, 보다 높은 형태의 생명의 단계로 진화될 것이라 하였다.

그러자 예수가 물었다.

"바라타 아라보여, 누가 그대에게 인간의 마음의 의지가 조수·충류의 육체로 나타난다고 가르쳤습니까?"

"인간이 기억할 수 없는 오래 전부터 우리들의 승려들이 그렇게 말해주었으므로 그렇게 알고 있습니다."

"현명한 아라보여, 그대는 남을 지도하는 스승이면서, 남에게 들은 것만으로는 아무 것도 아는 것이 아니라는 것을 모르고 있습니다. 만일 인간이 알고자 원한다면 자기 자신이 직접 아는 것이 아니면 안 됩니다. 아라보여, 그대는 원숭이나 새 또는 버러지였던 것을 기억하고 계십니까? 만일 그대가 승려들이 그렇게 말한 것 이외에 보다 훌륭한 증거를 가지고 있지 않다면, 그대는 아는 것이 아니라 단지 추측하는 것뿐입니다. 그러므로 누가 말한 것에 대하여 귀를 기울일 필요는 없습니다. 우리 함께 육체를 잊어버리고 육체가 없는 영혼의 나라로 가십시다. 마음의 영혼은 결코 잊는 법이 없습니다.

하느님 자신의 기록에는 이렇게 씌어 있습니다. 성삼위일체(聖三位一體)의 하느님이 생명의 숨결을 불어대니 일곱 영이 하느님 앞에 나타났다고 히브리인들은 이 영들을 엘로힘이라 부릅니다.

그리고 이들이 모든 만물을 창조했다고 합니다. 성삼위일체 하느님의 일곱 영이 무한한 공간의 영역으로 움직여서 일곱 개의 보편물질(普遍物質) 에테르가 생겨났으며 각 보편물질은 그 자체의 생명의 형태를 취했다고 합니다.

이러한 생명의 형태는 단지 그들 보편원질(普遍原質) 수준의 실체에 옷을 입힌 하늘의 사상에 불과합니다. 사람들은 이들 보편원질의 단계를 원생체(原生體)·땅·식물·짐승·사람·천사와 제이계급의 지혜천사(智慧天使)의 단계라 부릅니다."

이 말을 들은 바라타는 깜짝 놀랐다. 유태성자의 지혜는 그에게 의외의 사실이었기 때문이다. 그런데 인도의 가장 지혜로운 성자, 가빠비츄 사원의 원장 피자빠지는 바라타가 예수에게 한 말과 그 유태 선지자가 한 말을 듣고 말했다.

"가빠비츄의 승려 여러분, 내 말을 들으시오. 오늘 우리는 시대의 정점에 서 있습니다. 6세대 전에 한 위대한 스승이 태어나서 인간에게 진리의 빛을 던져주었습니다. 그런데 오늘 이 가빠비츄 사원에 위대한 성자가 와 계십니다. 이 히브리 예언자는 떠오르는 샛별로 신성한 분입니다. 그는 하느님의 신비로운 것에 대한 지혜를 우리에게 가지고 왔습니다. 그는 살아있는 하느님의 신탁입니다."

그리하여 모든 승려들은 감사하며 그 광명의 부처를 찬양하였다.

예수가 샘터에 앉아 명상에 잠겨 있을 때 축제일이었으므로 많은 하인계급의 사람들이 인근에 모여 있었다. 그 사람들의 이마와 손에는 고된 노역의 흔적이 있었고 힘든 고역 외

에는 생각할 수 없는 그들의 얼굴에는 즐거운 빛을 찾을 수
가 없었다.

예수가 말을 건네 물었다.

"그대들은 어찌 그렇게 슬픈 얼굴들입니까? 산다는 것이 행
복하지 않습니까?"

"우리는 행복이란 말의 의미를 모릅니다. 부처님이 계신 영
원한 안식의 세계로 가서 쉴 수 있기를 바라고 있을 뿐입니
다."

예수는 이들에 대한 동정심과 사랑으로 심란해져서 말했다.

"일이란 사람을 슬프게 하지 않습니다. 인간은 일을 할 때
가 가장 행복한 순간입니다. 그러한 천국이 당신에게 있다는
것을 모릅니까?"

"천국에 대하여 들은 적이 있습니다. 그곳까지 가려면 몇
번이고 거듭 태어나야만 한다고 했습니다."

"나의 형제들이여, 당신의 생각은 잘못되었습니다. 당신의
하늘나라는 멀리 있는 것이 아닙니다. 하느님께서는 결코 천
국과 지옥을 만들지 않았습니다. 모두가 우리 마음이 만들어
낸 것으로 자기들 마음대로 만드는 것입니다. 이제 하늘에서
천국을 찾는 일을 중지하시오. 바로 그대의 마음을 활짝 여시
오. 그렇게 되면 일하는 것이 힘든 고역이 안 될 것입니다."

사람들은 깜짝 놀라며 그 신기한 젊은 선생이 하는 말을
듣고 가까이 다가와서 인간이 지상 위에 만들 수 있는 천국
에 대하여 더 말해 달라고 졸랐다.

예수는 비유를 들어 말했다.

"굳고 메마른 땅을 가지고 힘들게 살아가는 농부에게 땅속
을 꿰뚫어 보는 한 광부가 지나가다 가난뱅이 농부에게 금은

보화가 묻혀 있다고 일러주고 농부가 자갈밭을 더 깊이 파헤쳐 금광을 발견한다는 내용을!"

"보시오. 성자가 다가와서 그는 마음속에 매우 귀한 보석이 충만하며 원하는 사람은 문을 활짝 열고 그것들을 모두 찾을 수 있다고 말했습니다."

그들은 예수에게 마음속의 보물을 찾는 방법을 가르쳐 달라고 하고, 예수는 그 방법을 가르쳐 주고 인생의 또 다른 면을 보게 된 사람들은 일하는 것이 즐겁게 된다고 하였다.

가빠비츄의 축제에서 예수는 또 하나의 비유를 들어 말했다. 전혀 돌보지 않은 포도밭에 가지 치는 일꾼이 와서 뿌리와 줄기만 남긴 채 모든 가지를 잘라내었고, 이웃들이 그렇게 황폐해진 포도밭을 보고 놀라며 걱정하자 그는 걱정 말고 수확 때를 기다려 보라고 했는데, 과연 풍성한 수확을 하게 되었다는 내용이었다.

"사람들의 화려한 형식과 의식은 가지이며, 말은 잎사귀일 뿐입니다. 이러한 것이 너무 무성하게 되면 햇빛은 더 이상 사람의 마음으로 도달할 수 없습니다. 열매는 전혀 없습니다.

승려들과 겉치레를 좋아하는 사람들은 가지 치는 사람을 꾸짖어서 그가 일을 하지 못하게 합니다.

수확의 때가 와서 가지 치는 사람을 비웃던 사람들이 다시 한번 와서 보고 놀랍니다. 왜냐하면 그들은 전혀 생기(生氣)없던 인간의 줄기가 귀중한 열매를 맺어 낮게 드리운 것을 볼 수 있었기 때문입니다."

승려들은 예수의 말에 불만이 대단하였으나 그를 둘러싼 민중들이 두려워 예수에게 행패를 부리지 못했다.

예수와 피자빠지는 다가오는 새로운 시대의 요구에 대해서 생각하였다.

예수가 말했다.

"다가오는 완전한 시대에는 형식이나 의식 또는 산 제물을 필요로 하지 않게 될 것입니다. 그러나 이제 곧 닥칠 시대는 완전한 시대는 아닙니다. 그러므로 사람들은 실물교육(實物教育)과 상징적인 의식을 필요로 하게 될 것입니다."

"완전한 시대는 모든 사람들이 승려이므로 그들의 경건한 신앙심을 자랑하기 위해서 특정한 옷을 입지 않는 때가 될 것입니다."

6. 평등 자유주의 사상을 가진 불교

　불교는 성평등(性平等), 무차별(無差別)이라 사람을 차별하지 아니한다. 태어나는 원리도 같고 늙고 병들고 죽는 것도 같으므로 계급적인 차별을 하지 않는다.

　"바라문도 죽고 찰제리도 병들고 늙는다. 사람의 인격은 그의 마음가짐과 생, 언어 속에 나타난다. 바라문도 살생하고 찰제리도 도둑질하며, 바이시아도 바람피우고 수드라도 거짓말을 한다. 태어난 집안이나 자라난 환경, 공부의 이력을 가지고 사람을 차별해서는 안된다."

　이것은 사람뿐이 아니라 생명을 가진 모든 것들이 다 마찬가지라 하였다.

　"화를 내면 지옥에 들어가고, 탐욕을 부리면 아귀가 되고, 어리석으면 축생이 된다. 시간 속에 습관이 된 자는 어머니 태속에 들어가 태어나게 되고, 껍질을 쓰고 삿된 마음을 가지면 알로 태어나는 것이 되고, 전진성만 있고 후퇴성이 없으면 날짐승, 물고기 같은 것이 되고, 성질이 급해서 훌훌 뛰고 방정을 떨면 옷도 입지 못하는 곤충이 된다."

　"보라, 저 지렁이는 옛날 애인과 사랑할 때 한번 약속을 정하면 1시간 전부터 와서 기다리다가 5분 뒤에 만난 것처럼 하여 싸움이 그칠 날이 없었으므로 한 몸에 암수동체를 가지고 옷을 입지 못해 발가벗은 몸으로 살고 있다는 것이다.”

그러므로 이 세상 모든 것이 자기 생각을 따라 나타나되 남의 명령에 의해 움직이는 것은 거의 없다는 것이다. 혹 그런 것이 있다면 그것은 옛날 옛적부터 살아온 군주 전제정치적 분위기 속에 사는 사람이 그런 울타리를 치고 그렇게 살고 있다는 것이다.

그래서 출가한 스님들은 대천이 바다에 들어가면 한맛이 되듯 일미(一味)의 정신에 의하여 화합해 살게 되어 있다. 단지 때가 되면 일곱 집을 얻어먹어야 하는 것이 특징이었다. 자기의 소유를 가지고 있지 않기 때문에 하루에 한때 얻어먹되 일을 하지 않게 되어 있었다. 그렇게 하다 보니 얻어먹고 봉사하고 공부하는 사람은 많지만 먹고 그냥 노는 사람도 많아 본받을 점이 없었다.

그런데도 상좌대중부가 갈라져 먹는데 때를 지켜야 한다는 파와 적당히 먹고 번뇌망상만 잘 끊으면 된다는 파, 두 가지로 갈라져 싸우고 있었다. 같은 스님인데도 상좌 대중부가 복장이 달라 함께 앉지도 않고 먹는 것도 달리하였다.

평등한 가운데에서도 이처럼 차별한 생활을 하고 있는 스님들은 사람들로부터 공경과 사랑을 받지 못하고 있었으며, 사회로부터 차차 격리되어 점점 폐쇄적인 방향으로 빠져들어 가고 있는 것을 보았다.

그러나 오히려 이 두 파로부터 실망을 한 신도들과 일부 지도자들이 불교성지를 찾아 순례하며 부처님의 근본정신을 실천코자 노력하는 것을 보고 크게 감명을 받았다. 병든 사람을 구원하고 가난한 사람을 보살피며 무지한 사람들을 교육하는 사람들은 오히려 출가한 스님들보다도 일반사람들이 더 많았기 때문이다.

출가수행자들은 대부분 지관(止觀) 정려(靜慮)를 닦았는데, 이들은 베풀어주고(布施), 계행을 청정히 지키고(持戒), 인욕하고 정진하며 선정과 지혜를 닦아 부처님의 후보자로서 보살행을 닦았다.

그들은 대부분 부처님의 위대한 상호와 거룩한 명예, 그리고 일반 스님들이나 사상가들과 같지 않은 특별한 지혜였다. 복과 지혜를 겸전한 부처님과 그가 가르친 청정한 마음, 그리고 그들만이 가질 수 있는 화합의 정신이었다."

어떤 사람이 말했다.

> "여보게, 부처가 되고 싶거든 부처를 따라 가소.
> 세상에는 중도 있고 소도 있으니,
> 누구는 본래 부처가 아니랴만
> 용광로에서 나온 부처라야 진짜 부처라네.
>
> 하늘의 빗방울처럼 많은 세월 서원하고
> 바다의 물방울처럼 온갖 고통 참고 이기며
> 갖가지 덕성을 길러 생사의 바다를 건너간
> 저 부처를 바라보고 중생을 위해 일을 하소."

예수님의 마음에 꼭 맞는 말씀이었다.

7. 국가와 민족을 초월한 불교

　석가세존이 창시한 불교사상도 평지에서 돌출한 것이 아니고 하늘에서 뚝 떨어진 것도 아니다. 불교도 인도사상의 한 가닥인 조류로서 서기 전 6세기에 발생한 것이었다. 당시 인도사상의 조류는 인도교, 즉 바라문교(힌두교)가 주류를 이루고 있었다.

　바라문교의 사상을 종합해 보면 두 가지 종류가 있다. 하나는 전변설(轉變說)이요, 하나는 적취설(積聚說)이다.

　전변이란 것은 전화변이(轉化變異)한다는 뜻이다. 이것은 그들이 우주관에 대하여 천지가 개벽할 때에 정신적인 주재자(主宰者)가 있다고 믿어왔던 것이다. 그러나 천지가 개벽하기 전에도 역시 이러한 정신적인 주재자가 있었다고 생각하였던 것이다. 그래서 그것이 성질상 활동적인 것이므로 그 활동에 의하여 변화 발전하여 삼라만상의 현상계가 전개되고 이 우주가 성립된 것이라고 보았다.

　이것을 좀 더 구체적으로 말하면, 우주가 창조되기 전 최초에 유일한 범(梵: Brahman)이라는 정신요소가 있어서 모든 현상세계를 변화 성립시켜왔다고 보았다. 이것이 나중에는 신격화하여 범신(梵神: 인도의 하나님)을 숭배하게 된 것이다. 그런데 이것을 종교적 수행의 수정주의(修定主義: 선정을 닦는 것)

로 고쳤다. 즉 사선팔정(四禪八定)의 정(定)을 닦아서 범아일체(梵我一體)가 되면 인생의 목적을 달성한다고 주장하였던 것이다. 인도 육파철학(六派哲學) 가운데 요가학파(瑜伽學派) 사상이 바로 그것이다.

그리고 둘째 적취설이란 것은 즉 천지개벽, 최초에 극미한 여러 요소가 결합하고 모여서 현재 인간이 보는 잡다한 세계가 창설되었다고 주장하는 것이다. 다시 말하면 지·수·화·풍(地·水·火·風)의 여러 요소가 모여서 이 우주를 창조한 것이라고 보는 것이다. 그래서 적취설은 종교적 수행으로 나타나서 고행주의로 발전하여 그 고행으로부터 사대오온(四大五蘊)에서 해탈의 목적을 요구하게 되었다.

불교는 이러한 분위기 속에서 배태하여 바라문교로부터 탈피하고 혁신 개혁하여 독특한 정신계를 개발한 것이다. 부처님은 외계의 신에 귀의하거나 신아(神我)라고 주장하지 않고 내적으로 무아적(無我的) 진아(眞我)인 자아를 파악하고 진리의 본성인 법계의 진심체를 구명하기에 노력하여 불생불멸의 대도를 성취한신 것이다.

그러므로 불교는 열반사덕(涅槃四德)의 진상(眞常)·진락(眞樂)·진아(眞我)·진정(眞淨)의 상주(常住)를 인정하고 인생으로 하여금 최고목적에 도달케 하는 것은 자기의 마음 내부로부터 오는 힘이요, 절대로 마음 밖에서 오는 것이 아니라고 외치고 자력으로 정진하여 진아발견(眞我發見)인 마음구명에 전력을 다해왔다.

색신이 죽어서 범천에 올라간다는 인도의 재래사상조류를 깨뜨리고, 살아서 성불하여 불생불멸(不生不滅)의 열반락(涅槃樂)을 얻는 것이 최고목적이라고 하며, 이것을 실천에 옮겼다.

그래서 주관적인 면에서는 지적 수행으로 전미개오(轉迷開悟)를 얻고 정적(靜的) 수행으로 이고득락(離苦得樂)을 얻고 의적(意的) 수행으로 사악취선(捨惡就善)을 몸소 닦았다.

또 객관적인 면에서는 우주만상에 대하여 제행무상(諸行無常), 제법무아(諸法無我), 열반적정(涅槃寂靜)인 삼법인의 원리를 밝히고, 또 출세간의 행으로는 고집멸도(苦集滅道)의 사제(四諦)의 이치를 설하여 생사해탈을 높이 주창하였다. 그리하여 당시 인도사상조류에 대하여 혁신적인 진리를 창도하게 되었다.

서력 기원전 6세기 중엽에 붓다(Buddha) 석가모니(Sakyamuni)는 중인도 가비라국에서 출현하시고 수행을 통해 깨달으신 진리를 설하였으니 그 위대하고 원만한 인격은 당시 사회를 교도하고 감화함과 동시에 그 고상하고 실제적인 교의는 당시 사람들의 마음을 만족시키게 되었다. 그래서 당시 출가하여 불타에게 귀의하여 그의 제자가 된 사람들이 헤아릴 수 없이 많이 있었고, 또 재가신도는 그 수가 얼마나 되는지 알 길이 없을 만큼 대성황을 이루게 되었다.

그러나 당시에 있어서는 부처님의 감화가 주로 겨우 항하유역의 여러 나라에만 보급될 뿐이었다. 그러던 것이 기원전 3세기 중엽에 중인도 마가타(Magadha)국에 아육(阿育: Asoka)대왕이 출현하여 전인도를 통일하게 되자 널리 퍼지게 되었다.

대왕은 불교를 숭신하는 신자였기 때문에 그 위력으로써 불교를 널리 펴고 선전하게 되었다. 그러므로 본래부터 평등주의로써 세계적 성질을 띠고 있던 불교는 일면으로 인도전국에 선포되는 동시에 다시 그 영역을 넘어서 멀리 북방 히말라야 산중의 각지 및 중앙아시아의 일부로부터 남방 스리랑카에 미치고 북방 미얀마로부터 멀리 서방 희랍, 이집트 등지까지 보급되었던 것이다. 이로부터 불교는 지방적 종교로부터 일약 세계적 종교가 되었다.

그러므로 그 남방에 보급된 것은 현재 남방불교가 되어 있고, 북방으로 전파된 것은 중국·한국·일본 등에서의 북방불교의 연원을 만들어 내었다. 그래서 기타 어떠한 지방의 문화 사업에든지 다 적지 않은 영향을 주었다.

그리고 다음에 서력 기원 2세기의 전반에 서북인도를 중심으로 하여 중앙아시아에 걸쳐 있는 광대한 영토를 점유한 불교의 독실한 신자인 가니시카 대왕의 보호에 의하여 일찍이 극동지역으로 전파되기 시작한 불교는 더욱 세력을 얻어서 인도와 서역지방으로부터 활발하게 중국을 향하여 널리 전파되었고, 또 서장(西藏)·몽고·만주·한국·일본 등 각지에 유포되었고, 동시에 페르시아와 소아시아 방면으로 전파되어 불교는 널리 동서양 각국에 선포하게 되었다.

그리고 불교는 다시 순서에 따라 여러 모든 지방에 전도되었는데, 남방으로는 샴(Siam)국과 베트남과 수마트라와 자바 등 기타 남양 여러 섬에 확장되었고, 북방으로는 노령아시아(露領亞細亞)의 일부에 전파되었으며, 근래에 와서는 구미 각국에도 선포되어 불교를 신봉하는 신자의 수는 헤아릴 수 없을 만큼 세계적인 성황을 보게 되었다.

예수는 생각하였다.

'인도라는 나라는 진실로 넓고 큰 나라다. 땅덩어리도 크지만 그 속에 배태하고 있는 역사와 사상 또한 위대하다. 이 세상에 없는 물건이 없고, 이 세상에 없는 종교 철학이 없다.

인도야말로 부처님 말씀처럼 이 세상의 처음과 끝을 볼 수 있는 나라다.

그러나 나의 나라 이스라엘은 야곱이 얍복강 가에서 천사와 씨름하여 이겨 얻은 이름으로서 솔로몬 이후 여로보암을 중심으로 북왕국과 나누어졌으나 북왕국이 망한 뒤에는 또 남유다만이 존속하게 되었다. 내가 베들레헴에서 태어나 헤롯왕의 억압을 피해 애급으로 피신해 있다가 애급에서 인도인 라반나를 만나 여기까지 온 것은 바로 이러한 것을 보고 배우라는 베들레헴의 뜻이 아닐까. 실로 우리나라는 종교적인 편협 때문에 수천 년을 싸우고 있으며, 정치적인 면에서 화합을 이끌어내지 못하고 있다.'

중동의 작은 지역을 벗어나 세계적인 위대한 종교를 만드는 데에는 사상의 국지성(局地性)을 탈피하여 모든 국가와 종족을 아우를 수 있는 넓고 큰 부처님과 같은 사상이 나와야 한다는 것을 마음속 깊이 다짐하였다.

8. 동양의 천당과 서양의 천국

서양에서는 천당을 천국이라 하는데, 동양에서는 천당이라고 한다. 그 나라에서도 지상과 같이 아름다운 집(堂)을 가지고 있기 때문이다.

서양의 천국은 하느님의 나라로 곳간·안식처·낙원으로 불리는데, 지상보다는 높고 거룩한 곳이며, 죽음·눈물·슬픔·울음·고통이 없는 곳으로 지극히 행복한 곳이다. 오직 하느님 한 분이 통치하는 곳으로 완벽한 정부가 있는 곳이다. 지상처럼 각기 소유가 있으며 별과 같은 천군들이 하느님을 섬기며 하느님의 명령을 받아 하느님의 일을 수종하는 천군들이 사는 곳이다.

그런데 불교에서는 이러한 천당이 전통적인 베다사상을 계승하여 3계 28천으로 나누어 보고 있다.

삼계(三界)란 욕계·색계·무색계인데, 욕계는 5욕 소속의 곳이고, 색계는 순수물질의 세계이며, 무색계는 순수정신의 세계다.

욕계에는 4왕천(해와 달이 있어 日月天이라고도 부름)·도리천·도솔천·염마천·자재천·타화자재천의 6천으로 나누고, 색계천은 범천(대범천, 범보천, 범중천)·정천(소정천, 무량정천, 변정천)·광천(소광천, 무량광천, 광음천)·복천(복생천, 복애천, 광과천, 무상천, 무번천, 무열천, 선견천, 선현천, 색구경천)의 18천으로 나누고, 무색계는 공무변천·식무변천·무소유천·비상비비상천의 4천으로 나누어 설명하고 있다.

4천왕은 동방지국천·남방증장천·서방광목천·북방다문천으로 이들 천당은 모두 수미산(지상)을 배경으로 사는 세계인데, 시직(時直)·일직(日直)·월직(月直)·연직(年直)의 4직사자들이 보고하는 일들을 가지고 세계를 순방하며 세상의 화복(禍福)을 점검하는 역할을 하는 곳이므로 호세사천왕(護世四天王)이라 부르기도 한다.

위로는 제석천을 모시고 아래로는 건달바·긴나라·아수라·가루라 등을 대동하고 지옥·아귀·축생·인·아수라의 세계를 돌아다니며 감시한다고 한다.

인간 400년이 도솔천의 1주야이고, 인간 800년이 화락천의 1주야며, 인간 1600년이 타화자재천의 1주야다.

키는 4왕천이 1km, 위로 올라가면서 배로 불어나니 28천을 생각해보면 알 수가 있다. 안개와 같은 옷을 입고 하늘의 음식(甘露)을 먹고 음욕·식욕·수면욕을 마음대로 즐긴다.

서양의 천당은 오직 하느님의 승낙 속에서 들어갈 수 있는데, 동양의 천당은 복과 선(禪)·정(定) 여하에 따라 자유로 선택할 수 있게 되어 있다.

말하자면 방생하고 보시하고 청정을 지키고 거짓 없이 살며, 탐·진·치 3독을 하지 아니한 사람은 그가 지은 복업을 따라 6욕천에 태어나게 되고, 초선·2선·3선·4선의 선을 닦은 사람은 색계천에 차례로 태어나고, 삼매 속에서 안정된 생활을 하는 사람은 누구나 무색계에 태어나 허공처럼 툭 터진 생각으로 아무 소유가 없어도 걸림 없이 살게 되어 있었다.

서양의 천당은 하느님의 능력 속에서 의식주가 제공되는데 여기에서는 복식(福食)·선식(禪食)·정식(定食)을 하여 의식주에 대한 걱정 또한 없다. 수명 또한 각 천당에 따라 다른 점이 있는데, 평균 320년을 1겁으로 쳐서 십겁·백겁·천겁·만겁을 사는 사람들이 많으므로 영생을 사는 것 같은 느낌을 가진다고 한다.

9. 티베트에서의 수행

티베트의 라사에는 구도자들을 위한 사원이 있고 수많은 고전 필사본이 소장되어 있다는 말을 들었다. 예수는 그들이 가지고 있는 많은 비밀의 교훈을 직접 읽기를 원했다.

한편 그곳에는 동부지방의 최고성자 멘구스테가 그 절에 있다는 말을 들었다.

그래서 에모두스 고원을 횡단하는 길은 매우 험난했지만 길을 떠났다. 피자빠지는 믿음직한 안내자 한 사람을 딸려 보내며 멘구스테에게 그 유태인 성자를 잘 맞이해 달라는 서신을 보냈다.

몇 달 후 그 안내자와 예수는 그 절에 도착하였고, 멘구스테와 모든 절 스님들은 나와서 그 안내인과 성자를 맞아주었다. 예수는 멘구스테의 도움을 받아 그 성스러운 고대필사본들을 모조리 탐독하였다.

그 고대필사본 속에는 초능력적인 여러 가지 저술들이 들어 있었다. 신통술·마술·최면술·차력·축지법·요술·공중부양술·수상부양술, 그리고 부처님께서 깨치셨다고 하는 천안통·천이통·타심통·숙명통·신족통·누진통 등… 그래서 부처님은 범부들이 가지는 술(術)이 아닌 확실하게 마음이 통하는 신통력으로 사람들을 효과적으로 가르쳤던 것 같다.

그런데 그곳에는 불가(佛家)의 고승이나 선가(仙家)의 선인이나 도가(道家)의 도인들이 활용하였다고 하는 구자활비부법(九字活秘符法)이 있었다. 이것은 우주아래 하늘빛 고운사람, 그리고 하늘 정원의 천송화와 같은 것이었다.

말하자면 위기에서 몸을 지켜주는 비법으로 손가락의 변형으로 재난을 피하는 방법이 있는가 하면 손가락을 공중에서 선으로 그어 아홉 글자를 큰 소리로 외치면서 하는 방법도 있고, 구자비부를 몸에 지니고 다니는 방법도 있었다.

손가락을 칼 모양으로 세워 소리 내어 허공에 대고 옆으로 왼쪽에서 오른쪽으로 한번 위에서 아래로 한 번씩 그어 가면서 아홉 글자를 큰 소리로 한 자 한 자 외칠 때마다 손으로 그어대면 뜻하는 모든 일들이 원만히 성취되었다.

구자(九字)
임(臨)·병(兵)·투(鬪)
자(者)·개(皆)·진(陣)
열(裂)·재(在)·전(前)

임(臨)은 [부동근본인(不動根本印)]
병(兵)은 [대금강륜인(大金剛輪印)]
투(鬪)는 [외사자인(外獅子印)]
자(者)는 [내사자인(內獅子印)]
개(皆)는 [외박인(外縛印)]
진(陣)은 [내박인(內縛印)]
열(裂)은 [지권인(智拳印)]
재(在)는 [일륜인(日輪印)]

전(前)은 [은형보병인(隱形寶瓶印)]이다.

그러나 이것은 그 내용을 확실히 모르고 함부로 쓰다가는 자신은 물론 남의 생명까지 잘못 상할 염려가 있으므로 간단히 설명해 보기로 하겠다.

사람마다 지문(指紋)이 다른 것은 각자에 해당하는 우주적 숙명이 다르기 때문이다. 여기서 숙명이란, 현재의삶에서 당하고 있는 사건의 연속을 말하고 있는 것이 아니라, 그 사람만의 천성(天性)과 천명(天命)이 있음을 말하는 것이었다.

사람은 부모로부터 받은 유전자에 의하여 육체를 전달받고 있다. 그런데 그 육체에 가장 영향력이 많은 두뇌에는 물질적인 것 외에 정신적인 신비한 것까지 유전되어 있다. 그 정신적인 구조는 앞서 말했듯이 영혼은 영혼을 받는다는 방식으로, 한 개인의 정신적 유전성은 태초 신으로부터 분리되었을 때 받은 자신만의 만다라(曼茶羅) 세계의 '메커니즘'이 있다.

불교의 정신과학자들, 혹은 도가·선가도 마찬가지로 우주절방(宇宙絶房)의 메커니즘에 대하여 여러 가지 이론으로 고찰하고 있다.

우주 근본의 3가지 요소인 '영(靈)·기(氣)·색(色)'이 존재할 환경적 공간이 있다. 그 공간을 우주절방이라는 이름으로 설명하고 있는 것이다. 현대 인간의 두뇌를 연구하고 있는 과학자 J. P. 킬포드 박사에 의한 지능구조의 모델을 보면, 인간의 두뇌는 마치 여러 개의 방들이 집합되어 있는 건물과 같다고 한다. 각 방마다 해당되는 능력이 있으며, 그 역할도 다르다는 설명이다.

인간의 정신은 방과 같다는 그 생각은 프랑스의 철학자 데카르트 시대에도 같았다. 그러므로 정신이 난잡하면 할수록 혼란해지고 병적인 사람이 된다고 했으며, 질서정연한 의식과 논리적인 생각을 하는 사람은 당연히 건강한 사람이라고 말했다.

마찬가지로 '영(靈)·기(氣)·색(色)'이 존재하고 있는 정신적인 우주 공간에도 질서정연한 방들이 있다. 그 방을 통하여 신의 의식을 저장하고 있는 것이다. 그러므로 인간이 정신의 초월적 에너지를 이용하려면 우주절방에 저장되어 있는 정보가 어떤 방에 있는지를 알지 않으면 안된다.

그 전에 자신의 천성(天性)과 천명(天命)을 발견해서 자신의 두뇌에 어떤 방을 개방해야 한다. 그러면 자연히 자신의 두뇌의 방과 같은 우주절방의 방과 서로 교신이 가능해진다. 여기에서 우리가 한 번 심사숙고해볼 부분이 있다. '기도(祈禱)'에 관한 것이다.

현재 여기 두 사람이 있다. 그들은 다 같이 작곡을 공부하고 있는 학생이다. 그리고 둘 다 위대한 걸작을 세상에 남기고 싶은 욕망을 가지고 있다. 두 사람은 밤마다 하느님 앞에 엎드려 위대한 영감을 달라고 기도를 한다. 자신들의 소원을 성취하기 위하여 그들은 기도만큼 열심히 자신의 실력을 개발하고 있었다. 드디어 그들은 역작을 만들어 냈다.

그러나 세상의 평가는, 한 사람에게만 영광이 주어졌다. 즉 같은 노력, 같은 환경이 주어져도 사람마다 각자 그 정신력의 선천성(先天性)이 다르다는 것을 우리는 이 이야기에서 알 수 있다.

그런데 그 다르다는 것이 과연 어떤 문제인가? 왜 그럴까? 하는 의문을 할 수 있는 사람은 자신의 천성을 발견할 수 있는 사람이다. 무모하게 그것을 모르고 욕심에, 자신의 천성이 아닌 사업을 하다가 망한 사람이 얼마나 부지기수인가. 어떤 분야에서 세상을 떠들썩하게 할 정도로 놀라게 성공을 획득한 사람은 단지 자신의 두뇌의 메커니즘과 우주절방의 메커니즘이 서로 형통했기 때문이다.

이것이 초능력의 비밀세계이다. 신(神)의 의식은 인간의 운명을 좌우하고 있다. 그러나 신의 의식을 인간이 원하지 않을 때에는 마찬가지로 억지로 신의 의식이 인간에게 강요하지는 않는다. 신의 의식은 인간에게는 우물과 같다. 목이 마르면 두레박을 내려서 퍼올리는 우물처럼, 우주절방에 '영(靈)·기(氣)·색(色)'이 편재하고 있다. 그런 관계이므로 인간이 마음만 먹으면 얼마든지 우주절방의 '영(靈)·기(氣)·색(色)'을 필요한 대로 헤집고 꺼내 쓸 수가 있다.

그러나 자신의 방이 아닌 타인의 방으로 들어가서는 안된다. 남의 방의 것은 자신과 맞지 않는다. 마치 자기 몸과 다른 치수로 재단된 옷을 입는 것과 같다. 다 각자의 것이 있기 때문이다. 때로는 다른 방에 들어갔다가 적으로 오해받아 생명까지 희생당할 우려도 있다. 한 번 그런 일이 일어나게 되면 귀신들이 혼돈을 일으키고 무질서해진다. 그러면 따라서 세상도 혼돈스럽고 무질서해진다. 마치 한 차례 폭풍이 일어난 것처럼 문제가 발생된다. 그런데 사람들은 그 사실을 모르고 꿈속에서라도 남의 것을 훔치려고 한다.

예수가 생각만으로 여자를 탐하는 것도 간음의 죄가 된다고 하신 말씀은, 바로 불가(佛家)·선가(仙家)·도가(道家)에서 증명해 낸 우주절방의 이치를 두고 한 말이다. 인간의 엄지 지문은 그것을 예고하고 있다. 한 개인의 영적인 공간으로 지정된 우주절방의 기류(氣流) 편승(便乘)을 밝혀 두었다. 그것을 알고 이름을 부르면 자신의 두뇌 메커니즘이 작용하여 우주 절방의 자신의 영적(靈的) 공간과 연결된다. 그리하여 자신의 기류 평승을 이용해 절방에 편재하고 있는 신의 의식을 얼마든지 꺼내 쓸 수가 있다.

그 일은 자신이 해야지 누구에게 의존할 필요도 없다. 교회당 안에서도 자신만의 영혼을 찾아야 한다. 그렇지 못하면 여기 저기 기웃거리는 거지처럼 방랑하는 처량한 신세가 된다. 자신의 영적 공간은 자신의 손바닥 안에 있고, 특히 엄지 지문에 명표(明表)해 두었으니 그것을 알고, 또 우주절방을 알고, 그리하여 그 방 이름을 부르면 쉽게 신의 의식을 얻을 수가 있다.

지문을 보고 분석하여 우주절방을 알아내는 방법은 다음과 같다.

① 지문(指紋)의 태극상(太極象)의 팔괘(八卦) 이름을 먼저 알아낸다.

② 괘상(卦象)의 이름을 알아냈으면, 그 다음에는 엄지지문의 태극상이 회전하고 있는 방향을 알아낸다.

③ 그 방향을 알아낸 후 분별상에 대입하여 '하도(河圖)'·'낙서(洛書)'의 원리적 해설을 필한 후, 우주절방의 기류편승을 찾아낸다.

이 분별법은 진경진리(眞經眞理; 易學)에 상당한 경지를 가진 사람이 아니면 쉽게 공부하기가 어렵다. 그래서 그 방면에 전문가가 있으니, 그런 사람을 찾아서 자신의 엄지 지문을 보이고 물어보길 바란다. 다만 여기에서, 자신의 우주절방에 대한 신명구통활법부(神明九通活法符)를 이용하는 것만 자세히 소개해 두겠다.

왜냐하면 자신의 우주절방 이름을 알았더라도 다음과 같은 신행(信行)을 해야만 효과가 있기 때문이다.

이것을 선도(仙道)의 부주사(符呪師)들이 활법부(活法符)로 만들어 둔 것이다. 이것을 사용하면 귀신이 신의 의식(天子)에서 깨어나 부적을 통하여 신명을 나타내 보여준다. 역사적으로 신통술을 부렸던 고승이나 선인들은 모두 이 활법부를 이용해 자신만의 우주공간을 확보했으며, 견성(見性)하였다.

그리고 이성계・이순신 같은 위인들도 활법부를 이용해 전쟁에서 승리를 거두었다고 한다. 우측 손을 칼처럼 하고 좌측 손을 칼집처럼 하여 허리에 붙인 다음 먼저의 그림과 같이, 허공을 우측 손으로 사종오횡(四縱五橫)으로 가른다.

임기응용구자(臨機應用九字) 우주절방은 선도의 부주파(符呪派)인 단군시대 한민족이 창출한 우주절방의 '활법부'로 티베트로 건너가서 수행자들이 자신의 진언 정식밀법(正式密法)의 비법으로 채택했다고 한다.

그것은 본래 악귀나 요괴가 한 개인의 '신의 의식'에 다른 '신의 의식'이 침입하거나 간섭할 경우를 대비한 부적의 신행 도법이었다.

다시 말하자면, 엄지 지문에 명표(明表)되어 있는 개인만의 우주절방에 들어가 마치 애벌레가 나방으로 변신하는 것과 같이, 자신의 영혼이 자신만의 성역 공간에서 '신의 의식'을 공급받아 영적 변신을 도모할 때, 그 우주공간을 쉼 없이 배회하고 있는 불쌍한 혼백들, 혹은 원한을 품고 기회를 노리고 있는 혼백들의 침입을 막기 위한 도법을 말한다. 일반인도 위급할 시에 구자활법부를 즉시 임기응용으로 실행하면 아주 놀라운 신비적 효험을 보게 된다는 것이다.

그리고 건강하지 못한 사람, 혹은 마음이 어수선하고 불안한 사람들도 구자부적을 활법하게 되면 자신의 두뇌에 '신의 의식'이 깨어나 심신을 건강하게 해줄 것이다. 그 신비적 효험은 너무도 즉발 즉효여서 누구나 응용해 볼만한 비법이다.

또 그 실행방법도 평범하고 간략하기 때문에 누구나 쉽게 배울 수가 있다. 그리고 어느 정도만 실행하다 보면 자신도 모르게 초능력을 얻게 된다.

그러나 구자를 활법하기 위해서는 몸을 깨끗이 하지 않으면 안된다. 때와 장소에 따라 몸을 깨끗이 하지 못할 경우에는 마음을 깨끗하게 해야 한다. 한 점의 망상사념(妄想邪念)이라도 버리고 순수한 마음을 가져야만 우주절방에 감응할 수 있기 때문이다. 만약 그 효험에 의심을 품거나 다른 잡념으로 방해를 받으면 그 효험이 나타나지 않음은 물론 오히려 화를 불러올 수도 있다. 그러므로 잘 알아서 신중하게 수행해야 한다는 것이다.

구자활법부를 신행하는 방법은

임(臨)・병(兵)・투(鬪)

자(者)・개(皆)・진(陣)

열(裂)・재(在)・전(前)

이 있는데, 구자를 끊는데는 좌우 양 손을 교대로 사용하여 끊는다는 설도 있으나 그것은 틀린 방법이며, 다급한 경우라든가 혹은 손에 무엇을 들고 있을 때에는 우측 손만으로 끊는 것이 편리하다.

특히 옛 무사들은 좌측 손으로는 칼집의 상단을 가볍게 잡고 우측 손으로 구자를 끊은 적이 허다하였으며, 더욱이 현대처럼 경쟁이 심한 판국에서는 무엇이든 간에 신속하게 행해야 하기 때문에 우측 손만으로 구자를 끊는 연습을 해두는 것이 유익하다.

원래 신행자들이 신단(神壇) 앞에서 손가락과 손가락을 조합하여 내사자(內獅子), 외사자(外獅子)들의 갖가지 형(形)으로 인명(印明)을 결(結)하는 것은, 신단 앞에서 여러 가지 행위를 하려 할 때 요마(妖魔)와 악귀(惡鬼) 등의 방해가 두려워 구자 활법으로 그와 같은 삿된 귀신들의 무리를 퇴치시키기 위한 수행이기도 하였다. 신단 앞이라고 하여 여러 가지 형식으로 뒤섞어 외견(外見)을 돋보이게 하려다 보면 다급할 경우에는 응용할 수가 없기 때문이다.

그래서 신속히 하기 위해 우측 손도 함께 썼던 것이다. 그 경우에는 우선 무지(拇指)를 굽히고, 무명지(無名指)와 소지(小指)를 굽히고, 무명지와 소지를 그 무지 앞에 겹쳐 굽히고, 중지(中指)와 인지(人指)를 직립(直立)시켜서 마음을 진정시킨 다음 일심으로 자신이 믿는 신단에 묵념을 했다.

그 다음 먼저 임자(臨字)를 가로로 끊고 다음에 병(兵)을 세로로 끊고, 또 다음에 투(鬪)를 가로로 끊는 식으로 앞에 도표한 우주절방의 그림같이 교대로 구자를 활법한다. 부주사(符呪師)가 한 개인의 영험한 부적을 내고자 할 때 구자활법부로 의례하지 않으면 신통한 부적을 신으로부터 받지 못한다. 잘못하면 우주절방의 다른 자의 '신의 의식'을 끄집어내어 엉뚱

한 부적을 주게 되면 해를 입는 수도 있기 때문이다.

그런데 현재 우리나라에는 부적을 내고 있는 전문가가 없어 점술가나 떠돌이 술사나 엉터리 스님들이 아무렇게나 부적책을 보고 적당히 보이는 것을 골라 사람들에게 내준다.

그것은 우주 이치를 알지 못하고 함부로 저지르고 있는 무지한 처사이다. 그 일은 잘못하면 사람의 일생을 망치게 할 수도 있다. 그만큼 부적의 술법은 단순히 생각할 비방이 아니다. 개인의 우주절방을 엄지 지문으로 분명히 그 사람만의 성역 공간을 찾아내어, 그 다음 구자활법으로 의례를 마치고 깊은 묵념을 마친 다음 부주사가 호흡을 토(吐)하고 부명을 불러 주문을 신단에 올린다.

그 다음 부주사마다 독특한 여러 가지 방략(方略)을 한 뒤에 적어도 9개 향을 불사르고, 그 향기에 실어 사람의 문제를 염원하는 주문을 외우면서 우주 기류에 편승시킨다.

그런 절차를 마친 뒤에 신단 앞에 세 번 절을 하고 나서, 부적을 부탁한 사람이 보는 앞에서 직접 부적을 그려낸다.

이 때 부주사는 한 번 사용했던 부적을 다시 그려서는 안 된다. 부적을 낼 때마다 찾아오는 귀신도 다르고, 또 사람의 문제도 다르기 때문에 그 상황에 맞는 능력 있는 부적을 내야 신통력이 있게 된다. 지금 대만·중국 등지에 가면 정식으로 인정받고 있는 부주사들은 모두 그와같은 전통을 지키며 시행하고 있다.

우리나라도 고구려 말기까지는 민간인 사이에서 전통적인 부주가 성행했었다. 그러나 신라가 한반도를 통일하고 국교를 불교로 정하여 모든 민간신앙을 부처님 아래에 두는 경향으로 바뀌어나갔다. 그래서 결과적으로 한민족의 무속적인 행위가 불교의 의례의식에 소속되는 바람에 세간에서 활동하던 부주사들이 사라지게 되었다.

그런데 이 절법(切法)은 가로와 세로의 공(空)이 흐트러지지 않게 바르게 끊어주어야 한다. 그렇기 때문에 평소 수행을 할 때에는 장지문(障紙門)의 창살을 목표로 하는 것이 좋다. 우리나라 한옥의 문살도 그러한 이유가 있어 생긴 모양이다.

또는 한 자 정도의 대나무를 구자형으로 조합하여 벽에 걸어놓고 그 모양을 답습하면서 수련하는 것도 좋다. 어느 방법이든 간에 수련시에는 단정하게 앉아 하복부에 힘을 주고 소위 기해단전(氣海丹田)에 기를 충만시키고 정신통일을 이룩한 다음 수련해야 한다.

그와 같이 백일, 천일 수련의 공을 쌓아가면 다급한 경우에도 당황하지 않고 훌륭하게 구자를 활법할 수가 있다. 그 비법을 실행하면 위난에서 벗어나고, 안심입명을 보장할 수 있다는 것이다. 또한 그 공을 쌓았을 경우 9자를 끊고 바로 뒤에 대갈일성(大喝一聲) 기합을 넣으면서 손가락으로 장지문을 끊는 흉내를 내면 수 칸이나 창호지를 마치 날카로운 칼로 자르듯이 일직선으로 자를 수 있다는 것이다.

신통에 관계된 이야기는 깨달음의 이야기이기 때문에 함부로 범부들에게 공개하면 흉내내다가 잘못되는 경우가 많기 때문에 여기에서는 몇 가지 실례를 들어 설명하고 끝내겠다.

⑴ 티배트 성자 에밀

1894년 미국 아리조나주 템풀 출신 과학자 스폴딩(Baird T. Spalding) 씨외 11명은 정신문화조사단을 형성하고 인도로 가서 3년 반 동안 그곳 초인성자들을 상대로 조사하고, 3명은 그곳에 떨어져 남고 나머지 8명이 와서 이 보고서를 작성한 것이다. 이들은 대부분 현실적인 과학자로 모든 것을 깊이 있게 관찰할 수 있는 홀련과정을 거친 사람들이었다.

그들은 인도에 와서 2년을 보내고 하루는 길가에서 마술사들의 마술을 보고 있으니 한 노인이 옆에 와서 물었다.

"인도에 오신 지 오래되었습니까?"

"2년가량 되었습니다."

"영국 양반들입니까?"

"아니오. 아메리카 사람들입니다. 이곳 사람들은 저런 마술을 보면 어떻게 느낍니까?"

"아무것도 아니지요. 그 술법의 밑바닥을 보면 속임수입니다."

"감사합니다."

"안녕히 가십시오."

이렇게 인사를 하고 헤어지고 난 뒤 4개월 있다가 조사단이 무슨 난관에 부딪혀 있었다. 그런데 그가 뜻밖에 나타나,

"나는 에밀입니다. 도와드릴까요?"

대원들도 아직 모르는 비밀을 그는 훤히 알고 와서 말했다. 그래서 그의 도움으로 그 날 그 어려움이 비밀리에 잘 풀렸

다. 그래서 '참으로 희한한 일'이라고 칭찬하였다.

　그런데 이들에게 무슨 일이 생기기만 하면 그는 자연스럽게 나타났다.

　어느 일요일 아침 스폴딩 씨가 들판을 산보하는데 비둘기한 마리가 와서 머리 위를 돌았다.

　"편지를 가져왔군요."

　라고 말하면서 손을 내미니 비둘기가 손위에 앉아 편지를 전했다.

　"나의 동생이 보낸 편지입니다."

　편지를 보고 나자 스폴딩 씨가 물었다.

　"짐승이 어떻게 편지를 가져옵니까?"

　"뛰어난 성자들은 전기나 무전보다도 더 빠른 사념전달(思念傳達: 생각으로 뜻을 전하는 것)을 하고 있습니다. 그렇지만 상대방이 그렇지 못할 때에는 동식물이나 내지 광물질을 응용해서 의사전달을 하지요. 이것은 5관(눈·귀·코·혀·몸)을 통한 비속한 자아가 아니고 가장 참되고 깊은 곳에 잠재한 참 '나'가 하는 행동입니다."

　그로부터 그는 그들의 방에 자주 드나들었다.

　열쇠를 잠가놓아도 그냥 스스럼없이 열고 들어왔다. 마치 천진난만한 아이들처럼... 하루는 그들이 아침을 먹으면서 식사를 권하니,

　"우리는 보편적원료(The universal)로 음식을 취하기 때문에 따로 먹을 필요가 없습니다. 그래서 화장실도 가지 않고, 이렇게 하여 죽음을 극복한 성자들이 인도에만도 상당수가 있습니다. 대부분 500세를 훨씬 넘은 사람들이죠. 옛날 예수가

갠지스강 가에서 만나 경 읽는 사람을 만난 것도 대부분 그러한 사람들이었습니다.”

제3차 조사는 형이상학적 연구로 인도 변방 포타루에서 하기로 되어 며칠 후에 간다고 편지를 보냈다. 그런데 에밀성자는 그들의 짐을 숫자대로 꾸려놓고 기다렸다. 미리 알린 것도 아닌데…

1922년 12월 22일 조사대원들은 이 촌락에서 출발하기로 되어 있었으나 크리스마스 이브 때문에 며칠 연장하기로 하였다. 그러나 크리스마스날 아침에 에밀성자가 말했다.

“오늘이 성탄절입니다. 사람들은 예수가 사람의 죄를 사해주기 위하여 왔다고 하는데, 사실 그는 이 세상의 참 모습(實相)을 보여주기 위해 왔습니다. 인간이 가지고 있는 마음의 온갖 지혜와 선, 진리 전체를 보여주기 위해서 말입니다. 우리들은 그러한 지혜와 선, 진리를 전체적으로 그대로 실현하고 있을 뿐, 신비니 신통이니 그런 말을 쓰지 않고 있습니다. 왜냐하면 모든 사람에게는 그와 같은 신령스러운 성품이 다 들어있기 때문이지요. 단지 그들은 남만 의지하고 자기 자신이 자신의 것을 쓸 생각을 하지 않고 있기 때문에 그렇게 하지 못하는 것뿐입니다.”

조사원들은 그곳으로부터 90km 떨어진 아스미라의 작은 촌락으로 갔다. 에밀성자는 그곳으로 두 사람을 보냈는데 모두 등골이 쭉 뻗은 잘생긴 힌두형의 남자들이었다.

“무엇이고 요청하면 도와드리겠습니다. 이 분은 재스트이고 나는 네푸로입니다.”

“그러면 여기서 우리는 재스트를 집행위원장으로 네푸로는 명령수행자로 삼겠습니다.”

  그들은 누가 시키지 아니하여도 스스로 알아서 일을 잘 처리해 아주 편한 사람들이었다. 5일째 되는 날 4시경 단원들이 예정된 장소에 도착해보니 에밀성자가 그곳에 이미 와 있었다. 비행기가 있는 것도 아니고 기차·자동차가 있는 것도 아니고 오직 길은 하나 도보로 걷는 것뿐인 데 어떻게 여기 왔을까. 사람들은 궁금해 하다가 물었다.

  “어떻게 여기 오셨습니까?”

  “나는 여러분과 약속을 지켰을 뿐입니다. 실상(實相)은 무한하기 때문에 시간과 공간의 제한을 받지 않습니다. 육체는 아직 그곳에 있습니다. 당신 친구들과 거기서 4시 20분까지 있었습니다.”

  그날 밤 대원들은 한 방에 모여 있었는데 에밀성자가 노크도 없이 들어왔다.

  “여러분들이 너무 신기해하기 때문에 그 의심을 풀어주고자 여기 왔습니다.”

  라고 말하고, 옆에 물이 담겨진 컵을 들었다.

  “보시오. 이것이 물입니까, 얼음입니까?”

  “물입니다.”

  그런데 한 번 들고 흔드는 사이 그 물은 금방 얼음으로 변했다.

  “자, 얼음입니까, 물입니까?”

  “얼음입니다.”

  “그렇습니다. 실로 본래의 물은 얼음도 아니고 물도 아닙니다. 단지 H_2O란 원소에 불과합니다. 그것이 자연의 풍토·지리·기후에 따라 여러 가지로 변하고 사람의 생각을 따라 이렇게 물로 얼음으로 변하지만, 본래의 원소는 물도 얼음도 아닙니다."

이튿날 대원들은 재스트와 네푸로만 데리고 20마일 앞에 있는 작은 촌락을 향해 갔는데, 수목이 울창한 좁은 길을 꼬불꼬불 걸어 점심때만 잠깐 쉬고 강행군을 하여 해질 무렵이 되어서야 겨우 목적지에 도착하였는데, 재스트가 주민들과 대원 몇 사람만 데리고 개간지를 넘어 정글 속으로 들어갔다. 그곳에는 죽은 지 오래 되지 아니한 시체 같은 것이 누워 있는데 머리도 길고 손톱도 자라 마치 잠자는 사람과도 같았다. 자세히 보니 그것은 재스트의 본신이었다. 재스트가 그곳에 이르러가자 즉시 일어나 둘이 하나가 되므로 그 시체는 없어져 버렸다.

"어떻게 된 일입니까?"

"우리도 알 수 없는 일입니다."

서로 대원들이 얼굴을 바라보며

"분명히 보았는데 이게 어찌된 일이지?"

하고 의심하자 재스트가 말했다.

"나는 진리의 눈을 떠 죽음의 골짜기에서 벗어난 지 오래 되었습니다. 사나운 짐승·도적·독충·병충해들로부터 사람들을 보호하기 위해 종종 그러한 몸을 나투어 위험한 골짜기에 눕혀두기도 합니다. 그럴 때에는 새들이 머리에 둥지를 짓고 알을 까고 새끼를 쳐서 날아가기도 합니다."

이튿날 본 자리에 모여 천막을 치니 에밀성자가 나타났다.

"사람이 한 가지 진리에 능통하면 하나 속에서 전체가 하나 됩니다. 부처님 몸도 동식물과 같이 낱낱의 세포로 구성되어 있습니다. 그 세포는 현미경 속의 단위이면서 그것이 몇 수천 번 핵분열을 하여 이렇게 엄청난 신체를 형성하고 있고, 다시 분해하면 낱낱의 세포들이 그들 나름대로 특질을 가지고 있습니다. 그것은 세월이 가면서 차차 늙어지는 것 같지만 늙은 나무에서 새싹이 나듯 모든 생물에는 청춘의 생명이 비장되어 있습니다. 특별한 사고만 없다면 병들고 늙고 죽는 현상은 그 근본에서는 발견할 수 없습니다. 거기에는 무슨 공포·번뇌·비애가 있겠습니까? 그러므로 젊음의 아름다움을 창조하고자 하면 항상 기쁜 마음과 사랑의 이상 속에서 영적 기쁨을 충만하게 할 필요가 있습니다. 나는 오늘 저녁 7시에 약속한 장소가 있으니 먼저 가야 합니다."

라 말하고, 침대에 누웠다.

그때 시간이 오후 6시40분이었다. 침대의 몸이 점점 희미해지더니 7시엔 아주 없어져 버렸는데 바로 그 시간이 저쪽 사람들과 만나는 시간이었다.

한편 재스트와 네푸로는 나머지 대원들을 데리고 또 순례 나온 사람들 300명을 데리고 5일 동안 여행을 계속하다가 3일 동안 폭풍우가 퍼부어 더 이상 길을 가지 못하고 천막을 쳤는데 먹을 것이 떨어져 걱정하니,

"마음속에 밀을 심어 무럭무럭 자라게 하여 빵을 만들어 먹읍시다."

라 말하고, 빵을 만들었는데 3백여 명이 먹고도 남았다.

날이 개이자 길을 나섰는데 얼마 가지 않아 2천 피트가 넘는 강이 나타났다. 물살은 10마일 정도, 그 깊이는 헤아릴 수

없었다. 물은 그냥 건너면 한 시간 정도면 갈 거리인데 돌아
간다면 4일 거리의 길이었다. 며칠을 기다려도 물이 빠지지
않자 에밀성자는 12명의 단원들을 데리고 물위를 걸어갔다.
재스트와 네푸로는 나머지 사람들을 거느리고 뙤약볕을 걷기
시작하였다. 한 단원이 물었다.

"어찌 사람이 나는 새, 헤엄치는 물고기만도 못합니까?"

"사람도 능히 날 수 있고 헤엄칠 수 있는 능력이 있는데
제한된 생각 때문에 그것을 쓰지 못하고 있을 뿐입니다.

저기를 보십시오. 신유(神癒)의 집이 있지 않습니까. 저곳에
는 생명·사랑·평화가 있을 뿐 부조화, 불만족이 없습니다.
사람이 정신을 의지하지 않고 남을 의지하면 그것이 곧 우상
이 되어 자유를 얻지 못합니다. 모든 것 속에는 하느님의 신
성과 부처님의 불성이 들어 있습니다.

그것은 누구도 구속할 수 없습니다. 자, 4일 후 국경마을에
서 만납시다."

하고, 에밀사는 그 자리에서 없어져 버렸다. 4일 후 비가
와서 비를 맞은 대원들이 추워서 덜덜 떨고 있었는데, 에밀사
가 있는 천막 속에 들어가니 봄날처럼 따뜻했다.

"어디에서 이런 따뜻한 기운이 나오지요?"

"우주의 신력(神力)을 공급받은 것입니다. 연료도 인력도 돈
도 필요 없습니다. 보편적인 원질은 이 우주에 꽉 차 있으니
까요. 차 드시지요."

하고 음식을 내놓았는데 막 주방에서 꺼낸 음식처럼 김이
모락모락 났다.

"60일 후에는 200마일 밖에 있는 저의 집에 초대하여 가족
들과 만나게 해드리겠습니다. 어머니는 고급 영계에 머물러

제7천에 나 있는 예수와 함께 교통하고 있습니다. 모습은 볼 수 없지만 필요에 따라서 그림자의 몸을 나타내기도 합니다. 그들은 오직 의식(意識)을 타고 왕래할 뿐입니다."

스폴딩 단원들은 각기 멀리 떨어져 한 패 한 패가 페르시아·중국·몽골·티베트·인도에 각각 떨어져 있었으나 에밀 사에게 부탁하면 우주 안테나를 통하여 금방 통화가 가능했다. 히말라야 고원 80마일 지경에서는 나체에 털이 뽀얗게 나 있는 눈사람(雪身)도 있었다.

해발 1만 900척 높이에 있는 절을 보고 내려오다가 벼락이 떨어져 불이 났는데 그 넓이가 6마일이 넘었다.

"가는 길이 두 가지가 있습니다. 하나는 상념을 초월해 불 위를 걸어가는 방법이고, 다른 하나는 걸어서 가는 것입니다. 자, 어떻게 하겠습니까?"

"불 위를 걸어가겠습니다."

"그렇게 하려면 육체의 파동을 화재의 파동보다 조금 더 높이세요." 그래서 무사히 화산(火山)을 넘어 3일 동안 걸어서 드디어 세례 요한의 원전(原典)을 쓴 5대손을 만났다.

"5대조 할아버지를 만나 볼 수 있다면 얼마나 좋겠는가?"

하니,

"오늘밤 회의에 참석하시게 되니 뵐 수 있을 것입니다."

하여 기다리니 과연 30대 정도의 중키 할아버지가 나타났는데 그분이 바로 세례요한이라 하였다.

"어떻게 이렇게 될 수 있습니까?"

"실상을 보면 영적 육체도 그대로 보존할 수 있습니다. 꽃 씨 속에 꽃이 들어있지 않습니까?"

"당신의 나이가 지금 몇 살입니까?"

"1천세입니다. 5대손은 7백살이고, 에밀성자는 5백세, 그러나 에밀성자가 50세 정도로 보이는 것은 그가 진리를 깨달은 나이대로 그 모습을 마음대로 끌고 다니기 때문입니다."

그때 한 중년부인이 나타나자,

"이 분이 바로 저희 어머니입니다."

라고 에밀성자가 소개하였다. 또 30세 가량 된 중년남자, 20세 가량 된 젊은 여자가 나와서 인사했는데 중년남자는 현재 120세 된 아들이고 젊은 여자는 128세 된 딸이었다.

이튿날 그들은 그의 아들 딸의 소개로 1만 년이 넘는 절을 구경하고 그 속에 비치된 요한복음·누가복음·마가복음을 보았는데 현재 사용하고 있는 것과 조금도 다르지 않았다.

에밀사의 생전 아버지는 바로 그 부락에서 난 요한의 직계손이라고 하였다.

이상이 에밀성자의 이야기를 간추려 정리한 것이다. 그런데 이 같은 일들이 티베트에서만 있는 것이 아니다.

중국에서는

① 중국의 한산과 습득,

② 노방거사의 자재한 행,

③ 보화존자가 요령을 흔들며

  하늘로 올라간 사실이 있고,

우리나라에서도

① 용파스님이 물 위를 걸어가고,

② 진묵스님이 신통을 자재했으며,

③ 사복이 연화장세계로 들어가고,

④ 양지스님이 법장을 부린 일이 있으며,

인도에서는
① 달마대사가 죽은 지 3년만에 부활하고,
② 부처님은 관밖으로 두 발을 내놓고,
③ 유마거사는 불이(不二)세계에서 살았다.

이제 다시 한 사람을 더 예로 들어 티베트인들의 신통자재함을 보여주도록 하겠다. 이 이야기는 선악의 기로(岐路)를 넘어선 한 도인의 신통한 이야기이다.

10. 성자 미라레빠

몽골 자나바자르의 정신적 스승 미라레빠는 1052년 티베트 깡가짜 마을에서 태어났다. 원래 이름은 피빠가로 부유한 집에 태어났으나 아홉 살 때 아버지를 여의고 모든 재산을 삼촌과 당고모에게 빼앗기고 그의 어머니와 여동생과 함께 그 집에서 종살이를 하였다. 15세에 어머니의 재산을 돌려달라고 하였다가 도리어 당숙과 당고모에게 수모를 당해 앙심을 품고 흑무당에게 마술을 배움으로써 우박 폭풍법으로 그의 가족 35명을 죽이고 깡가짜 마을을 쑥밭으로 만들어 버렸다.

그 후 미라레빠는 진리의 스승을 찾아 인도로 여행하여 나리마와 마이뜨리빠로부터 가르침을 받고 6년 8개월 동안 과거의 죄업을 정화시키는데 온 힘을 다하였다. 고향에 돌아와 흙속에 묻혀있던 어머니의 유골을 파서 차차탑을 세우고 동굴 속에서 약혼녀 제새와 누이동생 빼따가 가져다주는 음식을 먹고 12년 동안 쐐기풀을 먹어 온 몸이 파랗게 되기도 하였다.

미라레빠는 깨달음을 얻은 뒤에도 계속 동굴생활을 하면서 간혹 마을에 내려와 보시자들에게 아름다운 노래를 선물하여 10만 송이나 되는 노래를 남기고 있다.

아버지 마르빠시여,
흰구름 피어오르는 보석 골짜기에
좌정하고 계신 역경사 마르빠시여,
공경심 부족해도 뵙고 싶습니다.

하고 노래하자 그의 스승 마르빠가 동쪽 구름 속에 나타나
노래하였다.

아들아, 왜 그리 간절한 마음으로 스승을 찾느냐.
인생이 괴로우냐.
신심이 변했느냐.
생각이 어지러우냐.
팔풍(八風)이 닥쳤느냐.

3보에 예배드리며
6도 중생에게 공덕을 베풀라.
진리를 위하여
중생의 행복을 위하여
명상하는 자에겐
스승은 언제나 같이 하리라.

이렇게 나무라시는데도 스승을 생각하며 노래를 부른 것이
미라레빠였다. 집에 돌아오니 다섯 명의 악마들이 눈을 부라
리며 설법하고 청법하고 음식을 만들고 경전을 공부했다.
미라레빠는 아무것도 얻어먹지 못한 지신(地神)들이 싫어져
서 나타난 것으로 보고 신들에게 바치는 노래를 불렀다.

고독한 은둔처는
모든 부처님들이 기뻐하는 곳

흰구름 떠다니고
새짐승 노래하고
짱 강물 흐르는 곳

꿀벌들 꽃 사이 넘나드니
꽃향기 휘날리는 곳이지만
나 미라레빠가 명상하는 곳

미라레빠의 친구들이여,
그대들은 나의 사랑과 자비의 물 마시고
그들 세계로 돌아가라.

이 소리를 듣고 악마들은 물러갔고, 그의 스승의 은총을 생
각하자 그들은 도리어 친구가 되어서 옆에서 공부를 도왔다.

냐낭짜마르 마을에 이르자 온갖 보석으로 화려하게 단장한
소녀 레쎄붐이 미라레빠를 보고 물었다.
"당신은 어디서 온 누구십니까?"
"산속의 수행자 미라레빠다."
이 말을 듣고 마을 사람들에게 이야기하니 젊은 부유한 안
주인 쎈도르모가 와서 물었다.
"선생님은 어디로 가십니까?"
"명상 수행을 위해 설산으로 가는 길입니다."
"그렇다면 무엇이든 필요한 것은 저희들이 제공하겠습니다.
다만 대낮에도 유령이 나타나는 제릉 쪽 길에 머물러 계시면

서 저희들을 축복해 주십시오.”

그곳에는 라마승 샤꾸나도 있었다. 과연 귀신들은 갖가지 환상 속에서 산꼭대기에 하늘 닿는 길을 놓고 번갯불 천둥을 후려치며 온 산천을 강물로 만들었다.

미라레빠는 무드라를 지으니 이윽고 소란이 없어져 그 호수를 ‘악마의 호수’, 그 구불구불한 길을 ‘여신의 언덕길’, 미라레빠가 동체삼매(同體三昧)에 들어 일체중생을 어여삐 여기는 마음을 가지고 섰던 곳에는 그의 발자국이 찍혀져 ‘대자비의 언덕’이라 부르게 되었다.

병인년 가을 초 열흘날 네팔로부터 오는 바로자는 악마가 그의 권속들과 몰려오자,

    사악한 악마들아,
    그대들은 전생의 악업으로
    허공을 떠돌고 있으나
    결코 나를 해치지 못하리라.

    오직 나는 사념에서 해방된 자
    마음 밖에 아무것도 없음을 깨달아
    사자처럼 당당하게 거닐고
    용장(勇將)처럼 두려움 없이 행한다.

    내 몸은 부처께 융해되고
    내 살은 여래의 진실한 말씀
    내 마음 광명 속에

5근 6경이 모두 공한 것을 보았으니
그대들은 인과를 깨닫고 바른길로 걸어가라.

모든 중생은 나의 아버지, 어머니
사악한 마음만 버리면 행복하리라.
열 가지 덕을 실천하면 기쁘고 축복받나니
명심하여 생각하고 보살 길을 걸어라.

이렇게 그들을 물리치고 일곱 가지 장엄상에 대해서 노래
불렀다.

세계의 중심 수미산 곁
남섬부주의 하늘은 푸르게 빛난다.

수미산 중심의 거대한 나무
해와 달의 광명이 4대주에 비친다.

태양에서 수증기 증발
끝없는 하늘에 갖가지 구름 되니

한여름 평원에 무지개 나타나
언덕에 머물고 있다.

시방에 떨어지는 빗 골은
대지의 초목을 축여 자라게 하니
나는 은둔처에 머물러서
일심으로 공(空)을 명상한다.

이렇게 하늘과 땅, 인과와 자연, 뭇 생명의 아름다운 장엄
상을 노래하니 그의 은둔처는 아름다운 수도장이 되었고, 악
마들은 업의 법칙을 깨달아 떠났다.

그래서 그는 일곱 가지 진리의 노래를 불렀다.

아무리 아름다운 노래도
진리를 깨닫지 못하면 빈 곡조,

부처님 말씀 아무리 유창해도
그 가르침 따르지 못하면 공허한 메아리.

갖가지 교의를 다 외우고 따를지라도
실행하지 못하면 그것은 속빈 강정

입에 전해지는 진리도
닦고 익히지 아니하면 은둔생활도 자신을 가두는 감옥

부처 말씀 소홀하면
농장의 수고한 농부가 자신을 징벌할 뿐

계율 없는 수도승들에겐
기도도 단지 공허일 뿐
입으로 떠드는 자에겐
웅변도 한갓 고뇌일 뿐
악행 피하면 죄는 저절로 줄어들고
선행을 행하면 공덕이 쌓인다.

은둔처에 홀로 앉아 명상하라.
말이 많으면 이로움이 적다.

이렇게 미라레빠는 까르마의 진리를 깨닫고 라치 설산에서 명상하다가 정와 동굴에서 마녀 작신모를 만나 절복하고 락마에 가서 무명베옷 한 벌로 혹한을 이겨내는데 이것은 오직 동정이맥(動靜二脈)을 초월 중맥(中脈)을 사용함으로써 가능하였다.

쌍편 남카종에서 버섯으로 만든 갑옷과 투구를 입은 원숭이를 항복받고 쌩게종의 호랑이 동굴에서 다섯 명의 여자 수행자들을 가르치고 비둘기로 화현한 천녀들의 공양을 받았으며, 금강의 안장굴에서 오랫동안 수행했다는 딴뜨라들을 제도하고 중탕에 이르러 마음의 아들 레충마를 만났다.

신심으로 기초를 다지고
근면은 벽,
명상은 벽돌,
지혜는 주춧돌,
네 가지 자재로 성을 쌓으니
무너지지 않는 영원한 진리의 집이 생겼다.
이것이 어찌 미상의 속가(俗家)와 같겠는가.
속마음은 씨앗
명상은 쌌
3신불의 결실을 거두니
하늘 농사 풍족했네.

텅빈 창고

세상 떠난 여의주
10바라밀로 봉사하니
번뇌 없는 행복 그 속에 있다.

부처는 양친
법보는 내 얼굴
스님들은 친척
진리의 수호자는 내 친구

하나 속의 둘은 내 살결
체험과 직관은 나의 의상
굶주림의 노예
헐떡임을 벗어나
기만과 속임의 세상 떠나니
지순한 정토 이것이 내집이다.

그래서 그 뒤부터는 친절한 아들 짜푸래빠와 목동 제자 쌍게깝려빠를 데리고 의사 약루탕빠와 산적 두목 지공래빠를 제도하였다.

갑오년 가을 스물네 번째 별자리가 기울던 때 딩마진 사람들은 희고 검은 부스럼이 생기고 피를 토하고 열이 심해 많은 사람들이 죽고 가축들도 죽어갔다.

두 번째 주 열하룻날 석양이 불덩이처럼 타오르던 때 한 천녀가 찾아와 담요비행기를 타고 설산에 이르러 양치기 소년에게서 얻은 병을 치료하고 여영의 상징인 연꽃과 소라·징표·코미를 가지고 있는 장수귀녀에게 다르마의 무드라를 가르치고 악의의 학승들과 두 번씩이나 인도여행에 갔다 오는 제자 래충빠를 야크뿔로 교화하고 감뽀쁘에게 법을 전한 뒤 열반에 들었다.

래충빠는 인도에서 가져온 전단향과 대장경을 드리면서

"아무리 우리 스승이 훌륭하다 하여도 두 번씩이나 불법을 배워온 나에게는 미치지 못할 것이다."

자만심을 가졌다. 그런데 미라레빠는 오다가 주은 야크뿔 하나를 주니 래충빠는 받아 길거리에 버렸다. 그때 하늘에서 갑자기 뇌성벽력이 치더니 주먹만큼씩한 우박이 쏟아졌다. 래충빠는 고개를 처박고 간신히 피했는데 날이 개이자 스승을 찾았다.

"스승님 어디 계십니까?"

"오냐, 여기 있다." 하고

나오는데 보니 야크뿔 속에 들어있다 나왔다. 자체 축지법이다. 이튿날 탁발하고자 하였으나 연기 나는 곳으로 가자 하는데도 래충빠는 꼭 7가식을 해야 한다고 하면서 일곱 집을 거쳤으나 음식을 얻지 못하고 한 노파의 집 헛간에서 자게 되었다. 새벽녘이 되어 골방에서 '꽥' 소리가 나서 나가보니 도둑놈들이 노파를 죽이고 물건을 훔쳐갔다. 곳간에 가 밀가루를 가져다가 요리하려 하니, '승낙 없는 것을 먹으면 도둑질'이라 반대하여 우선 시체 먼저 치우자 하였다. 개울가에 가서 땅를 팠는데 시체를 엎어놓고 작대기로 등을 찌르니 죽은 시체에서 '가르륵'하고 소리가 났다. "밀가루를 먹어도 좋다는 소리다." 하여 비로소 제자의 마음을 항복받고 본자리로 돌아와 열반에 들었다.

　우리는 이상 두 분의 성자를 통해 티베트의 신통이 어떻게 이루어지고 가르쳐지고 있다는 것을 대강 짐작할 수 있게 되었을 것이다. 그러나 이것은 어떤 한 나라에만 국한하여 나타난 것이 아니라 우리의 역사 가운데에서도 수많은 선각자들이 행하였던 신통이다.

　이 또한
　① 죽은 지 7일 만에 되살아난 포항 불영사 백부사,
　② 꿈속에서 머리를 바꾸고 외국어에 정통한 구나발다라,
　③ 스웨덴의 신지학자 스베덴보리,
　④ 사명대사의 신통,
　⑤ 병속의 물을 공중에 매달은 부설거사 등
　헤아릴 수 없는 일들이 인류의 역사 가운데 많이 나타나 있다.

　예수님은 바로 이러한 신통법과 기적들을 티베트 멘구스테에게서 배우고 기타 최면술・마술・차력・도술・요술・축지법 등 갖가지 부양술들을 배운 뒤 라다크로 갔다.
　성경에 나타난 물로 포도주를 만든 이야기, 몇 개의 빵으로 몇천 명을 나누어 먹인 이야기, 바다 위를 걷고, 폭풍우를 그치게 한 이야기는 우연히 생긴게 아니고 다 이 같은 교육을 통해 나타난 신통이었다. 단지 구약 속의 작대기 이야기, 메뚜기떼 이야기, 피비린내 나는 전술들은 모두가 신통력이라기보다는 속임수에 가까운 요술이었다.

11. 라다크와 라호르에서의 수행

멘구스테는 예수와 더불어 장차 올 시대에 대해 종종 말을 하였으며, 그 시대의 사람들에게 가장 알맞은 신성한 예식에 대해서도 얘기를 나누었다.

"미래 세상은 탐욕의 세상이라 작은 이(小利)로 큰 불을 볼 것이니 몸조심하고 대의(大義)에 밝으라."

"감사합니다. 오랜 세월 성자들의 밝은 마음을 깨닫게 해주 시니 진실로 하늘의 뜻으로 감사드립니다."

"신통은 성인의 말변사(末邊事)이기 때문에 함부로 쓰면 안 된다. 성자는 행이 무거워야 하고 경솔하면 안된다."

"인도사상은 너무 혼돈하여 가닥을 잡을 수가 없습니다."

"그래서 부처님께서 간단히 인연법으로써 가닥을 낸 것이 다. 다시 비구들이 먹는 것이나 사는 것을 가지고 분쟁이 일 어나니 설사 대승불교가 일어난다 하더라도 거기 기대할 수 는 없다. 단지 믿고 따라야 할 것은 대붓다의 깨달음이다."

랏사에서 예수는 이렇게 가르침을 받고 서쪽으로 길을 떠 났다. 많은 마을을 거치면서 잠시 잠깐 머물렀다가 떠나면서 가르침을 주었다.

라다크 도시에 있는 레흐라는 마을에 도착하여 수도승, 상인 및 천민들로부터 환영을 받고 수도원에 머물며 가르치고, 시장터에서 대중들을 찾아 가르쳤다.

멀지 않은 곳에 어린 자식이 죽을 병에 걸린 한 여인이 살고 있었다. 그 여인은 예수가 하늘에서 내려오신 스승이란 말을 듣고 아이를 끌어안고 예수에게 왔다.

예수는 그 여인을 보고 하늘로 눈을 돌려 말했다.

"나의 스승 멘구스테이시여, 저에게 거룩하신 하늘의 권능을 주시어 이 어린아이에게 성령의 기운을 쏟아 넣어 살아날 수 있도록 도와주소서."

하고 대중이 보는 앞에서 손을 어린아이 위에 얹고 말했다.

"착한 부인이여, 그대는 축복을 받았습니다. 당신의 믿음이 당신의 아들을 고쳤습니다."

그렇게 하자 그 아이는 갑자기 일어났다. 사람들이 모두 깜짝 놀라서 말했다.

"이 사람은 확실히 하늘이 보내신 분이 틀림없다. 왜냐하면 인간의 힘만으로는 그와 같이 열병을 꾸짖고 어린애를 죽음으로부터 구할 수는 없을 테니까."

많은 사람들이 환자를 데리고 왔고, 예수는 말씀으로 그들을 고쳤다.

예수는 라다크인들 사이에서 며칠 동안 머물면서 병을 치료하는 방법과 죄를 씻어내는 방법과 지상을 천국으로 만드는 방법을 가르쳤다.

"악을 저지르지 마십시오. 죄가 있거든 참회하시오. 복이 있는 자는 천국이 자기 것이 될 것입니다."

사람들은 그를 깊이 사모하였고, 그가 떠날 때 마치 어머니가 떠나는 것처럼 슬퍼하였다. 출발하는 날 군중들이 몰려와 손을 붙잡고 이별을 아쉬워하자 예수는 비유를 들어 말했다.

"어떤 왕이 그의 국민들을 너무나 사랑한 나머지 그들 모두에게 귀중한 선물을 주기 위하여 그의 외아들을 보내었습니다. 아들이 가는 곳마다 아낌없이 선물을 나누어 주었는데, 신전에 봉사하는 사제들은 왕이 자기들의 손을 통하지 않고 선물을 주었다고 불평하였고, 그 아들을 붙잡아다 매질을 하고 침을 뱉어 그곳에서 내쫓았으나 그 아들은 그들의 멸시와 잔인함을 증오하지 않고 오히려 이렇게 기도하였습니다.

'하늘에 계신 나의 아버님, 당신께서 손수 창조하신 이 사람들을 용서하여 주소서. 그들은 단지 하늘의 노예에 불과합니다. 그들은 그들이 해야 할 바를 알지 못합니다.'

그리고 그들이 그를 때리고 있는 동안에도 그는 그들에게 먹을 것을 주었으며, 무한한 사랑으로 그들을 축복했습니다. 어떤 마을에서는, 사람들이 기뻐하며 그를 맞이하여 주었으므로 기꺼이 머물러 그 집을 축복해주려 하였으나 그는 왕의 영내에 있는 전체 국민들에게 선물을 주어야 하므로 지체할 수가 없었습니다."

라 하고, 예수는 떠나며 말했다.

"나는 떠나려니와 우리는 다시 만나게 될 것입니다. 왜냐하면 나의 아버지 나라에서는 모든 사람들을 맞을 방이 준비되어 있기 때문입니다."

캐쉬미르 골짜기에서 예수는 라호르라는 도시로 가는 도중에서 한 떼의 대상(隊商)을 만났다. 상인들은 예수를 알았고 레흐에서의 그의 권능을 보았기에 무척 반갑게 여겼다. 예수는 라호르에 가서 신드강을 건너 페르시아를 통해서 더 멀리 서쪽으로 가려하였고, 그들은 그에게 낙타를 한 마리 주었다. 그래서 예수는 그들과 동행하였다.

라호르에 도착하자 이미 와 있던 아자이닌과 몇몇 승려들이 환대해주었다. 예수는 아자이닌의 손님이 되어 많은 것을 가르치고 병을 치료하는데 쓰는 술의 비의(秘意)도 전해주었다. 그는 공기·불·물·땅의 영을 지배하는 방법을 가르쳤고 죄 사함의 비의와 죄를 씻어 없애는 방법도 설명해주었다.

"옛 성인이 말씀하시기를, 사람의 수명은 숨 하나에 달려 있다 하였습니다. 맑은 공기, 밝은 불빛, 맑은 물, 깨끗한 땅은 우리들의 영혼을 빛나게 합니다. 털끝만큼도 더럽히면 사람이 그 죄보를 받게 됩니다. 아껴 쓰십시오. 절약하며 보호하십시오."

어느날 아자이닌과 예수가 사원의 입구에 앉아 있을 때, 한 떼의 유랑가수와 음악대들이 뜰앞에 머물러 노래하고 춤을 추었는데 그들의 악성이 너무나 풍부하고 오묘해서 예수가 말했다.
"이 고장의 교양 있는 사람들 중에서 우리는 일찍이 이들 황야의 낯선 악인들이 노래하는 것보다 더 달콤한 음악을 들은 적이 없다. 이들의 재능, 이들의 힘은 어디에서 오는 것일까? 한 번의 짧은 인생에서는 확실히 그러한 아름다운 목소리와 그러한 음률의 법칙에 맞게 노래하는 지식을 터득할 수가 없으리라. 사람들은 이들을 기재(奇才)라 부르리라. 그러나 기재는 없는 법, 만사는 자연의 법칙의 결과일 뿐이리라. 이 사람들은 젊지가 않다. 그러한 신적인 표현과 순수한 음성과 감촉을 연출하기 위해서는 천 년의 세월로도 충분하지 않을 것이다. 만 년 전에 이들 사람들은 화성법(和聲法)을 마스터했을 것이다. 오랜 옛날 그들은 분주한 인생살이를 하면서 새들이 지저귀는 묘한 멜로디에 귀를 기울여 이것을 완전한 형태로 하프로 연주했을 것이다. 그들은 또 다시 와서 표현의 다양한 명시에서 또 다른 음조를 가르쳤다. 이들 유랑 악단들은 하늘나라의 교향악단의 일부를 구성하여 완전 원만한 나라에서는 천사들까지도 그들이 연주하고 노래하는 것을 듣고 기뻐하리라."

예수는 라호르의 일반 대중들을 가르치고, 병자들을 고치고, 사람들을 도와서 생활을 향상시키는 방법을 보여주었다.

"우리는 우리가 소유할 수 있는 것에 의하여 부자가 되는 것이 아닙니다. 우리가 소유할 수 있는 유일한 길은 남에게 베풀어 주는 것 뿐입니다. 만일 당신들이 완전한 삶을 영위하고자 한다면, 그대의 동족들을 위하여 그리고 천한 생활을 한다고 생각되는 사람들을 위하여 몸을 바치십시오."

예수는 라호르에 더 이상 지체할 수가 없어서 승려들과 그 밖의 다른 친구들에게 작별인사를 하고 낙타를 타고 신드강을 향하여 길을 떠났다.

복 있는 사람은
악인의 꾀를 쫓지 아니한다.

죄인의 길에 서지 아니하며
오만한 자의 자리에 앉지 않는다.

12. 페르시아에서의 활동

예수가 고향으로 돌아가는 도중에 페르시아에 들어간 것은 24세 때였다고 한다. 많은 부락과 도시 또는 그 이웃에서 잠시 걸음을 멈추어 사람들을 가르치고 병자들을 고쳤다.

예수의 계급타파의 메시지로 인해 바라문승려들과 지배계급들은 그를 환영하지 않았다. 때로는 당돌하게 그를 위협하고 노골적으로 협박하는 자도 있었지만 예수님은 그에 개의하지 않고 가르침과 치유를 멈추질 않았다. 이윽고 그는 페르시아 역대 왕이 묻혀 있는 곳이며, 또한 세 명의 동방박사들 호르(Hor)·룬(Lun)·매르(Mer)가 살고 있는 페르세폴리스에 도착하였다.`

이들 세 명의 마기교 승려들은 예수가 다가오고 있다는 것을 미리 알고 그를 마중 나왔다. 그들을 만나보니 대낮인데도 햇빛보다도 더 밝은 빛이 그들을 감싸고 있었다. 사람들은 그들을 신과 같았다고 증언하였다. 네 사람이 박사의 집에 도착하여 예수가 스릴 만점의 여행담을 들려주자 호르와 룬, 메르는 아무 말 없이 하늘을 우러러 찬미하였다.

내 입은 지혜
내 마음은 명철한 묵상

내 비유에 귀를 기울이고
수금으로 나의 오묘한 말을 풀리로다.

한편 카스파아(Kaspar)·자라(Zara)·멜조온(Melzone)이라는 북쪽에서 온 3명의 현자들도 페르세폴리스에 와 있었고, 이들 7명은 7일 동안 무언의 형제애로써 밀접한 교신을 하며 집회실에 앉아 명상수행을 하였다.

그들은 진리의 밝은 빛과 하늘의 계시와 힘을 찾았는데 다가오는 시대의 율법과 교훈은 세계의 현인들에게 모든 지혜를 요구하기 위한 것이었다고 하였다.

마기교(조로아스터교)의 축제행사 때문에 많은 이들이 페르세폴리스로 모여들었다. 마기교의 통치자가 아무라도 경내에서 말하고 싶은 자유를 허용하자 예수가 군중들 사이에 우뚝 서서 말하였다.

"여러분, 여러분들은 오늘날 사람의 아들들 가운데 가장 축복을 받은 분들입니다. 그것은 여러분들이 하늘과 인간에 대하여 가장 올바른 생각을 가지고 있기 때문입니다. 여러분들의 큰 스승이신 조로아스터교(짜라투스트라)에게 영광이 있을 것입니다. 그런데 그대들 성전에서는 이들 일곱 성령들 가운데 특히 뛰어난 힘을 가진 영이 둘이 있어서 한 성령은 일체의 선을 창조했으며, 또 다른 한 성령은 모든 악을 만들어냈다고 적혀 있습니다. 어떻게 하여 악한 것이 일체의 선한 것으로부터 태어날 수 있는지 말해주시기 바랍니다."

한 명의 마기승려가 일어나 반문하였다.

"무슨 일이건 원인이 있게 마련입니다. 만일 유일하신 하느님께서 악을 만들지 않았다면 이 악을 만든 신은 어디에 있습니까?"

예수가 말했다.

"한 분이신 하느님께서 만드신 것은 모두가 선 뿐입니다. 또한 이 위대한 첫 번째 큰 원인과 같이 일곱 성령은 모두 선입니다. 그들의 창조력 있는 손에서 나오는 모든 것은 선입니다. 한편 일체의 창조물에는 저마다의 고유한 색채(色彩)·음조(音調)·형태(形態)를 가지고 있습니다. 그러나 어떤 음조는 그들 자신은 선이고 순수하지만 다른 것이 섞이어 혼합이 되면 부조화한 잡음이 됩니다. 바로 그러한 유독(有毒)한 것을 일러서 사람들은 악한 것이라 불렀습니다. 그러므로 악이란 선한 색채·음조·형태 등이 부조화를 이룬 혼합물을 뜻하는 것입니다. 사람은 하늘이 지으신 선한 것을 가지가지 방법으로 혼합하여 매일 부조화한 소리와 악한 것을 만들어 냅니다. 그리고 모든 음조 또는 형태 선·악을 가리지 않고 생물이 되어 악마·요정이 되고, 또한 선한 영이나 사악한 종류의 영이 됩니다. 인간이 이와 같이 악마를 만들고서 그를 두려워하여 도망치니까 그 악마들은 대담해져서 인간을 쫓아내 몰고 그를 고뇌의 불길 속에다 집어 던지는 것입니다. 그 악마와 타오르는 불길도 모두 인간의 작품입니다. 그리고 불을 끄고 악마를 내쫓을 수 있는 존재는 그들을 만든 사람 말고는 아무도 없습니다."

이에 답변하는 마기승려는 아무도 없었다. 예수는 군중들을 떠나 기도하기 위하여 은밀한 곳으로 들어갔다.

이른 아침에 예수가 다시 와서 가르치고 병자들을 고칠 때 마치 권능을 가진 성령이 그를 에워싸듯이 알 수 없는 한 줄기의 빛이 훤히 비추었다. 한 승려가 이를 보고 그의 지혜는 어디에서 오는 것이며, 그 빛은 무엇을 뜻하는 것이냐고 은밀히 물었다.

이에 예수가 말했다.

"영혼이 곧 하늘을 만나는 고요한 순간이 있습니다. 그곳에 지혜의 샘이 솟습니다. 그리고 그곳에 들어가는 사람은 모두가 진리의 빛에 쐬어져서 지혜·사랑·권능으로 충만하게 됩니다."

그 마기승려가 말했다.

"이 명상과 진리의 빛에 대해서 말씀해 주십시오. 제가 그곳에 가서 머물고 싶습니다."

"고요한 명상은 어떤 장소에 국한되어 있는 것이 아닙니다. 사람은 항상 하늘과 만날 수 있는 비밀의 장소를 몸에 지니고 있습니다. 그리고 원하는 사람은 누구든지 안으로 들어가서 자신의 것을 찾을 수 있습니다."

이 뒤에 예수는 상당한 분량의 명상에 관한 가르침을 말해 주었다.

"말과 행위는 생각의 그림자입니다. 그러므로 생각을 다스리는 자는 곧 말과 행을 다스리는 자이므로 명상은 고귀한 것입니다."

카스파아는 유태선생(猶太先生)이 말하는 것을 듣고 나서 감탄하여 그의 지혜를 찬미하였다.

예수는 신성한 싸이러스의 숲속으로 들어가서 그곳에서 군중들을 만나고 가르치고 병자들을 고쳤다. 영험 있는 샘이라고 불리우는 흐르는 샘터가 페르세폴리스 근처에 있었는데 사람들은 일 년 중 일정한 시기에 하느님의 신성이 내려오셔

셔 샘물에 영험을 주시고 그때 샘물에 들어가서 몸을 닦으면 완치된다고 생각하였다. 예수는 샘터에 모여 있는 많은 병자들 가운데 서서 말하였다.

"병 치료의 영험이 어디로부터 오는 것입니까? 어찌하여 당신들의 하늘은 그 은총을 베푸는데 있어서 그렇게도 불공평하십니까? 왜 그분께서는 축복의 샘물을 오늘 주시고 내일은 거두어 가십니까? 권능의 신성은 날마다 영험 있는 물로 가득 채울 수 있습니다. 이 샘물에 씻으면 완치되리라고 정성을 다하여 믿는 사람은 언제든지 씻기만 하면 나을 것입니다. 하늘을 믿고 자기 자신을 믿는 자는 누구든지 지금 즉시 이 샘물에 몸을 담그고 씻도록 하시오."

그러자 많은 사람들이 몰려들어 신앙에 힘입어 모든 효험이 사라지기 전에 먼저 씻으려고 앞을 다투어 뛰어들었다. 그때 예수는 매우 가냘프고 힘없이 보이는, 노도와 같은 군중들 건너편에 홀로 앉아있는 한 소녀를 보았다. 어느 누구도 그 어린 소녀를 인도하지 않았다.

예수가 소녀에게 말했다.

"나의 귀여운 소녀야, 어찌하여 그렇게 가만히 앉아서 기다리기만 하고 있느냐? 서둘러 샘물에 들어가 씻으라."

소녀가 말했다.

"서두를 필요가 없습니다. 하늘에 계시는 우리 아버지의 은혜는 작은 컵으로는 잴 수가 없습니다. 그래서 저는 천천히 가서 그 축복의 샘물 속에서 오래 오래 머물 것입니다."

"이 모범적인 영혼을 보라. 이 소녀는 모든 사람에게 신앙의 힘을 가르치려고 이 땅에 왔습니다."

예수는 그 소녀를 들어 올려 말했다.

"왜 무엇을 기다리고 있느냐? 지금 바로 우리가 숨 쉬고 있는 공기가 생명의 향기로 가득 차있다. 신앙으로 이 생명의 향기를 마시고 건강해지라."

소녀는 신앙 속에서 생명의 향기를 마시고 건강해졌다. 사람들은 이걸 보고 몹시도 놀라며 건강의 신이 인간으로 나타난 것이 틀림없다고 하였다.

예수가 말했다.

"생명의 샘은 조그마한 웅덩이가 아니다. 그것은 하늘의 공간만큼이나 넓다. 샘물이 사랑이며 신앙이 효능의 힘이 된다. 그리고 살아있는 샘물로 깊이 뛰어드는 사람은 자기의 죄를 깨끗이 씻어내어 완전하게 되어 죄로부터 해방되는 것이다."

다음 예수님은 앗시리아로 갔다.

13. 앗시리아에서

페르시아에서 일을 마친 예수는 또 다시 고향을 향해 여행 길에 올랐다. 페르시아의 성자 카스파아는 유프라테스강까지 동행해주었으며, 두 사람은 애급에서 다시 만날 것을 기약하고 작별인사를 나누었다. 그리고 나서 카스파아는 카스피해 바닷가의 자택으로 가고, 예수는 이스라엘 민족의 요람의 땅인 칼데아에 도착하였다.

그는 아브라함이 태어난 우르에 잠시 머물면서, 자기의 신분과 찾아온 이유를 말하니 사람들이 사방에서 모여들어 그에게 말하고 싶어 하였다.

그래서 그들에게 말하였다.

"우리들 모두는 동족입니다. 약 이천 년, 그 이전에 우리의 조상인 아브라함은 이곳 우르에 사셨습니다. 그때 그는 오직 한 분이신 하느님을 섬기셨으며, 이러한 신성한 숲 속에서 사람들을 가르쳤습니다."

예수는 선의(善意)와 지상(地上)의 평화(平和)와 복음(福音)을 그들에게 전했다. 인간의 동포애와 인간의 타고난 능력, 영혼의 왕국 등에 대해 말하였다. 그때 앗시리아에서 제일가는 성자인 아시비나가 그의 앞에 서서 말했다.

"내 사랑하는 칼데아의 자녀들이여, 잘 들어보시오. 그대들은 오늘 위대한 축복을 받았습니다. 살아 있는 하늘의 예언자가 그대들에게 왔기 때문입니다. 이 선생님께서 말씀하시는 것을 주의하여 잘 들어보도록 하시오. 왜냐하면 그분께서는 하늘이 내리신 생명의 말씀을 전해줄 것입니다."

그리고서 둘은 칼데아와 티그리스강과 유프라테스강 사이에 있는 모든 마을과 도시를 찾아다녔다.

또한 예수는 많은 병자들을 고쳤다. 파괴된 바빌론이 가까이에 있었으므로 예수와 그 성자는 바빌론의 문을 통하여 들어가 무너져 내려 황폐해진 궁전을 거닐었다. 그들은 이스라엘 사람들이 한때 천한 포로가 되어 잡혀 있었던 거리도 거닐었다.

그들은 유다(Judah: 야곱의 아들)의 아들, 딸들이 버드나무가지에 하프를 걸고 노래하기를 거부했다는 곳을 보았다. 그들은 다니엘과 히브리의 아들들이 신앙의 산 증인으로 서 있던 곳도 보았다. 그러자 예수는 그의 손을 들어 올려 말했다.

"인간이 이룩한 허망한 장관을 보시오. 바빌론의 왕은 옛 예루살렘의 성전을 파괴했습니다. 그는 성스러운 도시를 불태우고 나의 동포와 나의 친족들을 쇠사슬로 묶어 노예로 만들어 이곳으로 끌고 왔습니다. 그러나 보복이란 또 오는 것입니다. 사람이 다른 사람에게 행하는 것은 무엇이든지 정의의 재판관에 의하여 심판이 되기 때문입니다. 바빌론의 날은 저물었습니다. 환락의 소리는 이제 더 이상 성안에서 울리지 않을 것입니다. 그리고 온갖 기어다니는 더러운 벌레들과 깨끗하지 못한 새들이 이 폐허 속에서 번식하며 살아갈 것입니다."

베르스의 신전 안에서 예수와 아시비나는 조용히 명상에 잠겼다.

예수가 말했다.

"이 어리석고 수치스러운 기념비를 보시오. 인간은 하늘의 옥좌를 흔들려고 노력했습니다. 그리하여 그들은 하늘까지 이르는 탑을 짓는 어리석은 짓을 시도했습니다. 그런데 바로 그 때 인간의 언어가 감쪽같이 사라졌습니다. 그것은 인간이 큰 소리를 치며 지나치게 인간의 힘을 자랑하는 우를 범했기 때문입니다. 그리고 이 높은 꼭대기에는 이교의 신 바알이 서 있었습니다. 그것도 사람의 손에 의해 만들어진 신이… 그 제단 위에는 새·짐승·사람·어린애에 이르기까지 바알 신의 끔찍한 희생의 제물이 되어 불태워졌습니다. 그러나 지금 유혈이 낭자한 승려는 죽고, 성벽마저 흔들려 내려앉아 이곳은 폐허가 되어버렸습니다."

그 뒤 예수는 시날(Shinar)의 평원에서 일주일 동안 머물며 아시비나와 함께 사람이 필요로 하는 것과 다가오는 시대에 성자들이 어떻게 가장 잘 봉사할 것인가에 대해서 오랫동안 명상에 잠겼다.

예수는 그곳을 떠나 며칠 뒤에 요단강을 건너 그의 고향 땅으로 돌아와 즉시 그의 집으로 찾아갔다. 어머니 마리아는 기뻐서 어쩔 줄을 모르고 아들 예수를 위해 잔치를 베풀고 그녀의 모든 친족들과 친구들을 초대하였다.

그러나 예수님의 형제들은 한낱 모험객에 지나지 않는 예수에게 이렇게 환대하여 대접할 것까지는 없다고 생각하여 잔치에 참석하지 않았다. 그들은 그의 형이 말하는 것을 비웃고, 그를 게으른 자, 헛된 야심을 가진 자, 별 볼 일 없는 소용 없는 자, 가치 없는 행운을 엿보는 자, 세상에서 명성을 찾는 뜨내기라고 말하고 집을 떠난 뒤 여러 해 뒤에 무일푼의 알거지로 어머니의 집으로 찾아든 자라고 말했다.

예수는 어머니 마리아와 그녀의 여동생 미리암을 따로 불러 동방 여행담을 들려주었다. 그는 그들에게 그동안에 배운 교훈이라든가 자신의 행적 등을 말해주었으나 다른 사람에게는 일체 말을 하지 않았다.

"인도라는 나라는 참으로 넓고 컸습니다. 역사도 길지만 이 세상에 없는 것이 없었습니다. 신이란 신은 한 가지 빠짐없이 다 갖추어져 있었고 신 없는 종교도 복되게 살아가고 있었습니다. 천당과 지옥이 함께 어우러져 있는 그 세계에서 진실로 본 받아야 할 것은 대붓다의 사랑스러운 삶이었습니다. 그러나 그러한 사랑이 이 나라의 땅에는 아직 심어지기 어렵다고 생각했습니다. 인천인과(人天因果)를 제대로 믿지 않는 사람에게 무생법인(無生法忍)이 통할 수 있겠습니까? 나는 그 분의 만분의 일이라도 그 사랑을 베풀고 싶었습니다. 그리고 티베트의 성자들은 진실로 깨끗한 사람들이었습니다. 이 세상에 살아있는 신선들이 있다면 바로 그들이 아닌가 생각합니다. 나는 아직 복과 지혜가 부족하다고 생각합니다. 내가 배운 의술만 가지고는 하늘의 영광을 다 채울 수 없습니다. 대 붓다는 왕자로 태어나서 천이백 대중을 제자를 삼았는데도 한 사람도 잘못된 자가 없었습니다. 단지 그 분이 가신지 세월이 멀어지니 그 분을 사모하고 따르는 사람들이 그 분의 권위를 가지고 단체를 만들어 그 분을 욕되게 하는 것을 보았습니다. 어떻게 하여 하늘의 역사를 지상에 성취하여 이 세상의 가난과 고통과 무지를 없게 할 수 있겠습니까? 다시 한번 생각해 보겠습니다."

I4. 희랍에 들어가서

희랍(希臘)의 철학은 신랄한 진리로 가득 차 있었으므로 예수는 희랍의 선생들과 함께 배우기를 열망하였다. 그는 나사렛의 집을 떠나 갈멜산을 넘어 항구에서 배를 타고 곧장 희랍의 수도에 도착하였다. 아테네의 사람들은 전부터 그의 명성을 알고 있었으므로 그를 만난 것을 기뻐하며 진리의 말씀을 들으려 하였다.

희랍의 많은 선생들 가운데 신탁(神託)의 옹호자라 불리우는 아폴로라는 사람은 희랍의 성자로서 많은 나라에 알려져 있었다. 그는 예수를 위하여 널리 희랍학문(希臘學問)의 문호를 개방하였고, 아레오파구스에서 예수는 가장 지혜로운 사람들이 말하는 것을 들었다. 그러나 예수는 그들의 지혜보다 훨씬 뛰어난 것을 가지고 와서 가르쳤다.

한 번은 원형경기장(圓形競技場)에서 아폴로의 배려로 말을 하게 되었다.

"아테네의 학자 여러분, 내 말을 들으시오. 오랜 옛날 자연의 법칙에 조예가 깊은 사람들이 지금 당신들의 서울이 있는 곳을 찾아냈습니다. 여러분들이 잘 알고 있듯이, 지구의 어느 부분에서는 그의 약동하는 심장이 하늘을 향하여 에테르의 파동을 던지면 하늘로부터 내려오는 에테르와 만나는 곳이 있습니다. 그 장소에서는 밤하늘의 별과 같이 영혼의 빛과 오성(悟性)이 반짝입니다. 땅 위에 있는 모든 곳 중에서도 아테네와 같이 감수성이 있고 진실로 보다 많은 영적인 축복이 있는 곳은 없습니다.

그러나 여러분이 성취한 모든 학문들은 단지 감각(感覺)의 영역(領域)을 뛰어넘는 세계로 나가는 디딤돌에 불과합니다. 그것은 단지 시간의 벽을 날아 스쳐 지나가는 허무한 환상의 그림자에 지나지 않습니다. 하지만 나는 그 너머에 있으며 안에 있는 생명에 대하여 말하고자 합니다. 이 생명은 그냥 스쳐 지나가지 않는 참된 생명입니다.

오감(五感)은 단지 스쳐 지나가는 사물의 단순한 그림의 모습을 마침내 실어가도록 명했을 뿐 그들은 사물의 실체를 다루지 않습니다.

이러한 성령(聖靈)의 숨결은 모든 영혼의 문을 두드리지만, 인간의 의지가 문을 활짝 열 때까지는 들어갈 수 없습니다.

돌아오라, 희랍사상(希臘思想)의 신비한 흐름이여! 그대의 맑고 깨끗한 물을 영적인 생활로 충만한 흐름에 섞으시오. 그러면 영각(靈覺)은 더 이상 잠자지 않을 것이며, 인간은 깨닫게 되어 신이 축복하실 것입니다.

예수는 옆으로 물러났고 그의 지혜의 말씀에 놀라 아무도 대답하는 사람이 없었다.

며칠 동안 희랍의 교사들은 예수가 말하는 명쾌하고 신랄한 말에 귀를 기울였다. 그들은 그의 말들을 충분히 이해할 수는 없었지만 기꺼이 그의 철학을 받아들였다.

어느 날 예수와 아폴로가 해변을 거닐고 있는데 델피신전의 사자가 급히 와서 말했다.

"아폴로 선생님, 신탁(神託)이 당신에게 할 말이 있다고 합니다."

아폴로는 예수에게 말했다.

"선생님, 만일 당신이 델피신전을 보고 싶어 하시고 그것이 말하는 것을 듣고 싶어 하신다면 저와 함께 가셔도 좋습니다."

그들이 서둘러 델피신전에 가보니 모든 사람들이 몹시 흥분해 있었다. 아폴로가 신탁 앞에 서자, 그것이 입을 열어 말을 했다.

"희랍의 성자 아폴로여! 종(鐘)이 열두시를 치는 시대의 한밤중이 도래했노라. 대자연이 자궁 속에서 시대가 잉태되었느니라. 그러나 이제 델피의 태양은 저버렸노라. 신들은 인간을 통하여 인간에게 말할 것이다. 살아 있는 신탁이 지금 이 성스러운 숲 속에 있으니 앞으로 세상은 슬기와 권능(權能)이 더욱 강해지리라. 모든 스승들은 머물라. 모든 생명체들은 그 임마누엘의 말을 듣고 그를 잘 받아들일 것이다."

그리고 신탁은 40일 동안이나 다시 말하지 않고 사람들은 놀랐다. 사람들은 멀리서 또는 가까운 곳에서 와서 살아 있는 신탁이 신늘의 지혜를 말하는 것을 들으려 하였다.

어느 날 아폴로가 예수에게 말했다.

"이 신성한 델피의 신탁은 그동안 희랍을 위하여 많은 유익한 말을 해주었습니다. 부디 말하는 것의 정체(正體)를 좀 가르쳐 주십시오. 도대체 그것이 천사입니까? 아니면 살아 있는 신입니까?"

"말하는 것은 천사도 인간도 신도 아닙니다. 그것은 희랍의 많은 지도자들의 모든 지혜를 합하여 하나의 큰 정신이 된 비유할 바 없는 슬기입니다. 이 거대한 정신은 영혼의 실체를 그 자신에게 받아들여서 생각하고·듣고·말하고 합니다. 이 것은 지도적(指導的) 스승들이 사상(思想)·지혜(智慧)·신앙(信仰)·희망(希望)으로 그의 정신(精神)을 키우는 동안까지 살아 있는 혼(魂)으로 남을 것입니다. 그러나 희랍정신의 지도자들이 이 땅에서 사라지게 되면 이 큰 정신도 없어지게 될 것입니다. 그리고 나면 델피의 신탁도 더 이상 말하지 않을 것입니다."

　하루는 예수가 해변을 거닐고 있을 때 폭풍우가 일어나 선박이 바다 한 복판에서 장난감처럼 요동을 쳤다. 선원과 어부들이 모두 물속으로 장사지내져서 해변에는 익사자의 시체들이 널려졌다. 예수는 쉴 새 없이 전력을 다하여 빠져 죽어가고 있는 사람들을 구조하고 몇 번이고 다 죽어가고 있는 사람들을 소생시켰다. 한편, 이곳 바닷가에는 바다를 지배한다고 생각되는 신들을 모셔놓은 제단들이 있었는데, 물에 빠진 사람들의 비명소리에는 아랑곳하지 않고 사람들은 제단 앞에 몰려와 바다의 신들에게 구원을 요청하였다.

　마침내 폭풍은 걷히고 바다는 잠잠해져서 사람들은 겨우 제정신을 차릴 수 있었으므로 예수가 말했다.

　"그대, 나뭇조각으로 만든 신을 섬기고 있는 사람들이여, 그대들의 열띤 기도로 이 광폭한 폭풍이 조금이라도 가라앉았습니까? 그림으로 그린 칼과 관(管)으로 장식한, 이 초라하고 비바람에 시달린 신상(神像)의 어느 곳에 힘이 있습니까? 그러한 작은 집에 깃든 신은 나는 파리 한 마리도 거의 잡지 못할텐데, 어떻게 그가 폭풍의 신을 제압할 수 있으리라 생각하십니까? 눈에 보이지 않는 세계의 커다란 권능(權能)은 인간이 그들의 최선을 다할 때까지는 구조의 손을 내밀지 않습니다. 그들은 인간이 그들의 모든 힘을 쏟았을 때에만 비로소 도움을 줍니다. 인간이 신 앞에 바칠 수 있는 가장 효과적인 기도는 도움을 필요로 하는 사람들을 도와주는 것입니다. 왜냐하면 그대들이 다른 사람을 위해 일을 하면 하늘도 그만큼 그대들을 위해 축복의 손길을 뻗치기 때문입니다. 이와 같이 하여 하늘은 도와주실 것입니다."

이렇게 하여 희랍에서 그의 일은 끝났다. 예수는 남쪽에 있는 애급(埃及)으로 발길을 옮겼다. 아폴로와 희랍 최고의 현학자(衒學者)들과 많은 사람들이 그를 부둣가에서 전송하였다.

예수가 말했다.

"나는 지금까지 많은 나라를 방문해보았으며 수많은 여러 외국의 신을 모신 신전에도 서 보았습니다. 그들 모든 나라 가운데에서도 희랍을 최고의 주인으로 생각하고 있습니다. 불행한 전쟁의 운명이 희랍을 정복시켰습니다. 이것은 살과 뼈와 지력(智力)을 과신하고, 국가와 국민의 힘의 근원을 묶어주는 영적인 생명을 잃어버렸기 때문입니다. 희랍 사람들이여, 머리를 드시오. 희랍이 성스러운 숨결의 에테르를 들이 마시어, 지상 위의 영적인 힘의 근원이 될 날이 다가올 것입니다. 그러나 하늘이 그대의 보호자가 되어야만 할 것이며, 그대의 방패(防牌)와 그대의 탑(塔)이 되어야만 합니다."

예수는 작별인사를 하고 아폴로는 손을 들어 조용히 축복을 하니 사람들은 모두 눈물을 흘렸다. 크레타 소속의 배, 화성호(火星號)를 타고 이 히브리 성자는 희랍의 항구를 떠났다.

15. 애급에서의 포교

예수는 무사히 애급에 도착하여 즉시 엘리후와 살로메가 살고 있는 소안(Zoan)으로 갔다. 그들은 25년 전에 그들의 성스러운 학교에서 그의 어머니 마리아를 가르친 분이다.

다시 만나게 된 세 사람은 무척 기뻐하였다. 예수가 이 신성한 숲을 본 것은 아직 아기 때였는데, 지금은 온갖 세상의 풍파에 단련이 된 건장한 사나이로 성장하였고, 많은 나라에서 수많은 대중들의 마음을 사로잡았던 선생이 되었다.

엘리후와 살로메는 기쁨에 충만하여 예수의 여행담을 듣고, 하늘을 보며 기원(祈願)을 올렸다.

예수는 소안에 며칠 동안 머물며 헬리오폴리스라 불리는 태양의 도시에 가서 신성한 명상도가(瞑想道家) 신전에 입회하길 원하였다.

예수는 명상도가의 신비의식(神秘儀式)의 사제(司祭) 앞에 서서 그가 물어보는 모든 질문에 대해 명백하고도 힘있게 대답하였다. 이에 사제는 감탄하여 외쳤다.

"대선생이시여, 어찌하여 당신은 이곳에 오셨습니까? 당신의 지혜는 신의 지혜입니다. 어찌하여 사람의 모임에 와서 지혜를 구하십니까?"

"저는 모든 지상생활을 더듬어 보고 싶습니다. 널리 학문적으로도 추구해 보고 싶습니다. 누군가가 이미 오른 높은 곳에 저도 오르고 싶습니다. 누군가가 고통받는 것을 저도 경험하고 싶습니다. 그리하여 이것으로 내 형제들의 비애(悲哀)와 실망(失望)·가혹(苛酷)한 시련(試鍊)이나 시험(試驗) 등을 알고 싶습니다. 또한 역경에 빠진 사람들을 구할 수 있는 방법까지도 알고 싶습니다. 내가 바라건대, 형제들이여, 부디 그대들의 어두운 지하 예배당에 들어가게 해주시오. 그리하면 저는 그대들의 가장 어려운 테스트를 받아 통과할 것입니다."

"그렇다면 밀의적(密意的) 명상도가(瞑想道家)의 계율(戒律)을 엄수하겠다는 서약을 해야 합니다."

예수의 서약을 받은 뒤에 그는 거듭 말했다.

"가장 높은 정상은 가장 깊은 심오(深奧)한 경지까지 도달한 사람에 의하여 획득됩니다. 그러면 그대는 가장 심오한 경지에 이르도록 하시오."

예수는 샘터로 인도되어 목욕재계를 하고 의식에 적합한 옷으로 갈아입은 후 다시 사제 앞에 섰다.

사제는 온갖 사물의 속성과 특성이 내리 적혀 있는 두루마리를 벽으로부터 내려놓으며 말했다.

"원(圓)은 완전한 인간의 상징이며, 7은 완전한 인간의 숫자입니다. 로고스는 모든 것을 창조하고 파괴하며 구원하는 완전한 하늘의 말씀입니다. 이 히브리 선생은 모든 인류의 원(圓)이며, 인간의 7인 성스러운 하느님의 로고스입니다."

그리고 기록서(記錄書)에다 서기(書記)는 '로고스 원(圓) 7'이라 내리 적었다.

사제가 말했다.

"로고스는 내가 하는 말에 주의를 기울이도록 하시오. 자기 자신을 찾을 때까지는 아무도 진리(眞理)의 빛으로 들어갈 수 없습니다. 당신의 영혼을 찾을 때까지 나가서 구하도록 하십시오. 그리고 당신의 영혼을 찾았을 때 돌아오십시오."

안내원은 이른 새벽빛처럼 희미하고 맑은 빛이 있는 방안으로 그를 데리고 갔다. 그 방의 벽에는 신비한 기호(記號), 상형문자(象形文字), 신성한 성구(聖句) 등이 적혀 있었다. 예수는 혼자 남게 되어 그곳에서 며칠간을 지냈다. 그가 자기 자신을 찾으려고 사제가 말한 의미를 탐구하고 있을 때, 한 계시가 내렸다.

그는 그의 영혼과 친숙해졌다. 그는 그 자신을 찾아냈으며, 이제 그는 혼자가 아니었다.

어느 날 깊은 한밤중에 잠을 자고 있는데, 미처 있는 줄도 몰랐던 문이 열리고 어둠침침한 옷을 입은 승려가 들어와서 말했다.

"형제여, 아닌 밤중에 들어온 것을 용서하시오. 하지만 난 당신의 생명을 구하려고 온 것이오. 당신은 잔인한 간계(奸計)의 희생물이오. 헬리오폴리스의 승려들이 당신의 명성을 시기하여, 이 어둠침침한 지하실 속에서 산 채로는 내보내지 않을 것이라고 말하고 있소. 이제 만약 그대가 자유의 몸이 되고자 한다면, 그대는 이들 승려들을 속여야만 하며 그대가 이곳에서 평생 있겠다고 말해야만 하오. 그 뒤 그대가 바라는 것을 모두 얻었을 때 내가 돌아와서 그대가 안전하게 나갈 수 있는 비밀통로를 안내해 드리겠소."

"나의 형제여! 그대는 사기를 가르치려고 왔습니까? 내가 이 비열한 위선의 간계를 배우기 위하여 신성한 방안에 온 줄 아십니까? 이곳의 승려들을 속이라고? 태양이 비추는 동안은 하지 않겠습니다. 나는 내가 말한 것은 그대로 실행합니다. 그리고 나는 그들과 하늘과 내 자신에게 진실할 것입니다."

그리고 그 유혹하는 사람은 사라지고, 잠시 후 홀로 남겨진 예수에게 하얀 옷을 입은 승려가 나타나서 말했다.

"잘 하셨습니다. 로고스가 이기셨습니다. 이곳은 위선의 실험실입니다."

그는 예수를 인도하여 심판석(審判席) 앞에 세웠다. 사제가 예수의 머리에 손을 얹고, 그의 양 손에 한 권의 두루마리를 놓았다. 거기에는 '성실(誠實)'이라는 단어 외에 아무것도 없었다. 안내인이 또다시 생도들이 탐을 낼만한 모든 것이 가득 놓여 있는 널찍한 방으로 예수를 안내하여 잠시 쉬게 하였다.

그리고 로고스는 쉬고 싶지가 않아서 말했다.

"어찌하여 이런 호화스러운 방에서 기다리게 하는 것이오? 나는 쉴 필요가 없소. 나의 아버지의 과업(課業)이 과중한 무게로 억눌러오고 있소. 나는 가서 나의 모든 과제(課題)를 배우고 싶소. 만일 시험이 있다면 오게 하시오. 자아를 극복한 모든 승리는 더 큰 힘을 부과시켜 줄 테니까."

안내인이 마치 밤과 같이 어두운 방에 그를 인도하여 주고 홀로 나갔다.

예수는 며칠 동안 깊은 외로움 속에서 보냈다. 예수가 잠이 든 정적(靜寂)의 한밤중에, 비밀의 문이 열리고 승복을 입은 두 사람이 깜빡거리는 작은 등불을 들고 들어 왔다.

한 사람이 말했다.

"젊은이여, 당신이 이 무서운 지하실에서 겪는 고통에 마음이 무척 아픕니다. 우리는 그대를 빛으로 데려가 자유의 길을 보여주기 위해 온 것입니다. 우리도 한 때는 당신과 같이 이

지하실에 갇혀 있었습니다. 하지만 어떠한 행운의 순간에, 우리는 잘못을 깨닫고 모든 힘을 다하여 속박의 쇠사슬을 끊었습니다. 그 뒤에 우리는 이러한 모든 종교의식으로 위장된 타락이라는 것을 알았습니다. 이곳의 승려들은 도망 중인 범죄자들입니다. 그리고 지금은 그들이 당신을 이곳에 가두고 있으나 조금만 지나면 당신을 희생의 제물로 바칠 것입니다 당신이 할 수 있는 동안에 자유를 누리시오."

예수가 말했다.

"당신들의 약한 빛은 당신들이 가져온 그 작은 빛을 나타내고 있습니다. 바라건대, 당신들은 누구입니까? 인간의 말은 그 말로써 인간의 가치를 나타내는 것입니다. 이곳 성전의 벽은 높고 단단한데 어떻게 이곳에 들어왔습니까?"

"이들 벽 밑에는 많은 지하통로가 있습니다. 예전에 우리들이 승려였을 때, 이 지하실에서 많은 날들을 보냈습니다. 그래서 우리는 잘 알고 있습니다."

"인간이 한 번 배반의 경지에 이르면, 사기치는데 맛을 들이면, 그의 이기적인 자아를 위하여 친구도 배신하게 됩니다. 아무도 나의 마음을 헤아려 판단할 수 없습니다. 그리고 만일 내가 충분한 증거가 갖추어지기 전에 판단을 내린다면 그것은 아마 옳은 판단이 아닐 것입니다. 나는 양심에 의하여 행동합니다. 나의 형제들이여, 당신들이 하는 말을 잘 듣겠습니다. 그러나 모든 증거가 갖추어지면 결정하겠습니다. 해가 비추지 않는 동안에도 나의 영혼 안에는 해나 달을 능가하는 빛이 있습니다."

그러자 금방이라도 그에게 가해(加害)하려는 듯한 심한 협박투로 떠들어대던 자들은 떠나가고, 홀로 남겨진 예수에게 또 다시 하얀 옷을 입은 사람이 나타나서 사제 앞으로 안내하였다. 사제는 아무 말도 하지 않고 '공정(公正)'이라고 적혀 있는 두루마리를 예수의 양 손에 쥐어주었다. 그래서 예수는 거기에서 편견(偏見)과 환영(幻影)을 극복한 지배자가 되었다.

로고스는 3일간을 기다린 후에 명예의 방으로 안내를 받아 들어갔다. 그곳은 호화찬란한 온갖 보석들과 예술품들로 꾸며져 있었다.

예수는 이러한 기품있는 우아함과 사상의 명백한 표현에 매료되었고, 그가 깊은 명상에 잠겨 있을 때 한 승려가 가까이 다가와서 말했다.

"형제여, 이곳의 장관(壯觀)을 보시오. 당신은 참으로 축복을 받은 사람입니다. 당신같이 젊은 나이에 그렇게 높은 명성을 얻은 사람은 세상에서 무척 드뭅니다. 이제 만일 사람들이 결코 이해할 수 없는 숨겨진 것들을 찾아서 자신의 일생을 헛되이 소비하지 않는다면, 당신은 후세까지 불후(不朽)의 명성을 남길 사상계(思想界)의 한 학파의 창시자가 될 것입니다. 내가 그대에게 충고하고 싶은 것은 불확실한 것을 추구하는 것을 단념하고 확실한 명성에 이르는 길을 선택하라는 것입니다."

예수는 오랫동안 명상에 잠기며 그가 말한 것을 곰곰이 생각하였다. 40일 동안 보다 높은 자아(自我)와 보다 낮은 자아는 서로 무섭게 싸웠고 결국 야망의 왕이 패배하였다.

이것이 장차 성경(聖經)에 있는 광야의 시험의 원형이 아닌가 생각된다. 마귀가 나타나서 발아래 세상을 다스릴 권세를 주겠다고 한 부분이다.

예수는 말했다.

"부귀(富貴)・명예(名譽), 그리고 지상의 모든 명성(名聲)은 단지 일시적인 뜬 구름에 불과하노라. 그렇습니다. 인간이 바로 자신의 이기적인 자아를 위하여 행동하는 것은 생명의 크레디트 카드에서는 기록이 되지 않습니다. 나의 아버지 하느님께서 이 시간을 마련해주셔서 감사하나이다. 당신 자신의 영광을 구하지 아니하며, 오히려 하느님의 왕국의 문지기가 되어 나의 형제들을 위해 기꺼이 봉사하겠습니다."

또 다시 사제 앞에 불리워 간 예수는 '신앙(信仰)'이라고 쓰인 두루마리를 받았다. 예수는 머리를 숙여 경건하게 감사의 인사를 하며 자리를 떠났다.

16. 영예의 그리스도

며칠이 자난 뒤 예수는 '환락(歡樂)의 방'으로 안내되었다. 방안은 무척 호화스러운 장식들과 탐나는 것들, 온갖 산해진미, 달콤한 포도주로 가득했으며, 화사하게 차려 입은 아가씨들이 우아하고 명랑하게 시중을 들고 있었다. 고귀하게 차려 입은 남녀들이 그곳에 모여 있었고 모두 즐거움에 들떠 술잔을 기울이고 있었다.

예수가 말없이 지켜보는데 성자의 옷차림을 한 사람이 말했다.

"가장 행복한 사람은 꿀벌과 같은 온갖 꽃 속에서 꿀을 모을 수 있는 사람입니다. 현명한 사람은 쾌락을 추구하며, 어디에서나 그것을 찾을 수 있는 사람입니다. 다른 사람을 위하여 인생을 낭비한다는 것은 단지 어리석은 짓일 뿐입니다."

예수는 아무런 대답도 하지 않고 사람들을 바라보며 명상에 잠겼다. 손님들 가운데 옷차림이 허름한 사람이 있었는데, 그의 얼굴과 손은 고생(苦生)과 기아(飢餓)로 찌들어 주름투성이였다. 흥에 겨워 들떠 있는 무리들은 그에게 욕을 퍼붓고, 벽에다 밀어붙이고 당황해 하는 모습을 비웃고 즐겼다.

이번에는 보기에도 가난하고 허약한 부인이 들어왔는데, 그녀의 얼굴과 몸매에는 죄와 수치심의 표시가 드리워져 있었다. 그녀는 자비심도 없이 가엾게도 침 세례를 받고 조롱감이 되어 쫓겨났다. 그러고 나자 이번에는 가엾은 어린아이가 허기진 모습으로 들어와서 먹을거리를 구걸하였다. 그 아이 역시 몰인정하게 쫓겨나고 유쾌한 분위기는 계속되었다.

예수가 자기들과 어울리기를 권하는 그들에게 말했다.

"다른 사람들이 곤궁에 빠져 있는데 어찌 내 스스로 즐거움을 추구할 수 있겠습니까? 아이들이 소리 높여 빵을 구하려 외치고, 죄의 소굴에 있는 자가 동정심과 사랑을 외치고 있는 때에 어찌 내 자신이 사치스러운 환락을 구가하리라 생각할 수 있겠습니까? 내가 그대들에게 말하노니, 나는 절대로 싫습니다. 우리들은 모두 하나의 핏줄을 이어받은 동족입니다. 우리 각자 모두는 훌륭한 인간동포(人間同胞)요, 마음의 한 부분입니다. 내가 그대들에게 말하노니 그대들이 이들 불쌍한 나의 혈족들에게 행한 일은 곧 나에게 행한 것이나 다름없습니다. 당신네들이 추구하는 소위 환락이라고 하는 것은 단지 하룻밤의 환상에 지나지 않습니다. 관능적 욕구의 불꽃은 단지 시간의 벽 위에 그려진 환영의 그림자에 지나지 않습니다."

로고스가 말하고 있는 동안 흰 옷을 입은 승려가 나타나 명상도가 회원들이 예수를 기다리고 있다고 말했다. 사제는 아무 말 없이 '박애(博愛)'라고 적혀져 있는 두루마리를 그의 양 손에 들려주었다.

성전(聖殿)이 있는 숲에는 조상(彫像)·기념비(記念碑)·사당(祠堂)이 많이 있었고, 예수는 여기에서 산보를 즐기며 명상에 잠겼다.

어느 날 안내원이 손과 발을 쇠사슬로 채워 결박하여 굶주린 야수와 더러운 새들과 파충류가 득실거리는 소굴로 집어던졌다. 동굴 속은 밤과 같이 어두웠으며, 짐승들은 울부짖고, 새들은 요란스럽게 지저귀고, 뱀들이 쉬이 쉬이 하고 소리를 내었다.

예수는 혼자 말했다.

"누가 나를 이같이 결박지었는가? 어째서 나는 쇠사슬에 묶여 고분고분히 앉아 있는 것일까? 내가 너희에게 이르노니 아무 것도 사람의 영혼을 붙잡아 매는 힘은 없느니라. 발을 묶는 족쇄는 무엇으로 만들어졌는가?"

예수는 벌떡 일어났고 쇠사슬이라고 생각했던 것은 하찮을 것 없는 약한 줄이어서 조각조각 풀어졌다.

예수는 크게 웃으며 말했다.

"땅위의 시체를 사람들이 붙잡아 매는 쇠사슬은 환상(幻想)의 공장에서 주조(鑄造)한 것이고 공기(空氣)로 만들어져서 환각(幻覺)의 불로 용접(鎔接)한 것이로구나. 나를 둘러싼 이 암흑(暗黑)은 무엇일까? 이것은 단지 빛이 없다는 것이노라. 그렇다면 빛이란 무엇인가? 이곳은 단지 신속(迅速)하게 전파되는 사상의 리듬 안에서 율동하는 하느님의 숨결일 뿐이노라."

그는 강력한 마음의 의지(意志)를 투사시켜 우주공간(宇宙空間)에 편재해 있는 창조의 조화생명(調和生命)을 진동(震動)시키며 '빛이여 나타나라!'라고 말하자, 진동이 빛의 수준(水準)에 도달하자 빛이 환하게 나타났다.

예수가 굶주린 야수들과 파충류를 바라보자 모두 사라졌다.

"영혼(靈魂)이 두려워하는 것은 무엇인가? 공포는 인간을 죽음으로 태우고 가는 꽃 수레이다.

예수는 황금으로 만들어진 사다리를 보고 밟고 올라가니

흰옷을 입은 사제가 기다리고 있었다. '의열(義烈)'이라고 쓰여진 두루마리를 예수의 손에 쥐어 주었다.

로고스가 공포(恐怖)와 일체의 환상(幻想)을 만나 승리를 거두었다.

이 나라의 모든 곳 중에서 '태양의 사원'에 있는 아름다운 면회실만큼 화려하고 멋지게 꾸며진 곳은 없었다. 승려들은 이에 경외심(敬畏心)을 가져 '신비(神秘)의 방'이라고 불렀다.

예수가 공포를 극복하였을 때, 이 방에 들어갈 수 있는 권한을 갖게 되었다. 여러 가지 많은 악기 가운데 하프시코드가 있었다. 그것을 바라보며 조용히 명상에 잠겨 있을 때, 매혹적인 아가씨가 방안으로 조용히 들어왔다. 그녀는 예수를 알아차리지 못한 채, 하프시코드를 연주하며 이스라엘의 노래를 불렀다.

예수는 혼자 자문자답(自問自答)하였다.

"이 사건의 참된 의미가 무엇일까? 이처럼 황홀하게 하는 아름다운 여인, 여왕과 같이 사랑스러움을 가진 매혹적인 여인을 나는 사람의 자식 가운데에서 일찍이 찾아보지를 못했노라. 나는 일찍이 그와 같은 천사의 목소리가 이토록 사람의 모습에 광채를 주어 은총(恩寵)을 내리며 그와 같이 아름답고 황홀한 목소리가 사람의 입술에서 나오리라고는 생각을 못했노라."

예수는 며칠 동안이나 넋을 잃고 멍하니 앉아 있었고, 그의 사상의 흐름이 변하여 단지 그 매혹적인 아가씨와 아름다운 노랫소리만 눈에 아른거리고 귀에 쟁쟁했다. 며칠 뒤에 그녀는 다시 나타났고 예수에게 말을 걸며 아름다운 손을 예수의 머리에 얹었다. 그녀의 감미로운 손길은 잠시 그의 넋을 완전히 빼앗아 그의 과업을 완전히 잊게 하였다. 그 아가씨는 사라지고 예수의 마음은 크게 흔들리며 사랑의 불꽃이 그의 영혼 속에 활활 타올라 인생에 있어 최고의 시련에 직면하였다.

그는 상사병에 걸려 잠도 잘 수 없었고, 먹을 수도 없었으며, 오직 그의 관능적 애욕은 소리 높여 그녀의 관능적 애욕과 해후하기를 희구하였다.

그때 예수가 말하였다.

"보라, 나는 지금까지 만났던 모든 적들과 싸워 이겼노라. 이제 와서 이러한 관능적 애욕 앞에 무릎을 꿇을 수 있겠는가? 이러한 순수하고도 우주(宇宙) 보편적인 사랑이 인간의 관능적인 애욕에게 흡수되어 무릎을 꿇어야 할 것인가? 비록 그녀가 미(美)와 순결(純潔)과 사랑에 있어 최고의 전형(典型)이라 할지라도 다른 모든 피조물(被造物)들을 잊고 이 매혹적인 처녀에게 내 인생을 던질 수 있을까?"

그의 영혼의 내면세계는 동요하여 혼잡하였고 오랫동안 자신이 이상향(理想鄕)의 상징으로 믿어 오던 이 매혹적인 우상천사(偶像天使)와 싸웠다. 싸움의 날이 거의 종결에 임박했을 때, 그의 보다 높은 자아가 힘있게 말했다.

"설사 내 가슴이 터진다 할지라도 나는 나의 가장 어려운 과제에 실패하지 않으리라. 나는 관능석 애욕의 승리자가 되리라."

그러자 그 아름다운 아가씨가 다시 나타나서 그에게 그녀의 매력적인 손과 풍만한 가슴을 내어 맡기자, 예수가 말했다.

"아름다운 아가씨여, 당신의 아름다운 자태는 나를 환희 속에 몰아넣어 숨 막히게 하는구려. 당신의 목소리는 나의 영혼을 축복하여 열락(悅樂)으로 인도합니다. 그러나 온 세상은 내가 보여주고자 하는 사랑을 간절히 열망하고 있습니다. 그러므로 나는 사랑스러운 그대에게 떠나달라고 말해야만 하는 것입니다. 그러나 우리는 또 다시 만나게 될 것입니다."

그녀는 사랑의 슬픔에 흐느껴 울며 자리를 떠나갔다. 그 순간 사원 안의 거대한 종(鐘)이 울리면서 성가대(聖歌隊)들이 들어와 축가를 불렀고, 방안은 빛으로 환하게 빛났다.

이번에는 그 사제가 몸소 나타나서 말했다.

"축하합니다. 승리의 로고스여, 진심으로 축하합니다. 관능적 애욕의 정복자는 높은 곳에 섭니다."

그는 예수의 손에 '성애(聖愛)'라고 적혀 있는 두루마리를 들려주었다. 연회장에서는 축제가 베풀어지고 예수는 그 연회의 주빈이 되었다. 이제 보다 수준이 높은 고급과정의 공부가 시작되어 예수는 그 사제 밑에서 수련생이 되었다. 그는 애급에 전승되어 내려오는 신비한 밀교(密教)의 비밀을 배우고, 삶과 죽음의 신비, 태양계 너머의 세계에 대해서도 배웠다.

모든 수련과정이 끝났을 때, 사자(死者)의 방에 들어갔다. 그곳에서 시체를 썩지 않게 하는 방법을 배우기 위해 일했다. 한 과부의 아들의 시체가 실려 왔고 어머니는 목 놓아 흐느껴 울었다.

예수가 말했다.

"부인, 눈물을 거두시오. 당신은 단지 빈집을 따라왔을 뿐입니다. 당신의 아드님은 시신 안에 없습니다. 그런데 이제 만일 당신이 슬픔을 가득히 품고 슬픈 한탄의 통곡을 하고 있노라면 그 슬픔의 깊이는 날이 가면 갈수록 더해갈 것입니다. 의무를 다하면 행복과 기쁨이 뒤이어 따라옵니다. 그리고 기쁨은 이미 세상을 떠나 사람들의 마음을 위로해 줍니다."

그 여인은 남에게 봉사하는 기쁨 속에서 자신의 기쁨을 깊이 묻기 위하여 찾아 나섰다. 그때 한 어머니의 시신이 사자의 방으로 옮겨져 왔고 어린 소녀가 따라왔다. 이 행렬이 입구에 다가왔을 때, 소녀는 화살이 가슴을 관통한 새 한 마리가 심하게 퍼득이는 것을 보았다. 소녀는 온 정성과 사랑을 다하여 새를 안은 뒤에 급히 돌아왔다.

예수가 소녀에게 말했다.

"어찌하여 상처입은 새를 구하기 위하여 어머니 곁을 떠났느냐?"

소녀가 말했다.

"이 생명이 끊어진 육신은 더 이상 나의 도움이 필요없기 때문입니다. 그러나 아직 살아 있는 생명은 도와서 구할 수가 있습니다. 어머니께서는 살아생전에 저에게 그렇게 가르쳤습니다. 어머니께서는 슬픔과 이기적인 사랑, 그리고 희망과 공포는 단지 보다 낮은 자아로부터 나오는 반영에 불과하다고 말씀하셨으며, 또한 우리가 느끼는 것은 커다란 생명의 물결이 요동치는 것 중에서 단지 아주 작은 물결에 불과하다고 가르쳤습니다. 완전한 행복은 우리가 이러한 것을 극복할 때까지는 우리의 것이 될 수 없다고 말씀하셨습니다."

예수는 소녀에게 경의를 표하여 절을 하고 말했다.

"지금까지 나는 오랜 세월에 걸쳐서 지상에서 인간이 배울 수 있는 최고의 진리를 배우기 위하여 찾고 있던 중, 뜻하지 않게 이곳에서 젊디젊은 소녀에게서 그 모든 것을 들었노라. 어린 아이와 젖먹이의 입을 통하여 당신은 힘을 명하시는도다."

예수는 손을 소녀의 머리 위에 얹고 말했다.

"어린 소녀여, 나의 하늘의 축복이 영원히 그대 위에 있을 것이니라."

사자의 방에서 그의 모든 수행이 끝난 예수는 신전에 있는 화려한 자줏빛 방안의 사제 앞에 섰다. 예수는 자줏빛 예복을 입었으며, 모든 형제들은 일어섰다. 신비의식의 사제가 말했다.

"오늘은 이스라엘 전체의 민족에게 최고로 경사스러운 날입니다. 우리는 그들의 선택된 아들을 위하여 유월절(逾越節)의 잔치를 축하하는 바입니다. 그대, 형제여! 그대는 사람들 가운데에서 가장 탁월하며, 성전에서 베푼 모든 시험에 통과하였노라. 여섯 번이나 그대는 인간이 받을 수 있는 최고의 영예를 받았노라. 그리고 이제 그대는 그 마지막 칭호를 받기 위해 이렇게 서 있는 것이니라. 이제 그대의 갈 길로 가시오. 그대는 사람들에게 선의의 복음과 땅 위에 평화의 복음을 전해야만 되기 때문입니다. 그리고 또한 감옥의 문을 활짝 열고 죄인들을 풀어 주어야만 하기 때문입니다."

사제가 말을 끝내기도 전에 성전의 종소리가 은은하게 울려 퍼졌으며, 하얀 비둘기가 위에서 내려와 예수 그리스도의 머리 위에 앉았다.

어디선가 성전까지도 진동시킬 만한 큰 소리가

"이 분은 그리스도이십니다."

라 말하고, 온갖 생물들은 '아멘' 하고 응답하였다. 이제 예수 그리스도는 탐음진치(貪淫嗔癡)의 정복자로서 여행길에 올랐다.

이것은 마치 석가 부처님이 6년 고행을 통해 항마성도(降魔

成道)하는 장면을 연극화 한 것과 같다. 오랜 궁중의 환락 속에 물들어 있던 싣달타 태자가 설산에 들어가 자연숭배자 발가바(跋伽婆) 선인과 사상의 정복자 알라라카라마(阿羅羅迦羅摩)와 우드라카 라마푸드라(鬱頭藍弗) 두 선인(仙人)을 만나 전통적인 관념교육을 거쳐 자기 욕망의 해탈을 위해 6년 동안 수행한 뒤 마지막 보리수 밑에서 다미(多眉)·희소(喜笑)·열비(悅妃)와 그의 아버지 마왕과 그의 권속 마군들을 물리치고 신족통(神足通)·천안통(天眼通)·천이통(天耳通)·타심통(他心通)·숙명통(宿命通)·누진통(漏盡通)을 얻어 위 없는 깨달음을 얻음으로써 자리이타(自利利他) 각행원만(覺行圓滿)의 대불타가 된 것과 같다.

참되고 한결같은 진리로부터 오신 이(如來)
모든 사람들의 공경과 사랑을 받을 자격이 있는 이(應供)
바로 모든 세계를 두루 깨달아 아신 이(正遍智)
말과 행이 일치한 이(明行足)
잘 왔다가 잘 가신 이(善逝)
세간에서 일어나는 일들을 잘 아신 이(世間解)
스승 없이 최고의 스승이 된 이(無上師)
모든 사람들을 잘 조절하시는 이(調御丈夫)
인간이나 천인들의 스승이 되신 이(天人師)
보는 것마다 깨달음을 주신 이(佛)
그래서 이 세상 모든 사람들의 존경을 받을만한 이(世尊)

이것이 대붓다의 열 가지 호(號)인데 이제 아시스님 예수도 "그리스도"라는 명예로 세상을 구할 차례가 온 것이다.

17. 세계 칠대성현과 종교회의

    천지가 창조된 이후로 각 시대마다 7명의 성자들이 살았다. 모든 시대의 처음에 이들 성자들은 국가·민족·언어의 변동과정(變動過程)을 기록하기 위하여 모여서, 인류가 공정·사랑·정의를 향하여 얼마만큼이나 진보했는지 기록하고, 이 당시 세계에서 제일가는 사상의 중심지인 알렉산드리아의 파일로(Philo)의 집에 그 성자들이 모였다.

    중국의 멘구스테, 인도의 피자빠지, 페르시아의 카스파아, 앗시리아의 아시비나, 희랍의 아폴로, 애급의 맛세노였고, 파일로는 희랍사상의 거두였다.

    회의는 시작되었고 일동은 7일 동안 명상에 잠겼다.

    그리고 먼저 멘구스테가 일어나 말했다.

    "시간의 바퀴가 한 번 더 돌아 인류는 이제 보다 높은 사상의 수준에 머물러 있습니다. 사람들은 보다 큰 빛을 희구(希求)하고 있습니다. 그들은 더 이상 나무로 깎아 새긴 신이나 흙으로 만든 신을 좋아하지 않습니다. 이제 때가 무르익었습니다. 그러므로 우리는 인류를 위하여 이 시대에 알맞은 패션의 의복을 만들어야 합니다."

    피자빠지가 말했다.

"우리의 승려들은 모두 머리가 돌았습니다. 그리고 인도인의 마음은 진리의 빛을 구하고 있습니다. 승려제도(僧侶制度)가 개혁될 리는 없습니다. 새로운 시대에는 모든 사람이 수도승(修道僧)이 되어 혼자서 하늘의 성전에 나아가 자신의 정성을 바칠 수 있게 될 것입니다."

카스파아가 말했다.

"페르시아에서는 사람들이 두려움 속에서 살아가고 있습니다. 우리나라에서는 악마가 제일 큰 권세를 얻고 있습니다. 악의 공포는 꾸미어 조작된 것이며 환상이며 함정에 지나지 않지만, 무엇인가 커다란 권능이 나타나서 우주의 보편물질(普遍物質)인 에테르를 ─빛은 입자성(粒子性)과 파동성(波動性)을 가진 Photon이라는 물질(物質)의 흐름이다. 이러한 현실적(現實的)인 상대성(相對性)의 세계로 변화하게 하는 창조의 모태는 일태극수(一太極水)이며 일태극수가 있게 되는 조화(調和)의 바탕은 십무극(十無極)이다.─ 빛의 수준으로 끌어올리기까지 공포는 살아남을 것이기 때문입니다. 페르시아의 영혼은 빛을 희구하고 있습니다."

아시비나가 말했다.

"앗시리아는 의혹(疑惑)이 많은 나라입니다. 한때 신앙이 바빌론으로 유입되어 충만했던 시대가 있었습니다. 사람들은 형식적으로만 유일하신 하늘을 섬기고 있으며, 마음으로는 하느님의 존재를 의심하고 있습니다."

아폴로가 말했다.

"히브리의 사상과 생명이 필요로 하는 것은 자유입니다. 그러나 세속적인 인간의 마음이 신성함을 거부하여 승려제도는 이기심으로 가득 차게 되어 마음속에 있는 순수한 정신은 한갓 신화로 채색되어버리고 사람들은 노예로 전락하게 됩니다. 그 분에게 이른 새벽의 문을 여는 열쇠가 주어졌으며, 그리고 사람으로서 지금 우리와 함께 걸어오고 있습니다."

바로 그때, 회의실 문이 열리더니 로고스가 세상의 성현들 사이에 나타났다. 또 다시 성현들은 일주일간 앉아서 명상에 잠겼다.

명상에서 깨어난 성현들은 생명의 책을 펼쳐서 읽었다. 그들은 인간생활(人間生活), 인간사회(人間社會)에서 벌어지고 있는 모든 투쟁, 이해득실에 대한 이야기를 읽고 과거에 벌어졌던 사건과 필요성에 비추어, 앞으로 다가오는 시대에 인간들에게 가장 적합한 것이 무엇인가를 생각하였다.

이들 성현들은 이제부터 명문화(明文化)하려는 일곱 가지의 근본원리(根本原理)에 바탕을 두고, 다가오는 시대의 생활과 철학에 대한 훌륭한 골격을 짜야만 했다. 가장 연로한 멘구스테가 의장직을 맡아서 말했다.

"인간은 아직 신앙에 의하여 생활할 수 있을 만큼 충분히 진화되어 있지 않습니다. 인간은 아직 어린아이의 수준을 벗어나지 못하기 때문에 앞으로 다가올 모든 시대를 통하여 그림과 상징(象徵), 의식(意識)과 형태(形態)로써 가르침을 받지 않으면 안됩니다. 그들이 받드는 하늘은 인간적인 모습을 지닌 하늘이어야만 합니다. 그들은 신앙에 의해서 하늘을 볼 수가 없습니다. 그리고 인간은 아직 자기 자신을 다스리지 못하기 때문에, 왕이 지배를 해야만 하고 인간은 왕을 위하여 봉사를 해야만 합니다. 지금 우리가 돌입(突入)하려는 시대는 과도기(過渡期)입니다. 그리고 인간은 창작(創作)할 수가 없기 때문에, 그가 본 모형(模型)에 의하여 모든 것을 세웁니다. 그러므로 이 모든 모임에서, 우리는 다가올 시대를 위한 모형을 만들어 내지 않으면 안됩니다. 성현(聖賢) 제위(諸位) 여러분께서는 각기 하나의 근본원리의 모형을 만들어 주시기 바랍니다. 그리고 이들 모형은 완전히 시대가 도래할 때까지 모든 사람들의 신조(信條)의 기초가 될 것입니다.”

멘구스테가 그 첫 번째 조항을 썼다.
‘만물(萬物)은 사상(思想: thought)이다. 모든 생명은 사상의 활동이다. 수많은 실존(實存)의 형태들은 단지 하나의 커다란 사상이 명확히 표현된 하나의 국면일 뿐이다. 보라! 하늘은 사상이며, 사상은 곧 하늘이다.’

피자빠지가 그 두 번째 조항을 썼다.
‘영원(永遠)한 사상은 하나이다. 그러나 본질적으로 그것은 지성(知性)과 힘의 두 가지이다. 이것이 숨을 쉬어 자식이 태어났는데 그 자식이 바로 사랑이다. 이와 같이 하여 삼위일체(三位一體)의 신이 정립되어, 사람들은 이들을 아버지·이미니·자식이라고 이름 지어 부른다. 이러한 삼위일체의 하느님은 한 분이시다. 그러나 빛은 하나이면서 빛줄기는 여럿이듯이 본질적으로 하늘은 일곱이다. 그리하여 삼위일체의 하늘이 숨을 내쉰 즉, 보라! 일곱 성령(聖靈)이 그의 면전에 나타난다. 이들이 바로 창조적(創造的) 속성(屬性)들이다. 사람들은 그들을

보다 덜 중요한 신들이라고 불렀다. 그리고 그들의 형상대로 인간을 빚어 만들었다.'

카스파아가 그 세 번째 조항을 썼다.

'인간은 하늘의 사상으로써 제칠위(第七位)의 형상으로 만들어져, 영혼(靈魂)의 실체(實體) 위에 육신의 옷을 입혔다. 인간의 소망은 강하였으므로, 생명의 모든 단계에 명확히 나타나기를 원하였다. 그리고 그들은 인간 스스로를 위하여 지상형태(地上形態)의 에테르(體)를 만들었으며, 그리하여 땅 위의 낮은 단계로 내려갔다. 이와 같이 낮은 단계로 내려간 것으로 말미암아 인간은 태어날 때부터 가지고 있었던 천부적(天賦的)인 권리를 잃게 되었으며, 하늘과의 조화를 잃고, 생명의 온갖 것을 부조화의 상태로 만들었다. 부조화와 악은 같은 것이다. 그러므로 악은 인간이 만들어낸 수공품(手工品)이다.'

아시비나가 네 번째 조항을 썼다.

'씨는 빛 속에서는 발아할 수가 없다. 종자는 그들이 빛을 찾아서 빛으로부터 몸을 숨기기 전에는 성장하지 않는다. 인간은 영생의 종자로 진화발전(進化發展)한다. 그러나 삼위일체 하늘의 에테르 속에서는 빛이 너무나 강렬하여 종자가 성장하지를 못했다. 그리하여 인간은 육신의 생명의 토양을 구하여, 어두운 땅 속에서 그가 싹트고 성장할 수 있는 곳을 찾아내었다. 그들 인간의 종자는 뿌리를 내여 충분히 잘 성장했다. 인간의 나무는 지물(地物)인 토양에서 발육하여 자연법(自然法)에 순응하여 완전한 형태로 도달해가고 있는 중이다. 인간을 육(肉)의 생활로부터 영적인 축복으로 승화시킬 수 있는 하늘의 초자연적(超自然的)인 작용은 없다. 인간은 식물이 자라나듯 자라서 때가 이르면 완성이 된다. 인간을 영적인 생활로 승화시켜주는 영혼의 본질은 순결(純潔)이다.'

아폴로가 그 다섯 번째 조항을 썼다.

'영혼은 네 마리의 백마에 의하여 완전한 빛으로 끌려간다. 이들은 의지(意志)·신앙(信仰)·협조(協助)·사랑의 말이다. 인간이 무엇인가 이루고자 하는 의지가 있으면, 그는 그러한 일을 당할 수 있는 권능을 갖는다. 그러한 권능(權能)의 지식(知識)이 신앙(信仰)이다. 그리고 움직일 때, 그 영혼도 따라서 날기 시작한다. 이기적인 신앙은 빛으로 인도하지 않는다. 빛을 향해 가는 도중에 외로운 순례자(巡禮者)란 없는 것이다. 인간이 가장 높은 정상에 오르기 위해서는 다른 사람들이 그러한 정상에 오를 수 있도록 도와주는 상생(相生)의 정신(精神)을 통해서만이 가능하기 때문이다. 영적인 생활로 길을 인도하는 준마(駿馬)는 사랑이다. 그것은 순수한 비이기적인 사랑이다.'

맛세노가 여섯 번째 조항을 썼다.

'아폴로가 말한 우주보편적(宇宙普遍的) 사랑은 지혜(智慧)와 신의(神意)의 자식이다. 그리하여 하느님께서는 이를 인간에게 알리기 위해 육신으로써 땅위에 보내셨다. 성현들이 말하는 보편애(普遍愛)란 그리스도를 말하는 것이다. 모든 시대에 있어 최대의 신비는 그리스도를 어떻게 하면 마음속에 거하게 하느냐에 있다. 그리스도는 육(肉)에 속하는 냉습(冷濕)한 동굴 속에서는 살 수가 없다. 공포(恐怖)·자아(自我)·감정(感情)·욕망(慾望) 등의 온갖 세속적인 것이 버려질 때까지 일곱 번 싸

위서 일곱 번 이겨야 한다. 이것이 이루어지면 그리스도가 영혼의 소유물을 얻을 것이며, 그러한 일이 성취되면 인간과 하늘은 하나가 될 것이다.'

파일로가 일곱 번째 항목을 썼다.
'완전한 인간이여! 그대는 삼위일체의 하늘에게 데려가기 위하여 자연이 만든 존재이다. 이러한 완성은 신비한 생명의 최고의 계시이다. 모든 세속의 육적(肉的)인 진수(眞髓)가 하늘의 성(聖)스러운 숨결로 변하여 인간이 완전한 신으로 변모되어질 때, 창조의 드라마는 종결을 짓게 되는 것이다. 그리고 이것이 천지창조(天地創造) 완성의 모든 것이다.'
모든 성자들이 '아멘' 하고 말하였다.

멘구스테가 말하였다.
"성(聖)스러운 하늘께서는 사람들의 사상을 인도하기 위하여 무수한 세월을 각고 끝에 계발된 한 사람을 우리에게 보내 주셨습니다. 하늘과 땅의 모든 성현들에 의해서 입증된 바 있는 이 사람, 갈릴리에서 온 예수를 세상에 있는 모든 성자들의 큰 스승으로 우리 다 같이 기쁘게 인정하는 바입니다. 우리들은 세상의 일곱 성현 일동의 모든 축복으로써 그를 전송(餞送)합니다."
모든 성현들이 일어나 예수의 머리 위에 손을 얹고 한데 입을 모아 '하늘을 찬양할지어다.'라고 말했다.
"지혜(智慧)·명예(名譽)·영광(榮光)·권력(權力)·부귀(富貴)·축복(祝福)·힘 등이 그대의 것입니다. 오오! 그리스도여, 영원무궁하소서!"

모든 생명체들이 '아멘' 하고 이어서 성현 일동은 일주일 동안 명상에 잠겼다.

7일 동안의 명상이 끝난 뒤 예수는 성현들과 더불어 말을 나누었다.

"생명의 역사는 이들 불후의 근본원리(根本原理) 속에 잘 요약되어 있습니다. 이들 7개 조항의 세계적 보편원리(普遍原理)는 7개의 커다란 언덕이어서 그 위에 성스러운 도시가 세워져야 합니다. 나는 나에게 주어진 과업을 착수하는데 있어서 뒤따르는 위험들을 충분히 인식하고 있습니다. 내가 들어야 할 잔(盞)은 쓸 것이며, 인간적인 마음으로는 피하고 싶은 것이 당연합니다. 나는 단지 모델을 만드는 사람일 뿐입니다. 나는 다가오는 시대의 사람들이 이해할 수 있는 교회의 모형을 만들기 위하여 온 사람입니다. 모델을 만드는 사람으로서 나의 과업은 나의 고향에서 출발합니다.

그리고 낮은 신분의 사람들로부터 열둘의 불멸의 사상을 대표하는 열두 명의 사람을 고르고자 합니다. 그리하여 이들이 교회의 모델이 될 것입니다. 그들은 -유태민족(猶太民族)- 나를 발길로 차서 콧방귀나 뀔 것이며, 내가 행하는 성스러운 과업을 경멸하고, 나를 거짓 기소(起訴)하여 붙잡아 맬 것이며, 인간의 재판관에게 데려가 나에게 유쇠선고(有罪宣告)를 내려 십자가 위에 매달아 죽일 것입니다. 그러나 나는 결코 죽지 아니할 것입니다. 때가 무르익었으므로 나는 예루살렘으로 들어갑니다. 평화의 왕자가 힘의 권좌(權座)에 앉게 될 것이며, 그 때에 성(聖) 삼위일체의 하늘은 모든 것 중의 모든 것이 될 것입니다. 체(體)·상(相)·용(用), 두 개의 눈, 두 개의 귀, 두 개의 코, 하나의 입에서는 일곱 개의 별(七星)이 빛나게 될 것입니다. 중생의 근기는 천차만별(千差萬別)합니다. 그러나 저 진리의 꽃나무를 보니 빛과 그림자 속에 정직·선행·인과·인연·무상·깨달음의 순서가 있습니다. 아직 사람들에게 인과·인연·무상·깨달음을 가르치기는 이르고, 우선 정직과 선행을 가르치는 것도 힘이 들 것 같으나 나는 이미 하늘에 바쳐진 몸, 이 두 가지를 위해서 우선 희생하면 장차 거듭날 시대에 가서는 나머지 모든 깨달음이 이루어져 온 세상이 빛으로 충만하게 될 것입니다."

모든 성현들이 '아멘' 하자 예수는 여행길에 올라 며칠 후 예루살렘에 도착하여 갈릴리에 있는 그의 집을 찾아갔다.

18. 세례 요한의 예언

사가랴와 엘리사벳의 아들인 요한은 애급에 있는 여러 학교에서 그의 모든 공부를 마치고 헤브론으로 돌아와 며칠간 머문 후 수년 전에 애급의 성자로부터 가르침을 받은 적이 있었던 광야(曠野)에 있는 다윗의 동굴을 찾아내어 그곳에 머물렀다.

사람들은 그를 예비(豫備)된 은둔자(隱遁者), 혹은 광야의 언덕에 사는 야인(野人)이라고 불렀다. 그는 짐승의 털가죽 옷을 입고, 상록교목(常綠喬木)의 열매·꿀·메뚜기·호두·과일 등을 먹고 살았다.

그가 30세가 되었을 때, 예루살렘으로 들어가서 시장 바닥에 앉아 7일간 명상에 잠겼다. 일반 시민과 제사장 그리고 율법학자(律法學者)들과 바리새인들이 그에게 몰려왔으나 아무도 그에게 용기 있게 말을 거는 사람은 없었다. 단식기도(斷食祈禱)가 끝나자, 그는 모든 사람들 사이에 서서 말했다.

"보라! 왕이 오셨도다. 예언자는 지금까지 그를 말하여 왔었으며, 슬기로운 자는 지금까지 오랫동안 그를 찾고 있었노라. 준비하라! 이스라엘이여, 그대의 왕을 맞을 준비를 하라."

그리고 그는 사라졌고 아무도 그의 행방을 몰랐다. 예루살렘의 전역은 민심이 흉흉해져서 지배자들은 그에 대해서 이야기는 들었다. 며칠 후 다시 그가 돌아와서 말했다.

"근심하지 마시오. 그대, 나라를 다스리는 지배자여! 앞으로 오실 왕은 반항자가 아니오. 그분께서는 지상의 어떠한 왕좌를 차지하려는 사람이 아니오."

또, 다시 그는 종적을 감추었다.

유태의 축제일이 다가오자 예루살렘은 유태인과 팔레스타인의 모든 지방으로부터 모여든 개종자(改宗者)들로 가득 찼다. 요한이 성전의 뜰에 서서 말했다.

"준비하라! 오오, 예루살렘이여, 그대의 왕을 맞을 준비를 하라! 보라, 그대들은 죄악 속에서 살아 왔노라. 가난한 자들이 길거리에서 소리를 쳐도 이를 외면하고 있더라. 그대들은 입으로만 하느님을 받들었을 뿐, 마음은 하느님으로부터 멀리 떨어져 황금에만 눈이 어두워 있도다. 그대의 제사장들은 자신이 감당하기에는 너무도 힘든 짐을 사람들에게 지게 하고 자신들은 가난한 자들이 힘들게 번 것으로 편안하게 살고 있다. 그들은 단지 나라라는 육체에 생긴 종창(腫脹)일 뿐이다. 그리고 그들 강도들은 신성한 성전에서 그들의 소임인 착취에 열을 올리고 있다. 들으라! 예루살렘의 사람들이여! 회개(悔改)하라. 그렇지 않으면 하느님께서 그대들을 외면하실 것이며 멀리에서 이교도(異敎徒)들이 와서 아직 남아 있는 그대의 명예와 명성을 순식간에 없애버리고 말 것이다."

제사장·박사·율법학자들은 모두가 분개하여 요한을 찾아내어 보복하려고 했으나 그를 찾지 못했다. 일반 백성들은 요한을 변호하여 그 은둔자가 말한 것은 진리라고 말하며, 그들은 몹시 두려워 멀찌감치 숨었다.

다음날 요한은 성전의 뜰에 다시 가서 어제와 같은 메시지를 외쳤다. 대제사장과 율법학자들은 그에게 그 말의 의미를 묻기 위해 말했다.

"당돌한 젊은이여, 그대가 이스라엘에 전하고자 하는 바의 취지가 무엇인가? 만일 그대가 선지자(先知者)이고 예언자(豫言者)라면 누가 그대를 이곳에 보냈는지 분명히 말해주시오."

"나는 광야에서 외치는 사람의 목소리이니라. 길을 예비하라. 길을 똑바로 고르게 만들라. 보라! 평화의 왕이 사랑으로써 통치하시기 위해 오고 있도다. 예언자 말라키가 하느님의 말씀을 기록해 놓았도다.

'보라, 최후의 심판이 이르기 전에 내가 엘리야를 너희에게 보내어 다시금 사람들의 마음을 돌리게 하리라.'

내가 그대들에게 이르노니, 그대들의 가공(可恐)할 죄악은 부정의 시궁창이 되어 바야흐로 하늘까지 더러운 악취가 뻗쳐오르고 있노라."

요한이 떠나며 말했다.

"보라! 7일 후에 나는 요단강 나루터 변(邊)에 있는 길갈(Gilgal)에 서 있겠노라. 그곳은 이스라엘이 언약(言約)된 땅으로 돌아올 때 처음 지나온 곳이로다."

사람들은 그를 찾아서 베다니까지 쫓아갔고 요한은 그의 혈족인 나사로의 집에 머물렀다. 사람들은 걱정이 되어, 모두 그의 집 주위로 모여들어 가지 아니하므로, 마침내 요한이 말했다.

"회개(悔改)하라! 오오, 이스라엘이여, 회개하라! 그대의 왕을 맞을 준비를 하라. 이스라엘의 죄는 제사장이나 율법학자들에게만 있는 것이 아니노라. 유태의 죄인이 모두 지배자나 부유한 사람들 가운데 있다고만 생각해서는 안되노라. 세상의 모든 걸쩍지근하고 속수무책(束手無策)의 주변머리 없는 부랑자들은 거의 대부분이 가난하고 구걸하는 처지이노라. 그대들, 아무 것도 모르고 그저 순박(淳朴)하게 살아가는 백성들이여! 그대들이 설혹 나를 따른다 할지라도, 그대들의 죄는 제사장이나 율법학자들의 죄보다 하등 가벼울 것이 없노라.”

요한은 나사로와 그의 누이들과 함께 여러 날을 머물렀다. 나사렛 사람들을 위한 잔치가 벌어져, 모든 사람들이 자리에 앉고 그 지방의 유지들이 빛나는 포도주를 요한에게 한 잔 바쳤다. 요한은 잔을 받아 높이 공중에 올리며 말을 했다.

“나는 어렸을 적에 나사렛 사람으로서의 서약을 한 이래로 한 방울도 입에 대본 일이 없노라. 그리고 그대들이 만일 앞으로 오실 왕을 기쁘게 하려면 마치 사약(賜藥)을 피하듯이 술잔을 피하는 것이 좋으리라.”

그리고 그 포도주를 거리에다 쏟아 버렸다.

요한은 여리고로 내려가서 알패오와 함께 머물렀다. 때가 임박하자 요단강 가로 내려가서 군중들에게 말했다.

“회개하라! 그리하여 순결의 샘물에서 그대의 모든 죄를 씻어내도록 하라. 왕국이 가까웠도다. 내게로 오라. 그리하여 이 요단강의 생명의 물로 깨끗이 씻도록 하라.”

수많은 군중들이 요단강으로 내려와서 몸을 씻고 죄를 고백하였다. 몇 달 동안 요한은 주위의 모든 지방을 순회하면서 순결과 정의에 대하여 설파를 하고, 또 다시 베다니에 돌아와서 사람들을 가르쳤다.

처음에는 비록 극소수에 불과했지만 정직한 구도자들이 찾아 왔는데, 차차 날이 지나자 이기적이고 사악한 무리들이 찾아왔다. 그들은 단지 많은 사람들을 따라온 사람들이었다. 요한은 바리새인과 사두개인들이 오는 것을 보고 말했다.

"그대, 독사의 자손들이여! 기다려라. 그대들은 다가올 진노(震怒)의 소식 때문에 마음이 혼란한가. 이방인(異邦人)과 똑같이 나쁜 짓을 행하면, 아브라함의 자손도 하느님이 보는 견지(見地)에서는 똑같이 사악하다. 도끼가 나무뿌리에 놓였으니, 온전한 열매를 맺지 못하는 나무는 모조리 밑둥까지 잘리어 불속에 던져지노라."

군중들이 자신들은 무엇을 해야 하는지 묻자 요한이 이에 대답하였다.

"모든 인류를 위하여 도움이 될 만한 일을 하도록 하라.

자기가 가진 모든 소유물(所有物)도 이기적으로 써서는 안되노라. 두 벌의 외투를 가진 자는 한 벌도 갖지 못한 자에게 나누어 주도록 하라."

세리(稅吏)가 와서 자신들은 어떻게 해야 하는지 묻자 요한이 대답했다.

"그대가 하는 일에 정직하라. 이기적(利己的)인 목적으로 세금을 부당하게 올리어 거두어들이면 안되느니라."

군인들이 와서 묻자 요한이 대답했다.

"아무에게도 무력을 행사하지 말라. 부당한 것을 강요하지 말라. 그리고 자기가 받은 보수에 만족하라."

유태인들 중에는 그리스도가 올 것을 기대하고 있었으므로, 그들은 요한을 그리스도라고 생각하는 사람도 있었다. 거기에 대해 요한은 말했다.

"나는 영혼을 깨끗하게 씻는 상징으로 물로써 세례(洗禮)를 준다. 그러나 앞으로 오실 분은 성령으로써 세례를 주실 것이며 불로써 씻어주리라. 그는 왕이시다. 나는 그 분의 구두끈

하나를 풀기에도 부족한 사람이다."

그 소문이 갈릴리 전역에 퍼지고, 예수는 선구자 요한이 있는 나루터로 갔다. 예수가 그 선구자를 보고 말했다.

"하늘께서 내려보내신 사람을 보시오! 가장 훌륭한 예언자를 보시오! 엘리야가 돌아왔습니다. 하늘의 왕국이 다가오고 있습니다."

그때 요한이 군중과 함께 서 있는 예수를 보고 말했다.

"하늘의 거룩한 이름으로 인하여 오신 왕을 보라!"

예수가 그에게 말했다.

"나의 영혼을 깨끗이 씻는 의미로 물로 깨끗이 씻어주기 바라오."

요한이 말했다.

"그대는 사상과 말과 행동이 깨끗하므로 씻을 필요가 없습니다. 그리고 저는 그 의식을 행할 자격이 없습니다."

"나는 사람들의 모범이 되기 위해 왔소. 그리고 내가 그들에게 명한 것을 내 스스로 먼저 해야만 하오. 이와 같이 물로써 깨끗이 하는 것을 의식(儀式)으로 정(定)하고, 이제 우리는 그것을 세례의식(洗禮儀式)이라고 이름지어 앞으로도 그렇게 부르게 되리라."

요한은 예수를 강가에 있는 나루터로 인도하여 세례를 주었다. 세례의식을 마치고 강물에서 올라오자 성령의 숨결이 비둘기의 형태로 변하여 예수의 머리 위에 앉았다.

이때, 하늘에서 한 목소리가 있어 말하기를,

"이는 하늘이 가장 사랑하시는 아들 그리스도니라."

요한은 그 소리의 뜻을 알아들었다. 예수는 그곳을 떠나고 요한은 군중들에게 설교(說敎)를 계속하였다.

19. 예수의 봉사

(1) 예비기간

선구자(先驅者) 요한은 이미 길을 닦았고 로고스는 군중들에게 소개되었으므로 성스러운 임무를 수행해야만 했다. 예수는 자신의 내적인 마음을 지켜보고 그 힘과 가치를 시험해 보고자 홀로 광야에 들어가 40일간 단식하고 하늘에 고했다.

"나의 낮은 자아(自我)는 강하다. 나는 많은 끈에 의하여 육신의 생명에 연결이 되어 있다. 나는 과연 이 낮은 자아를 극복하여 사람들을 위해 기꺼이 희생(犧牲)할 수 있는가? 내가 사람들 앞에 서 있을 때, 그들이 구세주인 증거를 대라고 요구하면 과연 무엇이라고 대답할 것인가?"

그러자, 유혹자(誘惑者)가 나타나서 말했다.

"만일 그대가 하늘의 아들이라면 이 돌을 빵으로 변하도록 명하여 보라."

"나를 시험하는 자가 누구인가? 단지 기적(奇跡)을 행했다는 이유만으로는 하늘의 아들이라는 증거(證據)가 될 수 없다. 악마도 그러한 큰 일을 할 수 있기 때문이다. 검은 마술사(魔術師)도 파라오 앞에서 큰 일을 하지 않았던가. 내가 걸어가는 인생의 모든 말과 행동은 메시아의 증거가 되어야만 한다."

"만일 그대가 예루살렘의 성전 꼭대기에서 땅위로 뛰어내린다면 사람들은 그대가 메시아라고 믿게 될 것이다. 이것은 그대가 틀림없이 할 수 있는 일이다. 하늘이 그대를 두고 천사들에게 명하여 그대가 떨어지지 않도록 손으로 그대를 부축하리라고 다윗이 말하지 않았던가."

"나는 만군(萬軍)의 주(主)다. 하느님을 시험하지 말라."

"세상을 바라보라. 그것의 명예(名譽)와 명성(名聲)을 바라보라! 그것의 환락(歡樂)과 부유(富裕)함을 바라보라! 만일 그대가 이들을 위하여 생명을 바친다면 그들이 모두 그대의 것이 되리라."

"나를 유혹하는 일체의 생각이여, 물러나라! 나는 이제 마음을 정했노라. 나는 일체의 헛된 야심과 교만이 깃든 세속적인 것을 물리쳤다고…"

40일 동안 예수는 육(肉)의 자아(自我)와 싸웠는데 보다 높은 자아가 마침내 이겼다. 그는 몹시 허기(虛飢)를 느꼈고 그의 벗들이 그를 찾아내어 몸조리를 잘해주었다.

예수는 광야(曠野)를 떠나 성령의 인도로 요한의 은거처(隱居處)로 와서 가르쳤다.

요한의 추종자들 중에는 갈릴리 출신이 많았는데 그 중에서도 가장 독실한 사람이 안드레·시몬·야고보·빌립과 벳세다의 형제였다.

어느 날 안드레·빌립과 벳세다의 아들이 선구자와 이야기를 하고 있는데 로고스가 오니 요한은 '그리스도를 보라!'고 외쳤다.

그러자 세 명의 사도들이 예수를 따라 왔으므로 예수가 '무엇을 찾고 있습니까?'라고 물으니 도리어 사도들이 물었다.

"어디에 사십니까?"

"와서 보도록 하시오."

안드레는 그의 형제인 시몬을 불러 그리스도를 발견했으니 함께 가자고 말했다. 예수가 시몬의 얼굴을 들여다보고 말했다.

"바위를 바라보라! 베드로가 너의 이름이니라."

빌립은 나다나엘이 나뭇가지에 앉아 있는 것을 보고 말했다.

"형제여, 와 보시오. 내가 그리스도를 발견했소. 그는 나사렛에 살고 있소."

나다나엘이 말했다.

"나사렛에서 뭐 좋은 것이 나오겠소?"

빌립이 말했다.

"와서 한 번 보시구려."

예수가 나다나엘이 오는 것을 보고 말했다.

"보라. 이야말로 전혀 속임성이 없는 순수한 이스라엘 사람이로다."

나다나엘이 말했다.

"어찌하여 저에 대해서 그렇게 말씀하실 수 있습니까?"

"빌립이 그대를 부르기 전에 저 건너 큰 무화과나무 밑에 그대가 앉아 있는 것을 보았노라."

나다나엘은 그의 양 손을 들어 올리며 말했다.

"이 분은 틀림없는 그리스도, 왕이시다. 이 분에 대하여 선구자가 자주 증언해 왔었다."

요한은 앞으로 나가 그의 형제인 야고보를 찾아 그리스도에게로 데려왔고 6명의 사도들은 예수와 함께 그가 유숙(留宿)하고 있는 곳으로 갔다.

베드로가 말했다.

"우리들은 오랫동안 그리스도를 찾고 있었습니다. 우리는 갈릴리로부터 요한에게 왔습니다. 우리 모두는 그가 그리스도라고 생각했지요. 그러나 그는 자신이 그리스도가 아니라고 했습니다. 그리고 당신이 오시자 '그리스도를 보라!' 하였습니다. 그러므로 저희들은 당신, 주님이 가는 곳이라면 어느 곳이라도 따라 가겠습니다. 주여, 무엇을 해야 할지 가르쳐 주십시오."

"땅위의 여우는 살 집이 있으며 나는 새들도 보금자리를 가지고 있다. 그러나 나에게는 머리 하나 누일 장소가 없노라. 나를 따르려 하는 자는 모든 자아의 욕망을 포기하고 참된 생명을 구하기 위해 자신의 세속적인 삶을 버려야만 하느니라. 나는 길을 잃고 헤매는 사람들을 구하기 위하여 왔노라. 그리고 사람은 자기 자신부터 구해야 구원을 받을 수 있게 되리라."

그러나 사람들은 이러한 그리스도의 원리(原理)를 쉽사리 이해하지 못했다.

베드로가 말했다.

"다른 사람에 대해서는 말할 수 없으나 제 자신에 대해서는 말씀드릴 수 있습니다. 저는 모든 것을 버리고 주님이 가시는 곳이라면 어디든 따르겠습니다."

그러자 다른 사람들이 입을 열어 말했다.

"당신께서는 진리의 말씀을 가지고 있습니다. 당신은 하느님께서 보내신 분입니다. 그러므로 저희들이 설령 당신의 발자취만 따라간다 하더라도 길을 잃을 염려가 없습니다."

6 제자들과 예수는 아주 오랫동안 앉아서 명상에 잠겼다.

이튿날 아침, 예수가 다시 와서 요한과 함께 부둣가에 갔다. 요한이 자꾸 권하여 예수가 앞에 나서서 말했다.

"이스라엘 사람들이여, 들으시오! 하느님의 왕국이 다가오고 있습니다. 당신들 가운데 서 있는 시대의 열쇠지기를 보시오, 그는 엘리야의 영을 지니고 왔습니다. 보시오, 그가 열쇠를 돌렸습니다. 그 큰 문이 활짝 열려서 누구든지 왕을 기꺼이 만날 수 있습니다."

그러나 안에 들어가려는 사람은 자신의 모든 사악한 생각을 떨쳐 버려야만 합니다. 그리고 길을 잃고 방황하는 사람들을 구하기 위해서는 자신의 삶을 버려야만 합니다. 당신들이 하느님의 왕국의 문으로 가까이 가면 갈수록 방은 더욱 더 넓어지지만 군중들은 떠나가고 말았습니다.

보시오, 요한은 사람의 혼(魂)을 낚는 훌륭한 어부입니다. 그는 큰 그물을 사람의 바다에 던져서, 그것을 끌어 올리게 되면 그물은 가득할 것입니다. 그러나 어쩌면 이다지도 잡동사니들만 걸렸단 말입니까? 게·새우·상어·파충류들만 가득 잡히고 때때로 여기저기에 물고기다운 것이 조금 있을 따름입니다.

그들은 무리를 지어 와서 맑은 강물에 몸을 씻고, 그들의 입술로 그들이 죄를 고백합니다. 그러나 다음날 아침이면 그들은 또 다시 악의 소굴에 빠져서 요한을 욕하고 하느님을 저주(咀呪)하며, 왕에게 무례한 모욕의 말을 퍼부었습니다.

"아아, 이스라엘 사람들이여! 이 예언자가 말한 것에 귀를 기울이시오. 의지(意志)를 강하게 가질 것이며, 마음을 순수(純粹)하게 하고 항상 사람들을 도와주도록 하시오. 하느님의 왕국이 다가 왔습니다."

예수는 이와 같이 말한 뒤에 그곳을 떠나 그의 6 제자들과 함께 베다니로 가서 며칠 동안 나사로와 함께 머물렀다.

이스라엘의 왕인 예수가 베다니에 왔다는 소식이 널리 퍼지자 마을의 모든 사람들은 왕을 반겨 맞이하기 위해 나왔다.

예수가 그들 사이에서 외쳤다.

"보라. 진실로 왕이 왔습니다. 그러나 나 예수는 왕이 아니오. 하느님의 왕국은 틀림없이 다가오고 있습니다.

그러나 사람들은 그것을 육안(肉眼)으로 볼 수 없습니다. 그들은 옥좌(玉座)에 계신 왕을 볼 수가 없습니다. 이는 영혼의 왕국이며 그 왕좌는 지상의 왕좌가 아닙니다. 그 왕은 사람이 아닙니다. 인간의 왕이 이 세상에 왕국을 세운다면 그들은 무력으로 다른 왕을 정복하고, 하나의 왕국은 또 다른 왕국의 폐허 위에 세워집니다.

하느님께서 멸하시려 하는 것은 지배권(支配權)이 아니라, 부정(不正)·방종(放縱)·죄악(罪惡)을 향해 그의 칼을 휘두르는 것입니다.

로마의 왕들이 정의를 행하고 사랑과 자비를 중히 여기어 그들의 하느님과 함께 경건하게 거니는 동안 성(聖) 삼위일체의 하느님의 축복은 그들 모두에게 임할 것입니다. 그들은 하느님께서 지상에 보내신 사자를 두려워할 필요가 없습니다. 나는 시저가 세상을 지배하듯이 왕위에 오르려고 이 세상에 온 것이 아닙니다. 그리고 당신들은 유태의 지배자들에게 내가 그의 왕좌를 요구하는 자가 아님을 말해주기 바랍니다.

사람들은 나를 그리스도라고 부릅니다. 그리고 하느님께서도 그 이름을 인정해주셨습니다. 그러나 원래의 그리스도는 사람이 아닙니다. 그 그리스도는 우주보편적(宇宙普遍的)인 사랑이며 사랑은 바로 왕입니다. 나 예수는 단지 인간에 불과하지만 갖가지 형태의 시련을 통하여 많은 유혹을 극복하여 그리스도가 사람들에게 나타날 수 있는 하느님의 성잔(聖盞)이 되기에 가장 적합한 사람일 뿐입니다.

당신들이 신앙으로 마음을 깨끗이 정화(淨化)했을 때 왕이 그 안에 들어와서 당신들은 그 용안(龍顔)을 볼 수 있습니다.”

그러자 사람들이 물었다.

“우리의 몸에 왕이 거하기 쉽게 하려면 어떻게 해야만 합니까?”

예수가 말했다.

“사상과 말과 행동을 순수하게 하는 것은 무엇이든지 육신의 성전을 깨끗이 할 것입니다. 모든 사람들에게 적용될 수 있는 규칙은 없습니다. 왜냐하면 사람들은 죄에 대해서는 일가견이 있는 전문가이기 때문이며, 모든 사람 각자에게는 그 사람에게만 유난히 잘 따라 다니는 죄가 있습니다. 그러므로 사람들은 각자가 어떻게 하면 죄악으로 기울어지는 성질을 정의와 사랑의 성질로 바꿀 수 있을까 연구해야만 합니다. 사람들이 보다 높은 수준에 이르러 이기심으로부터 벗어날 때까지는 다음과 같은 법칙이 가장 좋은 결과를 가져다줍니다. 다른 사람들이 그대에게 해주기를 바라는 대로 다른 사람에게 행하시오.”

그러자 많은 사람들이 말했다.

"우리는 예수가 그리스도이시며, 오기로 예정되었던 왕이심을 압니다. 그의 이름에 축복이 있을지어다."

예수와 그의 6 제자들은 예루살렘으로 발길을 돌렸고 많은 사람들이 그들을 따랐다. 알패오의 아들 마태가 먼저 예루살렘으로 달려가 말했다.

"보시오! 그리스도인들이 오고 있습니다."

그러자 많은 군중들이 왕을 보기 위해 나왔다. 예수는 아무 말도 하지 않다가 예루살렘 성전의 뜰에 도착하자 책을 열어 읽었다.

"보라, 내가 내 사자를 보내는도다. 그리고 그가 길을 마련하리라. 그리고 그대들이 기다리는 그리스도가 청함을 받지 않고 그의 성전에 오리라."

그는 책을 덮고 아무 말도 없이 성전을 떠나서 그의 6대 제자들과 함께 나사렛으로 갔다. 나사렛에 도착하여 그들은 예수의 어머니 마리아 그리고 마리아의 누이동생 미리암과 함께 지냈다.

다음 날, 베드로가 나사렛의 마을 어귀를 거닐고 있을 때, 그는 회당 관리를 만났는데 그는 예수가 어떤 사람이냐고 물었을 때 베드로가 대답했다.

"예수라는 사람으로 말할 것 같으면, 우리들의 예언자들이 기록한 바의 그리스도이시며 이스라엘의 왕이십니다. 그 분은 그의 어머니 마리아와 마미온 거리에 살고 있습니다."

관리는 그 말을 듣고 예수의 말을 듣고 싶으니 회당으로 오라고 전해 달라고 했다. 베드로는 예수에게 그 말을 전해주었으나 예수는 대답하지 않았고 회당에도 가지 않았다.

저녁 무렵, 그 관리가 마미온 동네에 와서 마리아의 집에 마리아와 예수 단 둘이 있는 것을 발견하였다. 관리는 그가 구세주인 증거와 회당으로 오지 않은 이유를 묻자 예수가 말했다.

"나는 누구의 종도 아닙니다. 나는 그대들 사제들에 의하여 하느님의 성스러운 소명(召命)을 받은 것이 아니오. 나는 하느님의 그리스도로 왔습니다. 그러므로 단지 하느님에게만 대답할 뿐입니다. 나의 증거는 나의 말과 행동에 있습니다. 그러므로 당신이 나를 따라 온다면 증거를 찾기에 부족함이 없을 것이오."

관리는 돌아가며 혼자 반문했다.

'회당의 관리도 안중에 없는 듯이 말하는 이 젊은 친구는 도대체 어찌된 연고(緣故)일까?'

마을 사람들이 그리스도를 보고 말씀을 듣기 위해 몰려오자 예수가 말했다.

"예언자는 그의 친족들 사이에 있는 고향에서는 존경을 받지 못합니다. 나는 내가 다른 마을에서 가르친 말과 행동이 사람들을 신앙의 승리로 이끌 때까지는 나사렛에서 말하지 않을 것입니다. 사람들이 하느님께서 영원한 사랑을 증명하기 위해서 나를 그리스도로 선택하신 사실을 알 때까지, 나는 나사렛에서 말하지 않을 것이오. 그대들 나의 모든 친척들에게 축복 있으라. 나는 한량없는 사랑으로 당신들을 축복하고, 그대들에게 풍족한 즐거움과 행복을 언약하는 바입니다."

그는 더 이상 말하지 않았으며 사람들은 그가 나사렛에서 말하지 않을 것이라는 말에 무척 놀랐다.

(2) 가나의 혼인 잔치에서 기적을 보이다.

갈릴리의 가나에서 혼인잔치가 열렸다. 마리아와 그의 누이 동생 미리암, 그리고 예수와 그의 6 제자들도 손님들 틈에 끼어 있었다. 잔치집 주인은 예수에게 한 말씀을 부탁하였다.

예수가 말했다.

"결혼의 결합보다 더 신성한 결합은 없습니다. 두 개의 영혼을 하나의 사랑으로 맺는 사슬이 하늘에서 만들어지기 때문입니다. 그리고 사람은 결코 그것을 둘로 갈라놓을 수 없습니다. 둘 사이의 친한 육감(肉感)이 둘의 결합을 맺게 할 수도 있습니다. 그러나 그러한 결합은 마치 물과 기름이 만난 것 같은 결합에 불과합니다. 그 때, 한 사제가 사슬을 위조하여 두 사람을 맺어 놓을지 모르지만 이러한 결합은 진정한 결혼이 아닙니다. 그것은 가짜에 불과합니다. 두 사람은 간음을 범한 것입니다. 사제에게도 일부의 책임이 있습니다."

이것이 예수가 말한 전부였다. 예수가 혼자 떨어져 서서 명상에 잠겨 있을 때, 어머니 마리아가 들어와서 말했다.

"포도주가 떨어졌는데 어찌하면 좋겠니?"

그러자 예수가 말하기를,

"포도주란 무엇입니까? 그것들은 단지 포도의 향미(香味)가 깃든 물에 불과합니다. 포도(葡萄)란 무엇입니까? 그것들은 단지 어떤 종류의 사상이 표현된 것에 불과합니다."

그는 하인을 불러 말했다.

"돌로 만든 물 항아리 6 개를 가져와서 그곳에 물을 가득히 넣으시오."

하인들은 물 항아리를 가득 채웠고 예수는 그것들에 힘이

미치어 변화가 일어날 때까지 강력한 사상을 집중하여 에테르를 흔들었다. 이윽고 점차 물이 빨개지며 포도주로 변하였다. 하인들은 그 포도주를 들고 주인에게 주었고 주인은 신랑을 불러 말했다.

"이 포도주는 가장 좋은 술이다. 사람들은 대개 처음에 가장 좋은 술을 가져오는 법인데, 보라! 그대는 끝까지 가장 좋은 술로 대접하지 않고 있는가?"

그리고 주인과 손님들은 예수가 사상의 힘에 의하여 물을 포도주로 바꾸었다는 말을 듣고 깜짝 놀랐다.

그들이 말하기를,

"이분은 보통 사람이 아니다. 그는 확실히 예전부터 장차 오리라고 말하던 이상적인 예언자이다."

그리하여 손님들은 대부분 그를 믿고 기꺼이 따르려고 하였다.

가버나움은 갈릴리강 가의 호반(湖畔)에 위치하고 있었고, 베드로의 집이 그곳에 있었으며, 안드레·요한·야고보의 집도 그 근처에 있었다.

이들은 어부였기 때문에 그물을 돌보기 위해 돌아가야 했으므로 그들은 예수와 그의 어머니도 함께 가기를 권유하였다. 일동은 빌립과 나다나엘과 함께 바닷가에 있는 베드로의 집에서 쉬고 있었다. 그 소식을 들은 해변의 모든 사람들은 그의 손을 만지기 위해 몰려왔다.

예수가 그들에게 말했다.

"나는 당신들이 영혼의 눈으로 보지 않는다면 그 왕을 보여줄 수 없습니다. 그 왕이 통치하는 왕국은 영혼 안에 있기 때문입니다. 그리고 모든 영혼은 왕국이며 모든 사람에게는 왕이 있습니다. 이 왕이 사랑이며 이 사랑이 생명의 가장 큰 힘이 된다면, 그것이 그리스도이며 그리스도는 왕입니다.

자신의 살아있는 육(肉)의 형태를 깨끗이 하여 순수하게 하는 사람은 사랑과 정의가 나란히 더럽혀지지 않고 그 안에 깃들게 되어 그가 바로 왕이 되는 것입니다. 지상의 왕들은 왕의 옷을 몸에 걸치고 사람들이 두려워할 만한 자리에 앉습니다. 천상의 왕은 어부의 옷을 입고 시장 바닥에 앉아 있을지도 모릅니다. 그는 땅을 일구고 밭에 떨어진 이삭을 줍는 사람인지도 모릅니다. 그는 아마 도덕적 쇠사슬을 두르고 있는 노예인지도 모릅니다.

사람들에게 죄인이라고 판정을 받아 감옥 속에서 초췌하게 고뇌하고 십자가에 매달려 죽을는지도 모릅니다. 사람들은 거의 남의 진면목(眞面目)을 볼 수가 없습니다. 사람의 감각은 있는 듯한 것은 느끼지만, 있는 듯이 보이는 것과 있는 것은 모든 면에서 다를 것입니다.

육(肉)의 인간은 왕의 성전인 겉껍데기의 인간을 바라보고 그 성전 밖에서 이를 우러러 보고 있습니다. 하느님의 사랑은 마음이 순수하여 왕을 영혼의 눈으로 바라봅니다. 그리고 그리스도의 의식수준(意識水準)에 이르면 자신이 왕이며 사랑이며 그리스도임을 알게 됩니다. 이가 바로 하느님의 아들입니다. 그대, 갈릴리의 사람들이여, 그대의 왕을 맞을 준비를 하라."

그리고 예수는 사람들과 함께 바닷가를 거닐면서 많은 가르침을 전했다.

(3) 진정한 봉사

유월절(逾越節) 축제가 왔으므로 예수는 어머니를 가버나움에 남겨두고 예루살렘으로 떠났다. 그는 유다라는 사두개 사람의 집에 머물렀다. 예수가 성전의 뜰에 도착하니 군중들은 로마의 속박으로부터 이스라엘을 구원할 왕이라고 생각되는 예언자를 보기 위해 몰려왔다. 사람들은 예수를 보고 '왕을 보라!' 하고 환성을 지르며 외쳤다.

그러나 예수는 성전에 있는 환전상(換錢商)을 보고 슬퍼하였다. 성전은 시장바닥으로 변하여 사람들은 희생제물(犧牲祭物)을 위한 양이나 비둘기를 팔고 있었다.

예수는 제사장을 불러 말했다.

"보라, 너희들은 하찮은 소득을 위하여 하느님의 성전을 팔아 버렸도다. 이 집은 기도(祈禱)하는 곳으로 규정된 곳인데 지금은 도적의 소굴이다. 선(善)과 악(惡)이 함께 하느님의 성전에 거할 수 있는가? 내가 그대에게 이르노니, 안되노라."

그는 줄로 채찍을 만들어 상인들을 내쫓고 그들의 진열장(陳列欌)을 뒤엎으며 그들의 돈을 내던졌다. 그는 잡혀 있는 새장 문을 열어 주었으며 어린 양의 고삐를 풀어주었다.

제사장들과 율법학자들은 뛰어가서 제지하려고 했으나 민중들 때문에 오히려 쫓기어 되돌아갔다.

제사장들이 말했다.

"그대들이 왕이라 일컫는 예수란 자는 누구인가?"

사람들이 대답했다.

"그분은 우리의 예언자가 기록한 그리스도, 이스라엘을 구원할 왕이십니다."

제사장들이 예수에게 말했다.

"젊은이여, 만일 그대가 왕이거나 그리스도라면 증거를 보여라. 누가 그대에게 이 상인들을 내쫓을 권리를 주었는가?"

"충직(忠直)한 유태인치고 이 성전을 더럽히지 않기 위해 자기의 생명을 바치지 않을 사람이 없을 것입니다. 나는 단지 충직한 유태인으로 행동했을 뿐입니다. 그리고 그대들 자신이 나를 위하여 이러한 사실에 대한 증인이 될 것입니다. 내가 메시아란 증거는 나의 언행으로 뒷받침이 될 것입니다. 그리고 당신들은 성전을 무너뜨릴지도 모릅니다. 그러면 3일 만에 전보다 더 훌륭하게 다시 세워질 것입니다."

예수가 말한 이 말의 참 뜻은 훗날의 부활(復活)을 말함이었으나, 유태인들은 알아듣지 못하고 그를 비웃었다.

"수많은 사람들이 46년에 걸쳐 만든 이 집을 이 젊고 이상한 친구가 60시간 안으로 세운다고 말하는데 허황되고 쓸데없는 헛소리이다."

그리고 나서 그들은 예수를 오히려 그 채찍으로 내쫓으려고 하였고, 그 때 축제에 참석하기 위해 애급에서 온 파일로가 일어서서 말했다.

"이스라엘 사람들이여, 들으시오. 이 분은 보통 분이 아닙니다. 그대들의 행동을 조심하시오. 나는 친히 *그가 말하는 것을 들었는데* 모든 바람이 잠잠해졌습니다. 그리고 그가 병자들에게 손을 대자 모든 이가 나았습니다. 이 사람은 세상의 성자들 이상 가는 성자입니다. 사람들이여, 너무 성급히 굴지 마시오. 잠시만 기다리면 그가 메시

아라는 증거를 얻게 될 것입니다."

그러자 사제들은 회초리를 내려놓았고, 예수가 말했다.

"준비하시오. 오, 이스라엘 사람들이여, 그대의 왕을 맞을 준비를 하시오. 그러나 그대들은 죄를 그들의 마음속에 소중한 우상(偶像)으로 깊이 간직하는 한, 결코 왕을 볼 수가 없을 것입니다. 그 왕은 하느님이며 마음이 순수한 자만이 하느님을 볼 수 있으며 살 수가 있을 것입니다."

그러자 제사장들이 외쳤다.

"이 친구는 자신이 왕이라고 주장하고 있소. 이것은 신성모독(神聖冒瀆)이오. 다 같이 그를 내쫓아 버립시다."

"아무도 내가 왕이라고 말한 것을 들은 사람이 없습니다. 우리의 아버지 하느님이 왕이십니다. 나는 모든 충직한 유태인과 함께 하느님을 경배합니다. 나는 길을 밝히기 위해 타오르고 있는 하느님의 촛불입니다. 그리고 당신들은 빛이 있는 동안 빛 속을 거니는 것이 좋을 것입니다."

다음날 사람들은 예수의 말을 듣기 위해 성전의 뜰로 몰려왔다. 예수가 다가오자 그들은 모두 '만세!' 하며 환호하였다.

예수가 비유(譬喩)를 들어 말했다.

"어떤 왕이 광대한 영토를 가지고 있었습니다. 민중은 모두 그의 혈족으로서 평화롭게 살고 있었습니다. -그 왕은 영토를 백성들에게 나누어 주고 각자의 국가를 세워 통치자를 뽑았는데, 마음이 악하여진 왕들은 급기야 '힘의 정의(正義)'라는 모토 아래 전쟁을 하게 되었고, 백성들은 비참한 전쟁의 소용돌이에 빠지게 되어서, 그 왕은 자기의 독생자(獨生子)를 세상에 보내었으나 사람들은 그를 오히려 십자가에 매달았고, 그 독생자는 다시 부활하여 사람들에게 사랑과 평화와 정의를 가르쳤습니다."

한 율법사(律法司)가 와서 물었다.

"메시아란 무엇을 의미하며 누가 사람을 메시아로 만들 권리를 가졌습니까?"

"메시아란 길을 잃고 방황하는 친자를 찾아 구원하기 위하여 하느님께서 보내신 사람입니다. 메시아는 사람에 의하여 만들어진 것이 아닙니다. 메시아와 그리스도는 하나입니다. 사람들이 자기가 그리스도라고 주장한다고 하여 그가 그리스도인 것은 아닙니다.

모든 자연은 사람의 의지에 따르는 것으로, 선과 마찬가지로 악인도 모든 마음의 힘을 가지고 있으며, 자연력(自然力)을 제어할 수 있는 것입니다. 두뇌로는 참된 메시아의 증거를 제시하지 못합니다. 왜냐하면, 인간은 지능에 의해서는 결코 하느님을 알 수 없으며, 빛 속에서도 결코 거닐 수 없습니다. 메시아는 머리에 거하지 않으나 자비와 사랑의 자리인 마음에 거하고 있습니다.

메시아는 왕이 되려고 노력하거나 관(冠)을 쓰려고 하거나 지상의 왕좌에 앉으려고 하지는 않습니다. 그 왕은 지상의 것이며, 메시아는 하늘에서 보낸 사람입니다."

율법사가 물었다.

"그러면 어찌하여 당신은 왕으로서 행세합니까?"

"내가 왕이라고 한 말을 들은 사람은 아무도 없습니다. 내가 시저의 자리에 앉아 있으면서 그리스도가 될 수는 없습니다. 시저에게 속하는 것은 시저에게 주고 그대의 마음의 보물은 하늘에 바치십시오."

⑷ 안식일(安息日)에 병을 고친 예수

안식일(安息日)날 예수가 성전의 뜰과 신성한 내실에 운집해 있는 관중들 틈에 섰다. 눈먼 자·귀먹은 자·말 못하는 자·귀신들린 자들이 그곳에 있었고, 예수는 거룩한 말씀을 통해 그들을 고쳤다.

예수는 그들의 병을 여러 가지 방법으로 고쳤는데 어떤 의사가 어찌하여 그렇게 되었는지 물었고 그에 대하여 예수가 답했다.

"병이란 몸의 부조화를 이룬 상태이며, 그 부조화는 여러 가지 방법으로 나타납니다. 인간의 육체는 현악기(絃樂器)로서 때로는 그 줄이 너무 이완(弛緩)되어 부조화한 음으로 되기도 하며, 때로는 너무나 팽팽하여 또 다른 부조화의 음이 나옵니다. 병은 그 형태가 여러 가지로 잡다하여 그 신비한 현악기를 조정하는 치료의 방법도 여러 가지로 다양합니다."

이때 바리새인들은 예수가 안식일에 병을 고쳤다는 말을 듣고 몹시 분개하여 그곳을 떠나라고 했다.

예수가 말했다.

"안식일을 위하여 인간이 생긴 것입니까? 아니면 인간을 위하여 안식일이 생긴 것입니까? 만일 그대가 구덩이에 빠져 안식일이 되었는데, 내가 그 앞을 그대로 지나간다면 그대들은 괜찮겠습니까? 바리새인들이여, 위선자들이여! 그대들은 안식일이든지 또 다른 날이든지 기꺼이 나의 도움을 받는 것이 좋다는 것을 알고 있을 것입니다. 이들은 모두 구덩이에 빠져서 나에게 도와 달라고 소리를 지르는데, 내가 그냥 지나친다면 이들은 하느님과 함께 날 저주할 것입니다."

그러자 바리새인들은 돌아가서 기도를 드리며 자기들의 말을 전혀 무시해 버렸다고 하느님의 사람을 저주하였다. 저녁이 되어 예수가 웅덩이 근처에 있는데 한 어린아이가 물에 빠져 익사하여 친구들이 그 시체를 운반해갔다. 그러나 예수는 아이들을 세우고 시체에 몸을 굽혀 그 아이의 입에다 생명의 숨결을 불어 넣었다.

그리고 나서 소리를 높여 떠나간 영혼을 불렀더니 그 영혼이 돌아와서 아이는 소생하였다. 그리고 예수는 부상(負傷)당하여 움직일 수 없는 개를 보고는 그 개를 안고 자신이 머물고 있는 집으로 가서 상처를 치료하고 나을 때까지 돌봐주었다. 그리고 예수는 집 없는 소년이 굶주리고 있는 것을 보고 빵을 주며 자신의 따뜻한 외투로 감싸주고 그 소년이 거처할 곳을 찾아주었다.

그는 따라온 사람들에게 말했다.

"만일 사람이 자신의 잃어버린 재산을 되찾고자 한다면 모든 생명 있는 것의 형제관계를 존중하지 않으면 안됩니다. 누구든지 생명의 모든 형태에게 -사람으로부터 짐승·새·파충류에 이르기까지- 친절히 대하지 않는 자는 성스러운 하느님의 축복을 기대할 수 없습니다. 왜냐하면 하느님께서는 우리가 베풀어주는 것같이 우리에게 베풀어주기 때문입니다."

니고데모는 열성적(熱誠的)이고 경건(敬虔)한 학자이며, 유태의 관리였다. 그는 예수의 얼굴에서 스승의 상을 보았으나 공개적으로 고백할 용기가 없었다. 그리하여 그는 밤중에 예수를 방문하였고 예수는 그가 오는 것을 보고 말했다.

"마음이 순결한 자는 축복이 있도다. 두려움이 없고 마음이 순결한 자는 두 배로 축복이 있도다. 두려움이 없고 마음이 순결하여 최고 법정(法廷) 앞에서 자신의 신앙을 고백할 수 있는 자는 세 배로 축복이 있도다."

그러자 니고데모가 말했다.

"안녕하십니까? 선생님, 저는 선생님께서 하늘로부터 보내진 분이란 걸 알고 있습니다. 사람은 결코 선생님이 가르친 것과 같은 것을 가르칠 수가 없습니다. 선생님께서 행하신 놀라운 일들도 결코 행할 수 없습니다."

"사람이 거듭나지 않고는 왕을 볼 수가 없습니다. 거듭나지 않는 사람은 내가 한 말의 의미를 이해할 수 없습니다."

"어떻게 하여야 거듭날 수 있습니까? 어머니의 자궁 안으로 들어갔다가 또 다시 태어날 수가 있겠습니까?"

"내가 말하는 거듭남은 육신의 탄생이 아닙니다. 사람은 물과 성령으로 거듭나지 않고는 성스러운 하늘의 나라로 들어갈 수 없습니다. 육신에서 나는 것은 사람의 자녀이며 성령으로 나는 것은 하느님의 자녀입니다. 바람은 마음대로 불어 사람은 이 소리를 듣고 주시를 하지만 그들이 어디로 와서 어디로 가는지 알지 못합니다. 무릇 성령의 기운으로 거듭나는 자도 이와 같습니다."

"저는 이해를 하지 못하겠습니다. 제발 알기 쉽게 설명하여 주십시오."

"성스러운 하늘의 왕국은 영혼 속에 있습니다. 인간은 육안으로는 그것을 볼 수가 없습니다. 그리고 그들의 모든 이성적(理性的) 힘으로도 그것을 이해할 수가 없습니다. 그것은 하늘 속에 깊이 숨겨진 생명입니다. 그것을 인식하는 것은 내적인식(內的認識)의 작용입니다.

모세가 광야에서 육신의 병을 고치기 위하여 뱀을 바친 것과 같이 사람의 아들로 바쳐져야만 합니다. 그것은 육적(肉的)인 생명의 뱀인, 티끌 속의 뱀에게 물린 모든 사람들이 살기 위한 것입니다.

이제 진리를 사랑하는 사람은 모두 빛으로 옵니다. 그들은 자기가 행한 것이 드러나도 두려워하지 않습니다.”

빛이 왔다. 그리고 니고데모는 떠났고 그는 성령으로 거듭나는 의미를 알았다. 그는 그의 영혼 속에서 성령의 존재를 느꼈다.

예수는 예루살렘에 며칠 동안 머물며 사람들을 가르치고 병자들을 고쳤다. 민중들은 기꺼이 그의 말에 귀를 기울였고, 그들의 모든 세속적인 것을 버리고 많은 이들이 그를 따랐다.

로고스는 베들레헴으로 갔고 많은 이들이 그곳에서 따랐다. 그가 어린 아기였을 때, 요람에서 잠을 잤던 그 양치기의 집을 찾아 머물렀다.

그는 30년 전쯤에 양치기가 목자가 되어 양떼를 지키면서 평화의 사도가 다음과 같이 외치는 것을 들은 언덕 위로 올라갔다.

‘한밤중에 베들레헴의 한 동굴에서 평화의 님이 탄생하셨다.’

양치는 목자는 아직도 그곳에 있었으며, 양도 아직 거기에서 풀을 뜯고 있었다. 근처 골짜기에서는 눈같이 흰 비둘기떼가 무리를 지어 이리저리로 날고 있었다. 양치는 목자들은 예수가 왔다는 소식을 듣고 사방에서 모여왔다.

예수가 말했다.

"순결하고 평화스러운 정경을 보십시오! 흰색은 미덕(美德)과 순결(純潔)의 상징(象徵)이며 어린 양은 순진무구(純眞無垢)의 상징이고, 비둘기는 평화의 상징입니다. 그것은 사랑이 이러한 광경 가운데에 있는 인간의 모습 속에 나타나 조화가 되어 만난 것입니다.

우리의 조상 아브라함은 이 골짜기를 걸으면서 그리고 이 언덕을 오르면서 그 양이나 소떼들을 둘러보았습니다. 그리고 여기에 평화의 님 살렘왕이 왔습니다. 이는 인간의 모습을 한 그리스도로서 아브라함보다 훨씬 위대한 사람이었습니다. 그리고 이곳에서 아브라함은 그가 가지고 있는 모든 소유물의 10분의 1을 살렘왕에게 주었습니다. 이 평화의 님은 도처에서 벌어지고 있는 전장(戰場)터로 나갔습니다. 그는 칼을 지니고 있지도 않았으며 갑옷을 입지도 않았으며, 아무런 무기도 없었습니다. 그럼에도 불구하고 그는 사람들을 정복하였으며, 모든 나라들은 그의 발밑에서 떨었습니다. 애굽의 왕들은 그의 머리 위에 그들의 왕관을 얹어주고 그에게 모든 통치권을 쥐어 주었습니다.

그런데도 그는 한 방울의 피도 흘리지 않았고 한 사람의 포로도 쇠사슬로 묶지 않았습니다. 오히려 그는 도처에서 감옥 문을 활짝 열고 죄수들을 석방하였습니다. 그리고 다시 평화의 님이 돌아와서 이 축복받은 언덕으로부터 내려와 다시금 전쟁터로 출정했습니다. 그는 흰 옷을 입었으며 그의 칼은 진리이며 방패는 신앙입니다. 그리고 그의 투구는 순결이며 그의 숨결은 사랑이며, 그의 암호는 평화입니다. 그래서 사랑은 반드시 승리하게 되어 있습니다."

그때, 또 다시 베들레헴의 언덕이 빛으로 가득 차며 사자가 외쳤다.

"평화(平和), 지상에는 평화가, 사람에게는 선의(善意)가 있으라!"

예수는 사람들을 가르치며 병자들을 고치고 성스러운 하늘의 왕국에 대한 신비한 내용을 가르쳤다. 그러자 많은 사람들이 말했다.

"그 분은 그리스도이시다. 오기로 예정된 왕이시다. 하늘을 찬양(讚揚)할지어다."

(5) 헤브론에서의 포교

예수는 세 제자들과 함께 헤브론으로 가서 7일 동안 머물며 가르치고 다시 베다니로 가서 나사로의 집에서 가르쳤다. 저녁이 되자 군중들은 물러나고 예수와 나사로,

예수의 자매인 마르타와 룻, 그리고 마리아만 남았다.

룻의 집은 여리고에 있었고 그녀의 남편은 '아셔 벤'이라는 여관집 주인으로 엄격하고 꼼꼼한 풍채(風采)와 사상(思想)을 지닌 바리새인이었는데, 예수를 경멸하고 있었다.

그는 아내가 그리스도를 믿는다고 고백을 하자 그녀를 내쫓아버렸다. 룻은 이에 당당하게 말하였다.

"만일 예수가 그리스도라면 길을 알 것이다. 나는 그 분이 그리스도란 것을 확신한다. 나의 남편이 화가 나서 나의 육체를 죽인다 해도 나의 영혼은 죽일 수 없다. 또 내 아버지가 사는 집에는 거할 곳이 많다."

그리고 예수에게 말했다.

"저는 어떻게 해야 하나요?"

"그대의 남편은 고의로 잘못을 범하는 것이 아닙니다. 그는 신앙이 깊어 마음이 경건하여 우리의 아버지 하느님에게 기도를 드립니다. 그의 종교에 대한 열망은 강렬하여 신실합니다. 그러나 그러한 열망이 그를 제 정신이 아니게 만들었으며, 그는 이단의 그리스도에 의하여 그의 집을 더럽히지 않는 것이 옳다고 믿고 있습니다. 편협(偏狹)한 불관용(不寬容)의 정신은 무지(無智)가 자란 것입니다. 빛이 언젠가 그를 비출 것이며 그 때가 되면 그는 당신의 모든 마음의 열병인 슬픔과 눈물을 보상할 것입니다.

그리고 그대 룻이여, 그대는 자신이 전혀 비난받을 일이 없다고 생각해서는 안됩니다. 만일 그대가 슬기롭게 행동하고 그대의 평화로움을 유지하고 있었더라면 이와 같은 슬픈 일은 일어나지 않았을 것입니다. 빛이 편견의 껍질 속으로 들어가기까지에는 너무도 오랜 세월이 걸리므로……

단지 경건한 생활을 할 뿐, 심한 말을 삼가시오. 그리하면 그대는 남편을 빛으로 인도하게 될 것입니다."

그리하여 그 일은 그와 같이 되었다.

여리고로 간 예수는 아셔의 여관에 머물렀다. 그 여관의 한 여종이 의사도 고칠 수 없는 중병에 걸려 있었다. 예수가 그 여종에게 손을 대고 '마론, 일어나라!' 하니 순식간에 고통은 사라지고 여종은 나았다. 그때부터 사람들이 병자들을 데리고 와서 병 고침을 받았다.

예수는 여리고에 오랫동안 머물지 않고 요한이 늘 가르치던 요단강가로 갔다. 운집한 군중을 보고 예수가 말했다.

"보시오! 때가 임박하였습니다. 하늘의 왕국이 가까웠습니다. 마음이 순수하지 않은 사람은 아무도 신성한 하늘의 왕국에 들어갈 수 없습니다. 모든 인류의 아들, 딸들은 악을 피하여 마음이 순수해지도록 초대되었습니다.

요한은 성스러운 왕국으로 들어가기 위한 그리스도의 문호를 열고 왕의 미워하는 마음(惡心)을 준비하기 위하여 그 영혼을 정결히 하는 상징으로서 강가에서 그대들의 몸을 깨끗이 씻었습니다.

그대들, 모든 민족의 사람들이여! 내게로 오시오. 그리스도의 문이 활짝 열려 있습니다. 죄로부터 회개하여 돌아와 세례를 받으시오. 그리하면 그리스도의 문을 통하여 들어가 왕을 뵙게 될 것입니다."

예수를 따르던 여섯 제자들이 가까이에 있었으므로 그들을 앞으로 인도하여 그리스도의 이름으로 세례를 베풀고 그들에게 말했다.

"나의 친구들이여! 그대들은 그리스도의 문을 통하여 신성한 하늘의 왕국으로 들어가는 최초의 사람들입니다. 내가 그리스도의 이름으로 그대들에게 세례를 베푼 것과 같이 그대들도 이 성스러운 이름으로 그리스도를 믿고 죄를 버릴 것을 고백하는 모든 남녀에게 세례를 베푸시오."

그랬더니 보란 듯이 군중들이 내려와서 죄를 버리고 그리스도 안에서 그들의 신앙을 고백하고 모두 세례를 받았다.

한편 선구자 요한은 물이 풍부한 싸알림의 샘터에 있었는데, 그곳에서 사람들에게 설교하고 세례를 주고 있었다. 한 유태인 율법학자가 요한에게 말했다.

"당신이 세례를 베푼 이 갈릴리 사람은 당신의 적이 아닙니까? 그도 요단강 가에서 회당을 짓고 당신처럼 사람들에게 세례를 준다고 합니다."

요한이 말했다.

"예수님은 내가 길을 닦고 예비하던 바로 그 진정한 그리스도이십니다. 그 분은 나의 적이 아닙니다. 나는 나에게 주어진 사명을 수행하였습니다. 이제부터는 예수의 일이 시작됩니다."

그리고 요한은 군중을 향해 말했다.

"그리스도는 정의의 왕이십니다. 그리스도는 신의 사랑이십니다. 그렇습니다. 지금 요단강 가에서 설교하고 계시는 예수께서는 인생에 있어 최대의 시험을 받으셨으며 육신의 몸으로써 식욕(食慾)과 정욕(情慾)을 극복했습니다.

그리고 모든 사람은 자신이 이기적인 자아의 모든 정욕을 극복했을 때, 어떻게 될지를 그를 통해 볼 수 있습니다.

그리하여 예수께서는 사람들에게 세계의 구조자(救助者)를 데려오기 위하여 왔습니다. 사랑이 세계의 구조자입니다.

그러나 그리스도를 믿지 않고 마음을 정결(淨潔)히 하지 않아서 그리스도가 그 안에 거하지 않는 사람은 생명으로 결코 들어갈 수가 없습니다."

브라만의 승려 라마아스는 예수가 쟈간나스 사원에 있을 때 친구였는데, 여러 나라에서 그의 소문을 듣고 예수를 찾아서 멀리 팔레스타인까지 왔다.

그는 또한 살아있는 신의 예언자로서 추앙받고 있는 선구자 요한의 이야기를 들었다. 라마아스는 싸알림의 샘에서 그 선구자를 발견하고 며칠 동안 그가 가르치는 자극적(刺戟的) 진리에 묵묵히 귀를 기울였다. 이윽고 라마아스는 요한에게 말했다.

"그대가 그리스도라고 부르는 예수님에 대해 좀 더 이야기를 해주기를 간절히 부탁드립니다."

요한이 말했다.

"그리스도는 하느님의 명확한 사랑의 표현입니다. 보시오! 사람들은 탐욕적이고 보다 이기적인 낮은 수준에서 생활하고 있습니다. 자아를 위하여 싸우고 검(劍)으로써 승리를 거두고 있습니다. 왜냐하면, 그들에게는 힘이 왕이기 때문입니다. 주 예수님은 힘의 냉엄한 철칙을 타파하고 사랑을 힘의 왕좌에 앉히려고 왔습니다.

무력(武力)에 의해 얻은 승리는 죄악입니다. 모든 가치 있는 목적은, 평화의 왕자인 하늘의 제사장 멜기세덱이 한 방울의 피흘림도 없이 당당한 승리를 쟁취한 것처럼, 온유(溫柔)함과 사랑에 의하여 이루어질 것입니다.

그 분은 사람들에게 칭찬받기 위하여 인형같이 멋있게 차려입은 제사장이 아닙니다. 왜냐하면 모든 사람의 아들은 사랑의 제사장이기 때문입니다. 사람이 신앙으로 마음을 순수하게 하면, 그를 중개할 중매자가 필요 없습니다.

그리하여 사람은 누구나 제사장이며 살아있는 희생물(犧牲物)입니다. 그대는 그리스도를 찾을 필요는 없습니다. 그대의 마음이 정결해지면 그리스도가 임할 것이며 영원히 그대와 함께 거할 것이기 때문입니다."

라마아스는 여행을 계속하여 예수가 있는 강가로 왔다. 그를 보고 예수가 말했다.

"인도(人道)의 별을 보시오!"

라마아스가 말했다.

"정의의 태양을 바라보시오!"

그리고 그는 그리스도 안에서 그의 신앙을 고백하고 그리스도의 뒤를 쫓았다.

⑹ 우물가의 사마리아 여인

신성한 하느님의 왕국으로 들어가는 그리스도의 문이 활짝 개방되었다. 예수와 그의 여섯 제자와 라마아스는 요단강을 떠나서 갈릴리로 갔다. 도중에 그들은 사마리아를 통하여 야곱이 요셉에게 준 조그마한 땅 가까이에 있는 시카르(Sychar)에 다다랐다. 그곳에 있는 야곱의 우물가에서 예수는 조용히 명상을 하고 있었으며, 그의 제자들은 빵을 구하기 위해 마을 안으로 들어갔다.

마을의 한 여인이 우물로 항아리를 채우러 오자 예수는 여인에게 물을 청했다.

여인이 말했다.

"나는 사마리아 여자이고 그대는 유태인입니다. 사마리아 사람과 당신들 사이에는 적개심이 있다는 걸 모르세요? 그들은 서로 왕래도 하지 않습니다. 그런데 어찌하여 나에게 물을 청하십니까?"

예수는 마등가와 아난존자를 생각하면서 말했다.

"사마리아 사람과 유태 사람은 모두 한 하늘, 곧 한 아버지의 자녀들입니다. 그리고 그들은 친족입니다. 이러한 적개심과 미움을 낳은 것은 단지 육신의 마음이 낳은 편견입니다.

나는 유태인으로 태어났지만 생명의 형제관계를 인정합니다. 사마리아 사람은 나에게 유태인이나 희랍인만큼이나 정다운 것입니다. 그리고 만일 그대가 우리의 아버지 하늘이 나로 하여금 사람들에게 보내준 축복을 알고 있다면, 그대는 나에게 물을 마시도록 청할 것입니다. 그러면 나는 기꺼이 생명의 샘으로부터 한 컵의 물을 드릴 것이며 그대는 결코 다시는 목마르지 않을 것입니다.”

“이 우물은 깊습니다. 당신은 물을 길을 아무것도 가지고 있지 않습니다. 그런데 당신이 말한 바와 같이 물을 길을 수 있겠습니까?”

“내가 말하는 것은 야곱의 우물에서 나오는 것이 아닙니다. 결코 마르지 않는 샘에서 흘러나오는 물입니다. 보시오! 야곱의 우물에서 물을 마시는 자는 누구든지 다시 목마를 것입니다. 그러나 내가 주는 물을 마시는 사람은 결코 다시 목마르지 않을 것입니다. 왜냐하면 그들 자신 스스로가 샘이 되어 속으로부터 시원한 물이 넘쳐흘러서 영원한 생명이 되기 때문입니다.”

“선생님, 저는 그 풍족한 생명의 샘물을 마시고 싶습니다. 더 이상 목마르지 않도록 마시게 하여주십시오.”

“그대의 남편을 부르러 마을로 가시오. 그래서 그와 함께 이 생명의 물을 마시도록 하시오.”

“선생님, 저에게는 남편이 없습니다.”

“그대는 남편이 무엇을 의미하는 것인지 거의 모르고 있습니다. 그대는 꽃과 꽃 사이를 훨훨 날아다니는 금빛 날개의 나비와 같이 보입니다. 그대에게는 결혼의 결합에 있어서의 신성함이 없습니다. 그리고 그대는 어느 남자와도 친합니다.

그리고 그대는 남편으로 추측되는 5명의 사내와 같이 동거했습니다."

"내가 예언자나 선지자와 이야기하고 있는 것이 아닐까? 그대가 누구인지 저에게 말씀해 주시지 않겠습니까?"

"나는 내가 누구라는 것을 말할 필요가 없습니다. 왜냐하면 그대는 나에 대해서 언급한 율법이나 예언서 또는 시편(詩篇)을 읽었기 때문입니다. 나는 사람의 자손들을 갈라놓고 있는 장벽(障壁)을 무너뜨리기 위하여 왔습니다. 성령에 있어서는 희랍인도, 유태인도, 사마리아인도 없으며 구속도 자유도 없습니다. 모두가 하나이기 때문입니다."

"왜 예루살렘에서만 사람들이 기도해야 하며, 우리의 성스러운 산에서는 숭배할 수 없다고 말하십니까?"

"나는 그대가 말한 것과 같이 말한 바가 없습니다. 어느 곳이나 신성한 곳입니다. 사람들의 마음의 성전 안에서 하늘께 경배해야 할 때가 왔습니다. 그것은 하늘이 마음의 성전에 거하지 않으면 예루살렘에도 그 어떤 신성한 산에도 계시지 않기 때문입니다. 우리의 하늘은 영이십니다. 하늘을 경배하는 사람은 누구든지 신령과 진정으로 경배해야 합니다."

"우리들은 메시아가 오시면 그분이 진리의 길로 우리를 인도해 주실 것을 알고 있습니다."

"보시오! 그리스도가 막 왔습니다. 메시아가 그대에게 말하고 있습니다."

예수가 여인과 말하고 있는 동안 여섯 제자가 음식을 가지고 돌아왔다. 그들은 예수가 사마리아 여인, 그것도 창녀처럼 보이는 여인과 말하고 있는 것을 보고 놀랐다. 그러나 아무도 그 이유를 묻지 않았다. 여인은 예수의 말에 너무도 감동하여 넋을 잃고 망연해져서 항아리도 놓아둔 채 황급히 마을로 뛰어갔다.

여인은 야곱의 우물가에서 만난 예언자에 대해 모두에게 말했다. 그러자 사람들은 그 선지자에 대해 더욱 알고 싶다고 했고 여인이 말하기를, '와서 보세요!'라고 하여 군중들은 야곱의 우물로 달려갔다.

예수는 그들이 오는 것을 보고 제자들에게 말했다.

"그대들은 추수(秋收) 전까지 4개월이 남았다고 말할 필요가 없습니다. 보시오! 추수기(秋收期)는 지금입니다. 눈을 뜨고 바라보시오. 그들은 익은 곡식(穀食)으로 누렇게 되어 있습니다. 보시오. 많은 씨 뿌리는 자들이 종자를 뿌리기 위하여 떠났습니다. 씨는 자라났습니다. 심은 것은 여름의 햇볕으로 강해지고 곡물은 익었으며 주인은 사람들에게 수확(收穫)하라고 명합니다. 그대들은 들에 나가서 다른 사람들이 뿌린 것을 수확해야 합니다. 그러나 심판(審判)의 날이 오게 되면 씨 뿌린 자와 거두어들인 자 모두가 기뻐할 것입니다."

빌립이 말했다.

"잠시 일을 멈추시고 이 오리나무 그늘에 앉아 음식을 좀 드시지요. 아침부터 아무 것도 드시지 않아서 시장하실텐데요."

"나는 시장하지 않느니라. 나에게는 그대들이 모르는 식량이 있느니라."

제자들은 '누가 그에게 먹을 것을 가져다 주었는가?' 하며 서로 의아해 했다. 그들은 예수가 에테르로 빵을 만들 수 있는 권능을 가지고 있는 것을 몰랐다.

예수가 말했다.

"추수의 주인이 추수자를 보내고서 굶기는 일은 없습니다. 사람의 생명을 추수하는 들로 나를 보내신 하늘은 결코 나에게 굶주리는 고통을 겪게 하시지 않습니다. 또한 그대들을 봉사하도록 불렀을 때에는 보시오. 하늘은 그대들에게 먹고 입고 안주할 곳을 주실 것입니다."

예수가 사마리아 사람들에게 말했다.

"유태 사람인 내가 그대들에게 말하는 것을 이상히 생각해서는 안됩니다. 나는 그대들과 함께 하나이기 때문입니다. 과거에도 있었고 현재에도, 미래에도 영원하실, 어디에서나 존재하시는 그리스도는 내 안에 분명히 존재합니다. 그리고 그리스도는 모든 사람에게 속합니다.

하늘은 한 아이도 버리지 않습니다. 유태인도, 희랍인도, 사마리아인도 하늘의 눈에는 같은 것입니다.

사람의 아들들을 갈라놓은 한계는 짚으로 만들어져 있습니다. 그래서 단 한 번의 사랑의 숨결로 이것을 불어 없앱니다."

사람들은 그 이방인의 말하는 것을 보고 놀랐다. 그리고 많은 사람들이 그를 오시기로 예정했던 그리스도라고 하였다. 그들과 함께 예수는 마을로 들어가서 며칠을 머물렀다.

(7) 시카르의 악령자들

예수가 시카르의 시장에서 사람들을 가르쳤다. 악령에 사로잡힌 사람이 그에게 인도되었는데, 그 사람을 사로잡고 있는 악령은 흉포함과 욕망으로 가득 찼으며, 때때로 그 희생자들을 땅위에 집어던졌다. 이때 예수가 소리를 높여 말했다.

"천한 영혼아! 이 사람의 몸을 떠나 너의 갈 곳으로 돌아가라!"

그러자 그 영혼은 가까이에 있는 개의 몸으로 들어가겠다고 애원했다.

예수가 말했다.

"어찌하여 의지할 곳 없는 개를 괴롭히는가? 그의 생명은 나의 생명이 소중한 것과 같이 그에게도 소중한 것이다. 너의 죄의 무거운 짐을 살아 있는 어떤 것에게도 짐지우는 것은 네가 할 일이 아니다. 너 자신의 행위와 사악한 생각에 의하여 이러한 모든 위험 속으로 그대 자신을 떨어뜨렸다. 너는 풀어야 할 어려운 문제를 가지고 있다. 그러나 너는 그것을 스스로의 힘으로 풀어야 한다. 너는 이와 같이 네가 만든 사람에 의하여 너 자신의 조건을 이중으로 나쁘게 하고 있다. 네 자신의 영역으로 돌아가라. 그리고 어떤 것을 해롭게 하는 것을 삼가라. 그리하면 차차 너 자신이 자유로워질 것이다."

악령은 그 사람을 떠나서 그 자신의 거처로 갔다. 그 사람은 감사하는 마음에서 얼굴을 들어 하늘을 찬미하였다. 이때부터 많은 사람들이 병자들을 데리고 왔고 예수는 말을 하고 병자들은 나았다.

그 공화당(共和黨)의 통치자와 모든 제사장들은 예루살렘에서 온 예수가 마을에서 설교하는 것을 들었을 때 크게 걱정하였다. 그들은 그가 사마리아인들 가운데 개종자를 만들어서 투쟁을 일으키러 왔다고 생각하였다.

그리하여 그들은 회당으로 그를 불러다가 마을에 와 있는 이유를 들으려고 관리를 보냈다.

예수가 그 관리에게 말했다.

"돌아가시오. 제사장과 회당의 관리들에게 내가 죄를 범하는데 가담하고 있지 않다고 전해주시오. 나는 고통받는 마음을 위로하고 병자를 고쳐주며 악령에 사로잡힌 사람을 풀어주려고 왔습니다. 내가 온 것은 율법을 깨뜨리기 위하여 온 것이 아니라 도리어 최상의 율법을 성취하기 위하여 왔음을 그들의 예언자가 나에 대해서 말하고 있다고 전해주시오."

그는 돌아가서 그렇게 전했고 제사장들과 관리들은 깜짝 놀라서 예수가 설파하고 있는 시장으로 갔다.

예수가 그들을 보고 말했다.

"모든 사마리아인들에게 존경받는 사람들을 보라! 그들은 사람들을 옳은 길로 인도하도록 명령받은 사람들입니다. 그리고 내가 온 것은 그들을 도와주기 위해서지 방해하기 위해서가 아닙니다. 사람의 아들 가운데에는 두 가지의 부류가 있습니다. 공정·진리·평등·정의의 기반 위에 인류를 세우려고 하는 자와, 영혼이 머무는 성스러운 사원을 파괴하고 그들의 친구들을 빈궁과 죄악으로 빠뜨리려는 자로서, 정의의 성스러운 형제단들은 단결하여 지금의 혼미스러운 갈등에 대처하여야 합니다. 그들이 유태인이건 사마리아인이건 앗시리아인이건 희랍인이건 일체의 투쟁, 모든 불화, 질투, 증오를 그들의 발아래 짓밟아버리고 인간의 동포주의를 증명해야만 합니다."

그리고 예수는 회당의 관리들에게 말했다.

"정의를 위하여 뭉치면 살고 흩어지면 망합니다."

예수가 관리의 손을 잡자 사랑의 빛이 그들의 영혼에 충만했으며 모든 사람들이 놀랐다.

그리스도인들이 갈릴리지방을 향하여 행군하였으나 그들이

사마리아에 도착했을 때 군중들이 밀려와서 일행을 둘러싸고 잠시 동안 자신들의 마을에 머물기를 간청하였다. 이에 일동은 회당으로 함께 가서, 예수가 모세의 책을 펼치고 말했다.

"그대와 그대의 자손에 의하여 세상의 모든 백성이 축복받을 것이니라."

그는 책을 덮고 말했다.

"이 말은 만군(萬軍)의 주 여호와에 의하여 우리의 아버지 아브라함에게 이르신 말씀이니라. 그리고 이스라엘은 전세계에 대한 축복이 되었느니라. 우리들은 그 자손들입니다. 그러나 우리에게 명하여진 대업의 십분의 일도 아직 이루지 못하였습니다.

모든 사람에게는 이와 같은 신성한 속성이 싹트고 있습니다. 그리고 때가 오면 그러한 속성들은 꽃을 피우게 될 것이며 그러한 논증(論證)이 완결될 것입니다. 그리고 사람들은 일체감(一體感)의 사실을 이해하게 될 것입니다.

세상의 모든 사람들은 삶의 방식에 있어서 그대들의 안내를 기다리고 있습니다. 모범은 제사장들에 대한 또 다른 이름입니다. 그러므로 사람들이 마땅히 해야 한다고 생각하는 것을 먼저 그대들이 행해야만 합니다. 한 사람의 경건한 신앙생활은 만인의 영혼을 순수하고 정의로운 길로 인도합니다."

모든 사람들이 '아멘' 하고 복창했다.

예수는 회당을 떠나서 저녁 기도시간에 신성한 숲 속으로 올라갔다. 모든 사람들은 얼굴을 그들의 신성한 산상으로 돌리고 기도하였다.

예수가 명상 속에서 앉아 있을 때, 한 영혼의 목소리가 애원하며 그의 영혼에게 도움을 청했다. 예수는 죽음이 임박하여 심한 고통 속에서 웅크리고 있는 한 여인을 보았다. 그녀는 말을 할 수가 없었지만 예수가 하늘의 사람이란 것을 듣고 마음속에서 그의 도움을 청했다.

예수는 말을 하지는 않았지만 섬광과 같은 권능이 죽어가는 그녀의 육신으로 보내어져서 그녀는 일어나서 기도하고 있는 친척들과 합류하였다. 그녀의 친척들은 깜짝 놀라서 어떻게 완쾌되었느냐고 물었다. 그녀가 말했다.

"모르겠어요. 나는 단지 하늘의 사람에게 병 치료의 권능을 염원했더니 순식간에 완치되었어요."

사람들이 말했다.

"하늘이 확실히 이 땅에 오셨다. 왜냐하면 사람은 사상에 의하여 병 고칠 권능을 가지고 있지 않으니까."

예수가 말했다.

"하늘과 땅에서 가장 위대한 권능은 사상입니다. 하늘은 사상으로 우주를 만드셨으며 사상으로 백합(百合)이나 장미를 장식하셨습니다. 내가 병 고침의 사상을 보내어 병과 죽음의 에테르를 건강과 생명의 에테르로 바꾼 것을 왜 이상하게 생각하십니까? 보시오! 그대들은 이보다 더 위대한 것들을 보게 될 것입니다. 신성한 사상의 권능에 의하여 나의 몸이 육체로부터 영체로 변할 것입니다. 그리고 그대들도 이렇게 할 수가 있을 것입니다."

예수가 말을 끝내고 곧 사라졌다. 아무도 그가 가는 것을 본 사람이 없었다. 제자들조차도 그 변화를 이해하지 못하여 그들의 선생님이 어디로 갔는지 알 수가 없었다.

그들은 여행을 계속하였고 그 이상한 일에 대해서 얘기하며 걸어가고 있을 때 예수가 와서 갈릴리의 나사렛까지 함께 갔다.

(8) 마케루스의 감옥에 갇힌 요한

파라카와 갈릴리의 영주 헤롯 안티파스 왕은 예수 탄생시 헤롯왕의 아들이었다. 방탕하고 이기적인 폭군으로 그는 가까운 한 친척의 처로서 자신과 똑같이 부도덕한 여자인 헤로디아를 처로 맞아들이기 위해 자기 아내를 내쫓았다.

헤롯은 갈릴리의 해변에 위치한 티베리우스의 도시에서 살았다. 이때, 선구자 요한은 갈릴리의 해변에서 사람들을 가르치기 위해 싸알림의 샘터를 떠났다.

그는 나쁜 짓을 일삼는 왕과 그 빼앗은 처의 모든 죄악을 질책하였다. 헤로디아는 이 설교자가 아무 거리낌 없이 자기들을 비난하므로 매우 분개하여 그 선구자를 체포하여 사해(死海) 곁에 있는 마케루스의 토굴감옥에 가두라고 헤롯왕에게 권했고 헤롯은 그렇게 했다. 그녀는 감히 자기를 책망하는 사람이 다시는 없었으므로 마음 편하게 살았다.

요한의 제자들은 요한의 고난에 대해 입 밖에 내지 말도록 경고를 받았고 군중이 모이는 곳에서 가르치는 것을 금지 당하였기 때문에 헤롯의 한 층 사치한 생활에 대해서 말할 수 없게 되었다.

요한이 분봉왕(分封王) 헤롯의 명으로 투옥된 것이 알려졌을 때 예수의 친구들은 그가 갈릴리에 머물러 있지 않는 것이 최상이라고 생각하였다.

예수가 말했다.

"나는 두려워할 필요가 없습니다. 아직 나의 때는 오지 않았습니다. 나의 일이 끝나기 전까지는 아무도 나를 막을 수 없습니다."

사람들이 어찌하여 하늘께서 요한의 투옥을 허락했는지 묻자, 예수가 말했다.

"저기 밀짚을 보시오! 그것은 알곡이 충분히 익게 되면 더 이상 쓸모가 없게 되어 땅에 쓰러져 다시 땅의 일부가 됩니다. 요한은 황금과 같은 밀짚입니다. 그는 지상에서 가장 풍성한 알곡을 익혔습니다. 그것으로 그의 일은 끝났습니다. 만일 그가 또 다른 말을 한다면 지금의 고귀한 생애의 균형이 깨어질지도 모릅니다. 그리고 나의 일이 끝날 때 지배자들은 요한에게보다 더한 것을 나에게 행할 것입니다. 이와 같은 일은 하늘 자신의 계획의 일부입니다. 순수한 사람은 사악한 사람들이 권력을 잡을 때 고통을 당할 것입니다. 그러나 죄 없고 순수한 사람들을 고통스럽게 하는 그들에게 화 있을 것입니다."

그리스도인들이 나사렛에 있을 때 안식일이 되자 예수가 회당으로 갔다. 서적 관리인이 예수에게 한 권의 책을 주어서 그것을 읽었다.

"여호와의 영이 내게 임하도다. 그가 나에게 기름을 부으시고 가난한 자에게 복음을 설파하고 포로를 해방하고 안 보이는 자의 눈을 뜨게 하고 학대받는 자, 상처 받은 자를 구원하고 은총의 해가 오는 것을 선언하시도다."

예수가 책을 덮고 말했다.

"이 책은 그대들의 면전에서 오늘날 성취되고 있습니다. 이스라엘이 전세계를 축복할 은총의 해가 왔습니다.”

예수는 신성한 하늘의 왕국에 대하여, 보이지 않는 생명의 양식에 대하여, 죄의 용서에 대하여 많은 것을 말하였다. 많은 사람들은 그가 누구인지 몰라 어떤 사람은,

“이 사람은 요셉의 아들이 아닌가? 그의 어머니는 마미온 거리에 살고 있지 않은가?” 하자,

또 다른 사람들은

“이 사람은 가나, 가버나움, 예루살렘에서 아주 놀라운 권능있는 일을 하실 분입니다.”라고 하였다.

사람들이 말하였다.

“의사(醫師)여! 그대 자신을 고쳐 보시오. 그대가 다른 마을에서 행한 모든 권능의 일들을 그대의 친척들이 있는 여기에서도 행하여 보시오.”

예수가 말하였다.

“어떠한 예언자도 고향에서는 존경을 받지 못합니다. 그리고 예언자는 모든 사람에게 보내진 것이 아닙니다.

엘리야는 하늘 사람의 권능을 가졌으므로 하늘의 문을 닫아서 40개월 동안 비가 오지 않았고, 그가 말을 하면 비가 왔으며 땅은 생기를 찾았습니다. 나라 안에 과부가 있었지만 엘리야는 사르밧(Zarephath)에게만 갔고 그녀는 축복받았습니다. 또한 엘리야가 살았을 때, 이스라엘에는 많은 나병환자가 있었으나 깨끗해진 사람은 단 한 사람이었습니다. 보시오! 그는 신앙을 가진 시리아인이었습니다. 그대들은 신앙을 가지고 있지 않습니다. 단지 변덕스러운 호기심을 만족시키기 위한 징조를 찾았습니다. 그러나 그대들은 신앙의 눈을 뜰 때까지 보지 못할 것입니다.”

이에 사람들이 격노해서 예수에게 달려들어 줄로 묶고 멀지 않은 곳에 있는 절벽으로 끌고 갔다. 그러나 예수는 갑자기 사라졌고 성난 사람들 사이로 빠져서 갈 길로 갔다. 사람들은 어안이 벙벙하여 말하였다.

"이게 도대체 무슨 조화일까?"

그들이 나사렛에 다시 왔을 때 회당에서 여전히 가르치고 있는 예수를 보았다. 심히 두려워진 그들은 더 이상 예수를 건드리지 못하였다.

예수가 나사렛에서 더 이상 가르치지 않고 그의 제자들과 더불어 가나로 갔다. 이곳은 어린 양 혼인잔치 때 물을 포도주로 만든 곳이었다. 이곳에서 가버나움에 살고 있던 귀족 출신의 사람을 만났는데 그의 아들은 병들어 있었다. 그 사람은 예수가 병 고칠 권능이 있음을 굳게 믿고 갈릴리로 오는 것을 알고 급히 만나러 오다가 도중에서 예수를 만났다.

그는 일곱 시에 예수를 만나 그의 아들을 살리기 위해 가버나움으로 가기를 재촉하였다. 예수는 가지 않고 잠시 말없이 서 있다가 말했다.

"그대의 믿음이 병치료의 향유(香油)가 되어 아들은 깨끗이 나았습니다."

그 사람은 이 말을 믿고 가버나움의 집으로 가는 길에 그의 하인을 만났다.

"주인님, 그렇게 서두실 필요가 없습니다. 아드님을 말끔히 나았습니다."

그가 말했다.

"언제부터 내 아들이 낫기 시작했느냐?"

하인이 말했다.

"어제 7시쯤 열이 내렸습니다."

그러자 그 아버지는 그것이 예수가 보낸 병구원의 향유 때문이라는 걸 알았다. 예수는 가나에서 더 이상 지체하지 않고 그의 제자들과 더불어 가버나움으로 가서 어머니 마리아와 함께 살 수 있는 공간이 넓은 집을 마련하였다. 그곳에서 제자들은 예수의 가르침을 듣기 위해 종종 모였다.

예수는 주 안에서 그들의 신앙을 고백하는 사람들에게 그의 집에서 모이도록 명하였고, 제자들은 명명하기를 '그리스도의 학교'라고 하였다. 그들이 왔을 때 예수가 말했다.

"그리스도의 이러한 복음은 반드시 전세계에 전해야 합니다. 이 그리스도의 포도의 나무는 강력한 나무가 되어 그 가지는 지상 위의 모든 민중과 종족과 언어를 포함할 것입니다. 나는 포도나무이며 열두 사람은 그 줄기가 될 것입니다. 그리고 이 줄기들은 도처에서 가지를 뻗을 것입니다. 그리고 나를 따르는 사람들 가운데 열두 사람을 성령의 기운이 부를 것입니다. 이제 돌아가서 지금까지 해 왔던 일을 하시오. 그러나 부름에 귀를 기울이도록 하시오."

제자들은 각자 일상의 일들로 돌아갔으며, 예수는 기도하기 위하여 혼자 함모스 언덕으로 들어갔다. 사흘 낮, 사흘 밤 동안 예수는 무언의 형제들과 영적으로 교통하고 성령의 권능 속에서 열두 명의 제자를 선정하기 위해 내려왔다.

(9) 열두 사도(使徒)의 선정

갈릴리 해변을 예수가 거닐 때 많은 군중들이 따라왔다. 어선이 막 들어오고 있었으며 베드로와 그의 아버지는 그들의 배를 기다리고 있었고, 심부름하는 사람들은 해변에서 그물 손질을 하고 있었다.

예수가 배에 오르자 베드로가 바다 쪽으로 조금 밀어 주었고 예수는 배에 서서 군중들에게 몇 마디 하고는 베드로에게 말하였다.

"그물을 가져와서 깊은 곳에 던지라."

베드로는 그대로 했으나 의구심에서 말하였다.

"이것 헛수고일 것 같습니다. 오늘 갈릴리 해변에는 고기가 없습니다. 안드레와 함께 밤새도록 고생했지만 한 마리도 못 잡았습니다."

그러나 예수는 바다 밑으로 고기들이 떼지어 다니는 것을 보고 베드로에게 말하였다.

"배의 오른쪽으로 그물을 던져 보아라."

베드로는 그대로 했는데 그물이 가득 차서 잡아당기기 어려울 정도로 고기가 많이 잡혔다. 베드로는 도움을 청하려고 근처에 있는 요한과 야고보를 불렀고, 두 배 모두가 생선으로 가득 찼다. 베드로는 이 풍어를 보고 새삼 부끄러워져서 예수의 발밑에 엎드려 말하였다.

"주여! 저는 믿습니다."

예수가 말하였다.

"잡은 것을 보라. 이제부터 그대는 고기를 잡을 필요가 없느니라. 그대는 배의 오른쪽에서 인간의 바다에 그리스도인의 그물을 던져서 군중을 잡아다가 그들을 신성함과 축복과 평화 속으로 잡아넣어야 하리라."

그들이 해변에 도착하니 예수가 베드로·안드레·요한을 불러서 말하였다.

“그대들 갈릴리의 어부들이여, 그대들의 주인들은 우리를 위하여 해야 할 큰 일을 가지고 있느니라. 나는 가노라. 그대들은 나를 따르는 것이 좋으니라.”

그들은 모든 것을 버리고 예수를 따랐다. 그 후 예수는 해변을 걷다가 빌립과 나다나엘을 보고 말하였다.

“그대들 벳세다의 교사들이여, 그대들은 오랫동안 사람들에게 희랍의 철학을 가르쳤습니다. 우리의 주인은 그대들과 내가 해야 할 더 큰 일을 가지고 있습니다. 나는 떠나갑니다. 그대들도 나를 따르는 것이 나을 것입니다.”

좀 더 멀리 가니 로마의 세관이 있었는데 거기에서 책임을 맡고 있는 마태라는 관리를 만났다. 그는 한때 여리고에서 산적이 있었고 그 전에 예수보다 먼저 예루살렘에 들어가 ‘보시오! 그리스도께서 오십니다.’라고 한 적이 있었다. 그는 재산가였으며 유태인, 희랍인, 시리아인의 지혜를 알고 있었다.

예수가 그에게 말하였다.

“안녕하시오. 시저의 충실한 하인인 마태여, 우리의 주인이 우리를 영혼의 세관으로 부르고 있습니다. 나는 가려니와 그대도 나를 따라오는 것이 좋습니다.”

마태도 예수를 쫓아갔다. 이름이 유다인 이스카리옷과 그의 아들은 마태에게 고용되어 있었으며, 그들은 세관에 있었다. 그에게 예수가 말하였다.

“그대의 일을 그만두시오. 우리의 주인께서 영혼의 저축은행(貯蓄銀行)에서 일을 하라고 우리를 부르고 있습니다. 나는 가려니와 그대는 나를 따르는 것이 좋습니다.”

유다가 예수를 따랐다. 그리고 예수는 그리스도에 대해서 들은 적이 있으며 그리스도의 학교에서 배우기 위해 안티오

크에서 온 한 율법학자를 만났다. 그는 도마라고 하는데 의심이 많았으나 교양이 있고 능력이 있는 희랍 철학자였다.

예수가 그에게서 일말의 신앙심을 보고 말하였다.

"우리의 주인께서는 율법을 해석할 수 있는 사람을 필요로 하고 있습니다. 나는 가려니와 그대는 나를 따르는 것이 좋습니다."

도마가 예수를 따라갔다. 저녁이 되어 예수가 집에 있는데 그의 친척들인 알패오와 미리암의 아들 야고보와 유다가 왔다. 그들은 모두 신앙심이 있는 나사렛의 목수들이었다.

예수가 그들에게 말했다.

"보시오! 그대들은 나와 함께 고되게 일하였으며, 인간의 안주처(安住處)를 위하여 나의 아버지 요셉과 함께 집들을 지었습니다. 우리의 주인이 영혼의 집을 세우는데 우리를 부르고 있습니다. 이것은 망치・도끼・톱 소리가 없이 짓는 집입니다. 나는 가려니와 그대들은 나를 따르는 것이 좋습니다."

야고보와 유다는 '주여, 우리가 당신을 쫓겠습니다.'라고 감복하여 말하였다.

다음날 예수는 열성당(熱誠黨)의 지도자이며 유태교 율법의 엄격한 해석자인 시몬에게 메시지를 보냈다. 그 메시지는 이러했다.

'우리들의 주인께서 아브라함의 신앙을 증명할 사람을 구하고 있습니다. 나는 가려니와 그대도 나를 따르는 것이 어떨지.'

안식일 전날 부름을 전해 받은 12 사도가 예수의 집에 모였다. 예수가 그들에게 말하였다.

"오늘은 그대들 자신을 하늘의 사업에 봉헌하는 날이므로

다 함께 기도합시다. 밖으로부터 내적인 자아를 향하여 육체적 자아의 모든 문을 닫고 기다리는 것이 좋습니다. 성령이 이곳을 가득 채울 것이며 그대들은 성령 안에서 세례를 받을 것입니다.”

그들은 기도하였고 대낮의 태양보다 더 밝은 찬란한 빛이 온 방을 가득히 채웠고 모든 사람의 머리로부터 불꽃이 하늘 높이 올라갔다. 갈릴리의 대기가 동요하고 멀리서 천둥 같은 소리가 가버나움 너머로 울려 퍼졌고 마치 일만 명의 천사들이 함께 합창하는 듯한 노랫소리가 들려왔다.

그리고 12 제자는 나직하면서도 아주 조그만 음성을 들었는데 의로운 한 단어가 말해졌다. 그 단어는 그들이 함부로 말할 수 없었는데 그것은 하느님의 신성한 이름이었다.

예수가 그들에게 말하였다.

“이 전지전능(全知全能)한 단어에 의하여 그대들이 만유(萬有)와 하늘의 모든 권능을 제어하게 될 것입니다. 그대들이 영혼 속에서 이 단어를 말하면 그대들은 현재와 과거와 미래에 있을 생과 사의 열쇠를 갖게 됩니다. 보시오, 그대들은 그리스도 포도나무의 거대한 열두 가지이며, 열두 개의 초석이며, 그리스도의 열두 사도입니다.

나는 그대들을 어린 양으로서 야수(野獸)들 사이로 보냅니다. 그러나 그 전지전능한 말은 그대들의 작은 방패와 큰 방패가 될 것입니다.”

그러자 하늘은 다시 노랫소리로 충만했으며 온갖 생물은 마치 ‘하느님을 찬양하라! 아멘.’ 하는 듯하였다.

그 다음날은 안식일이었고 예수는 그의 제자들과 더불어

회당으로 가서 가르쳤다. 사람들이 말하였다.

"그는 율법학자나 바리새인처럼 가르치지 않고 무엇이든지 알고 있는 권위있는 사람처럼 가르치고 있다."

예수가 말하고 있을 때 악령에 사로잡힌 사람들이 들어왔다. 그에게 빙의(憑依)된 악령은 아주 비천한 종류의 것으로 가끔 희생자를 땅위에 내동댕이치거나 불 속에 집어던지기도 하였다. 그 악령이 회당에 있는 예수를 보고 말하였다.

"그대, 하느님의 아들이여! 왜 여기에 있는가? 아직 때도 안 되었는데 우리를 멸망시키려 하는가? 우리는 그대와 아무 상관이 없다. 부디 내버려두기 바란다."

예수가 그들에게 말하였다.

"이 전지전능한 말씀에 의하여 나는 말하노라. 나오너라! 더 이상 이 사람을 괴롭히지 말고 너희들의 거처로 가라!"

그러자 그 부정한 영들이 그 사람을 마루 위에 내동댕이치고 분한 소리를 내며 갔다. 예수가 그 사람을 들어 세우며 말하였다.

"만일 그대가 선으로써 마음을 충만히 하여 지킨다면 악령이 머무를 곳을 발견할 수가 없습니다. 그들은 단지 텅빈 머리에나 마음대로 침범합니다. 그대 갈 길로 가서 더 이상 죄를 짓지 마시오."

사람들은 예수가 하는 말이나 그의 행함을 보고 놀라 서로 말을 하였다.

"이 사람이 누구인고? 부정한 영까지도 무서워서 도망치는 이 모든 권능이 어디로부터 왔는가?"

예수는 베드로·안드레·요한과 더불어 회당을 떠나서 베

드로의 집으로 갔는데 그곳에는 가까운 친척 중 한 사람이 앓고 있었다. 베드로의 아내가 들어왔는데 병자는 그녀의 어머니였다. 그녀가 침상에 누워있을 때 예수가 손을 대고 성스러운 말을 하니 열이 멈추고 그녀는 일어나서 그들을 대접하였다. 이웃들이 이 일을 듣고 병자와 귀신들린 사람을 데리고 왔다. 예수가 그들을 누이시고 그들 위에 손을 대면 그들은 나았다.

예수가 사라졌다. 아무도 그가 간 것을 본 사람이 없었으며, 베드로와 야고보, 요한이 찾으러 가서 함모스 언덕의 집회에서 그를 만났다.

베드로가 말하였다.

"가버나움의 거리는 아주 야단법석(野壇法席)입니다. 거리마다 인파로 꽉 차서 남녀노소 할 것 없이 저들의 병을 고칠 수 있는 사람을 구하고 있습니다. 선생님의 집도 우리 집도 만원입니다. 그들은 그리스도라 불리우는 예수님을 찾고 있는데 그들에게 무어라고 말하면 좋겠습니까?"

예수가 말하였다.

"다른 많은 마을에서도 우리를 찾고 있습니다. 우리는 그들에게 생명의 빵을 가져가야 합니다. 다른 사람들도 데리고 와서 함께 갑시다."

그리하여 예수와 열두 제자는 빌립과 나다나엘이 거하고 있는 벳세다로 가서 사람들을 가르쳤다.

군중들은 예수 그리스도를 믿었으며 그들의 죄를 고백하고 세례를 받고 신성한 하느님의 왕국으로 들어갔다.

예수와 십이 사도는 갈릴리의 모든 마을을 돌아다니며 신앙을 가지고 그들의 죄를 고백하는 사람들을 가르치고 세례를 주었다. 그들은 장님의 눈을 뜨게 했고 귀먹은 자를 듣게 하고, 귀신들린 자의 악령을 내쫓았으며, 모든 종류의 병을 낫게 하였다.

그들이 바닷가의 티베리우스에서 가르치고 있을 때 한 나병환자가 가까이 와서 말하였다.

"주여, 주께서 말씀만 하시면 저는 깨끗해지리라 믿습니다."

예수가 말하였다.

"그렇게 하마. 깨끗해져라."

그 나병환자는 깨끗해졌고 예수가 그에게 말하였다.

"아무에게도 이야기하지 마시오. 그러나 가서 제사장들에게 그대 자신을 보여주시오. 그리고 그대가 깨끗해진 것에 대하여 율법이 요구하는 대로 베푸시오."

그러나 그 사람은 기뻐서 어쩔 줄을 몰라 하며 제사장에게 가지 않고 시장의 곳곳을 다니며 자기가 병 고침을 받은 사실을 이야기하였다. 이에 병자들이 예수와 제자들에게 떼를 지어 몰려왔다. 그들은 너무나 끈질겨서 일부는 고쳐주고 그들을 떠나 광야로 갔다. 그곳에서 예수와 제자들은 따르는 군중들을 가르쳤다.

얼마 후 그리스도인들이 가버나움으로 돌아왔다. 예수가 집에 있을 때 주위가 시끄러워지며 사람들이 몰려와서 방과 입구를 꽉 채웠다. 거기에는 갈릴리와 예루살렘의 모든 방면에서 온 율법학자, 바리새인, 박사들이 와 있었으므로 예수는 그들에게 생명의 길을 밝혀주었다.

그때 네 사람이 중풍환자를 작은 침대에 싣고 와서는 입구로 들어갈 수 없자 병자를 지붕으로 올려서 통로를 열고 예수 앞에 내려놓았다.

예수가 그들의 믿음을 보고 중풍환자에게 말하였다.

"나의 아들아! 기운을 내라. 너의 죄가 사하였느니라."

이 말을 들은 율법학자들과 바리새인들이 말하였다.

"어찌하여 이 사람에게 그렇게 말하는 것입니까? 하느님 외에 누가 죄를 용서할 수가 있습니까?"

예수가 그들의 말을 헤아리고 말하였다.

"어찌하여 그렇게 서로 간에 말이 많습니까? 내가 '그대의 죄가 소멸되었다든가, 일어나시오! 그대의 침상을 들고 걸으시오!'라고 말했다고 해서 그것이 어쨌다는 겁니까? 사람이 죄를 용서해 줄 수 있는 것을 지금 증명하기 위해서 나는 말하겠습니다."

예수가 중풍환자에게 말하였다.

"일어나시오! 침상을 거두고 그대의 갈 길로 가시오."

그러자 그 사람은 일어나더니 침상을 거두고 갈 길로 갔다. 사람들은 그들이 보고 들은 것을 이해할 수가 없어 하며 수군거렸다.

"오늘은 결코 잊을 수가 없는 날이야. 오늘 아주 경이로운 것을 보았어."

사람들이 돌아간 후 12 사도가 남았고 예수가 그들에게 말하였다.

"유태인의 축제가 다가오고 있느니라. 다음 주에 우리는 예루살렘으로 가서 먼 곳에서 온 우리의 형제들을 만나 그들이 왕과 만날 길을 열어주도록 하자."

그리스도인들은 그들의 조용한 집으로 가서 며칠 동안 기도를 드렸다.

부록(附錄)

질문 1. 신·구약의 차이점

"스님의 말씀을 듣고보 니 예수님의 인도유학이 틀림없음을 믿게 됩니다. 그렇다면 유학가기 이전과 이후의 사고방식이 크게 달라진 점이 있을 것이라 생각되는 데 어떤 것을 지적할 수 있습니까?"

"그렇습니다. 이것은 신약과 구약을 대비(對比)해보면 알 수 있습니다. 신약에서는 이스라엘 조상 여호와가 전인류의 조상으로 이해되고 있는데 반하여 구약에서는 오직 이스라엘 조상으로만 받아들여지고 있기 때문에 자기종족 이외의 모든 것은 용납하지 않고 있습니다.

출애굽기 11장 5절에 보면 애굽에 관한 무자비한 언사가 기록되어 있습니다.

'애굽 가운데에서 처음 난 것은 모두 다 죽여라. 위에 앉아 있는 파라오의 맏아들에서부터 맷돌에 앉아 있는 여종의 맏아들과 모든 가축의 처음 난 새끼에 이르기까지 죽여라. 이로 인하여 애굽의 방방곡곡에서는 전무후무한 곡성이 있게 되었다.' 합니다.

또 출애굽기 20장 5절과 10계명 제2에 보면

'그들에게 절하지 말며, 그들을 섬기지 말라. 나 여호와 너의 하나님은 질투의 신인즉 나를 미워하는 자의 죄를 갚되 아비로부터 아들에 이르기까지 3-4대에까지 이르게 할 것이니라.'

이것이 2천년 동안 계속 이어오는 중동전쟁의 원인이 되고 있는 것입니다.

그러나 예수님이 사마리아 연인에게 물을 청할 때,

'나는 사마리아 여인입니다…'

하며 거절하자,

'사마리아 사람과 유태 사람은 모두 한 하늘, 한 아버지의 자손입니다. 나는 사람의 자손들을 갈라놓고 있는 장벽을 무너뜨리기 위하여 왔습니다. 성령에 있어서는 희랍인도 유태인도 사마리아인도 없으며 구속도 자유도 없습니다. 모두가 하나이기 때문입니다.'

하여 그를 감동시켰습니다. 사마리아는 북이스라엘 왕국으로 여로보암 때부터 금송아지 신앙(우상)으로 하느님의 신앙을 반역 해왔던 나라입니다."

질문 2. 평등사상

"이로써 보면 기독교의 평등사상과 불교의 평등사상이 별로 다른 것이 없는 것 같은데요?"

"그렇습니다. 평등 그 자체는 별로 다른 것이 없으나 개념이 다릅니다. 기독교의 평등은 신 앞에 평등을 말하며, 불교의 평등은 성평등무차별(性平等無差別)입니다. 또 기독교의 평등은 사람만을 기준으로 하고 있는 데 반하여 불교의 평등은 국토와 세계, 인류와 중생을 동일선상에서 보고 있습니다. 사람만 귀한 것이 아니라 동·식물도 똑 같이 생명을 가지고 있다고 보기 때문에 토목와석(土木瓦石)의 성불까지도 주장하고 있습니다. 하늘과 땅이 일심동체(一心同體)이고 만물이 나로 더불어 뿌리가 같기 때문입니다."

질문 3. 하나님과 부처님의 차이
"하나님과 부처님의 차이는 무엇이라고 생각하십니까?"

"하나님은 고유명사이고 부처님은 그 고유명사가 어떻게 해서 생겼는가 하는 것을 깨달아 아신 분입니다. 그러므로 명사와 동사는 같을 수가 없지요. 그러나 하나님은 형상이 없고 부처님은 본래 모양이 없는 마음을 깨달아 부처가 되었다고 하는 사실은 꼭 같습니다. 예수님도 '하나님이 어디에 계시느냐?' 하는 질문에, '그대 마음속에 있다.'고 답변하시지 않았습니까?"

질문 4. 부처님과 예수님의 차이
"부처님과 예수님의 차이는 어디에 있다고 보십니까?"

"계급을 타파하고, 가난하고 병들고 무지한 자를 깨우치게 하는 것은 똑같다고 생각합니다. 그러나 예수님은 민중의 편에 들어 권력과 가진 자에게 정의를 실천하도록 항거하였으나 부처님은 그들 모든 임금님들과 신하들을 착한 말로 교화하여 가능한 한 투쟁이 없이 평화적으로 해결하려고 하는 것이 다르다고 봅니다. 이것이 지금 인도와 티베트에서 무저항주의 사상으로써 3백년 이상 인도를 점령했던 영국을 항복받고, 달라이라마가 적수공권으로 막강한 힘을 가진 중국과 투쟁하고 있는 것입니다."

질문 5. 제사의식

"또 신·구약에서 차이점은 제사의식에도 큰 차이가 있는 것 같은데요?"

"그렇습니다. 구약에서는 희생물로 하나님의 마음을 달래고 복을 구하였습니다. 그런데 신약에서는 예수님이 인도에서 본 대로 실천한 것 같습니다. 인도에서는 지금도 소·돼지·양·비둘기 같은 것을 신에게 올려 제사를 지내는 것이 흔하지만 부처님께서는 천신은 감로식(甘露食)을 하기 때문에 착한 마음으로 선행하는 것을 제일 공양으로 친다하여 희생제는 금지시키고 도처에 칠가식(七家食)으로 평등공양을 하였기 때문에 예수님도 그 영향을 받은 바가 큰 것 같습니다."

질문 6. 참회의식
"죄를 뉘우치는 방법도 크게 달라진 것 같은데요?"

"그렇습니다. 예수님 이전에는 희생제와 공물(供物)로써 죄를 사했는데 예수님 때부터 물로 세례하면서도 성령으로 참회하는 것이 크게 달라진 것 같습니다. 불교에서 잘못을 뉘우칠 때 이치적으로 하는 방법(理懺)과 사실적으로 하는 방법(事懺)이 있는데 부모님께 잘못한 것은 부모님께 사함을 받고 형제나 국가민족에게 잘못한 것은 국가민족을 향해 뉘우치도록 가르쳤습니다. 대개 모든 죄는 마음속으로부터 탐·진·치 3독을 일으켜 몸과 입과 뜻을 통해 몸 밖으로 발생하기 때문에 '我昔所造諸惡業 皆由無始貪瞋癡 從身口意 之所生 一切我今皆懺悔'라고 사실적으로 가르치고, 사실 본 마음에는 죄가 없는 것이나 한 생각 속에서 죄를 일으키기 때문에 '罪無自性從心起 心若滅時罪

亦亡 罪亡心滅兩俱空 是卽名爲眞懺悔'라고 이치적으로 참회하는 것을 가르치고 있는데 역시 교회에서도 몸으로 지은 죄는 일로써 참회하고 마음으로 지은 죄는 성령으로 참회하라 가르치고 있는 것이 신·구약성경의 큰 차이점이라고 볼 수 있습니다.

그런데 사실 이러한 것은 누가 가르쳐서 되는 것이 아니고 석가모니 부처님이 일곱살 때에 춘경제에 나갔다가 작은 벌레들을 날새들이 쪼아 먹는 것을 보고 약육강식(弱肉強食)을 생각하듯 예수님도 어려서부터 교회 안에서 희생제를 지내는 것을 보고 매우 불쌍하게 생각하였다는 말이 성경에 나오고 있습니다. 중생을 어여삐 여기는 타고난 성품은 선천적인 자비가 그들로 하여금 그와 같은 마음을 이끌어낸 것이 아닌가 생각합니다."

질문 7. 두 성인의 행에 대하여

"예수님의 행과 부처님의 행에 대하여 같고 다른 것이 있다면 말씀하여 주십시오."

"두 분 다 무소유 정신으로 거리에서 태어나 거리에서 죽은 것은 똑같습니다. 단지 부처님은 왕자로써 호화로운 궁중에서 자라면서 늙고 병들고 죽는 고통을 보고 발심하였고 예수님은 가난한 집안의 아들로 태어나 가난하고 병들고 무지한 사람들을 보고 연민의 정을 일으켰다는 것이 차이점이라 하겠습니다.

그러나 버려진 자를 구원하고 무지한 자를 깨우쳐 준 것은 똑같으며 역경 속에서도 장수하고 국가와 사회 전인류를 위해 희생한 것은 꼭 같다고 생각합니다. 공자님께서 상태제에게 말했습니다.”

질문 8. 현대에 있어서의 기독교인과 불교인

"스님의 말씀을 들어보면 기독교의 교주이신 예수님과 불교의 교주이신 석가모니 부처님과 사제지간으로 크게 다른 것이 없는 것 같은데 현재 기독교와 불교가 서로 말도 잘하지 않고 행도 서먹서먹하게 지내고 있는 원인이 어디에 있다고 보십니까?”

"솔직하게 말해서 피차 두 종교인들이 교주의 역사와 행위에 대한 이해부족이라고 생각합니다. 기독교인은 기독교인들대로 자기 성경 이외에는 모두가 이단이라 생각하고 불교인들은 불교인들대로 내가 사는 방식으로 살다 가면 그만이지 무엇 때문에 말도 잘 듣지 않는 사람들과 상대할 필요가 있느냐 하는 생각이 지배적인 것 같습니다. 길고 짧은 것은 대보아야 안다고 잘되고 잘못 되는 것은 서로 대화를 통해 풀어나가야 할 것인데 80년대 민희식 교수님이 '신약성서와 법화경'이란 책을 쓰고 교인들이 집 앞에 모여 돌멩이로 유리창을 깨고 "사탄아 물러가라." 소리치는 바람에 집에 들어가지 못하고 거리에서 전전하기를 3개월 이상 하였다고 합니다.

이 같은 사실은 민희식 교수가 혼자 지어낸 것이 아니고 불란서 대통령에게 상 받으러 갔다가 루브르박물관과 대영박물관에 있는 공개적인 자료를 가지고 와서 번역한 것인 만큼, 또 그 자료를 어느 정도 확인하고 점검한 뒤에 한 일이 아니었겠습니까? 그런데 자기 것은 무조건 옳고 남의 것은 무조건 그르다는 사고방식, 이것은 앞으로 꼭 고쳐지고 버려야 할 한국적인 풍토인 것 같습니다.

나도 연전에 신・구약성서를 불교적으로 풀고 나서 몇 분 교인들과 만나 공양하면서 대화를 나누었는데

"예수님의 동정녀 탄생을 믿습니까? 십자가에서의 부활은 어떻게 생각하십니까?"

하여 禪門拈頌(선문염송) 第 一則(제일칙)

"부처님께서 도솔천에서 한 발짝 옮기지 않고 어머니 배속에 들어오고 어머니 배 속에서 태어나기 이전에 이미 일체중생을 다 제도하셨다(世尊 未離兜率 己降王宮 未出母胎 己度衆生). <화엄경>"

을 말하니, 직접 그 책을 확인한 뒤 두 말이 없었습니다.

뿐만 아니라 달마대사가 죽은 지 3년 만에 실크로드에 나타난 사실, 현재 대만에는 죽은 지 몇십년 된 시체가 썩지 않고 미라로 남아 숭배의 대상으로 숭상되고 있는 사실을 듣고 두 말도 하지 않았습니다. 사실 티베트에 열두 분, 몽골에 한 분, 중국에 여덟 분, 일본에 예순여덟 분, 태국에 세 분 등 수많은 미라가 세계 각국에 널려져 있지만 우리는 그것에 대해이론을 제기하지 않고 있습니다. 왜냐하면 가서 보면 알 수 있기 때문입니다. 남의 말만 듣고 남대문에 문턱이 있다 없다 싸운다면 과연 여러분 생각이 어떻겠습니까? 남의 책도 읽어보고 성지도 순례해보고 '아, 세상에는 인간적인 일만 있는 것이 아니라, 비인간적인 일도 더러는 없지 않구나'라는 사실을 확인할 필요가 있습니다."

질문 9. 신통에 대하여

"그렇다면 예수님의 신통과 부처님의 신통을 그대로 믿는다

는 말씀입니까?"

"그렇습니다. 에밀성자의 동물편지배달과 흙과 나무와 불을 통해 보내온 의사전달은 요즈음 동물원의 물개 놀이, 사냥개들의 위험물 탐지능력을 보면 능히 증명이 되고도 남습니다. 핸드폰, 텔레파시로 전 세계의 소리와 영상을 한 자리에서 보고 듣고 있다는 사실을 부정할 수 있습니까? 티베트의 성자들이 지문 하나를 가지고 전생의 일을 다 알아내는 것이라든지 보병궁에 이 세상 밖에 저 세상이 있다는 것이 마치 화엄경의 무진세계와 같이 벌어져 있다는 사실, 이를 누가 부정할 수 있겠습니까? 스스로 자신의 무지함을 나무랄지언정 선각자들의 깨달음을 의심할 필요는 없다고 생각합니다. 부처님이 갠지스강 위를 걸어서 건너간 일이나 예수님이 바다의 바람을 잠재운 일은 기술이 아니고 자연의 원리를 이용한 과학이라 볼 수 있습니다. 그러나 깨닫지 못한 사람이 깨달은 사람을 흉내내다가 자기도 죽고 남도 죽이는 우(愚)를 범한 일은 인류 역사상 수를 헤아릴 수 없으니 스스로 판단하여 조심하여야 할 것입니다."

질문 10. 미래에 대한 예측
"그러면 앞으로 두 종교에 대하여 어떻게 하였으면 좋겠다고 생각하십니까?"

"지금까지 가지고 있던 잘못된 생각을 다 버리고 부처님 마음과 예수님의 생각 속으로 들어가 보아야 알 수 있다고 생각합니다. 미안한 이야기이지만 지금까지의 모든 불교와 기독교와 천주교를 공산국가에서는 '아편'이라 평가하고 있지 않습니까? 아편은 좋게만 쓰면 귀한 약이 됩니다. 그런데 습관적으로 잘못 쓰면 패가망신하게 됩니다. 종교를 위한 종교, 교회를 위한 교회, 승단을 위한 불교가 되면 이는 교주의 생각과 역행하는 것이 됩니다. 세계와 인류 중생을 위해 헌신했던 교주들의 희생정신을 생각하지 않고 더 큰 교회, 더 큰 절, 더 많은 교도들을 생각하여 물질적인 면에서만 평가한다면 예수님과 부처님의 근본정신에는 어긋난다고 생각합니다. 많든지, 적든지, 크든지, 작든지… 각기 자기가 있는 곳에서 평안을 누리고 사랑을 나누고 화합하여 살아가야 합니다. 그렇게 하면 예수님과 부처님은 그 속에서 살아날 수 있습니다."

질문 11. 공동생활의식

"서로 다른 종교인들이 한 집안에 살면서 마음의 갈등을 겪고 있는데 특히 제사 때, 명절 때, 어떻게 해야 할는지 걱정이 됩니다."

"미리 의론해서 공동분모를 찾아야 합니다. 한국은 다 종교사회이기 때문에 각기 자기 종교에 고집하면 갈등을 형성할 수 있습니다.

가령 기독교나 불교는 원래 조상의 신주(位牌)를 모신다든지 음식을 차리지 않게 되어있습니다. 그러나 전통적인 무속이나 유교에서는 신주를 모시고 음식을 차려야만 초대하는 손님들이 와서 제자리에 앉아 만족한 마음으로 먹고 갈 수 있다고 생각하고 있습니다.

그렇다면 각기 익혀온 의식을 형편 따라 차례대로 하는 것입니다. 먼저 동참한 제자들이 차례로 서서 예를 올리고(절하지 않는 분은 한 쪽에 그대로 서 있어도 됨) 제사를 모시게 된 동기를 측문(기도문)을 통해 알리고 순서대로 의식을 집행합니다. 기독교인은 찬송과 기도를 하고, 천주교인은 고해성사를 하고, 무속인은 덕담을 하고, 유교인은 잔을 올리고 절을 하고, 불교인은 독경을 하면 됩니다.

그리고 온 식구가 둘러앉아 집안의 차례를 소개하고 음복을 합니다. 굳이 자기 종교만을 자랑하려고 하지 말고 상대방의 종교를 이해하면서 대화를 나누면 스스로 강요하지 않는다 하더라도 좋은 점을 본받고 나쁜 점은 버리게 될 것입니다.

내가 미국에 가서 이런 이야기를 하였더니 어떤 사람이 어떤 종교인을 갈아먹어도 시원치 않다고 하면서 그런 질문을 하였습니다.

"이런 때에는 어떻게 하여야 합니까?"

"어떻게 하기는 어떻게 합니까. 부처님 가르침대로만 하면 됩니다."

하고 아난존자의 질문에 대하여 말씀해 주었습니다.

"지금까지 우리는 부처님을 믿고 의지하고 살아왔는데 부처님께서 돌아가시고 나면 누구를 믿고 무엇을 의지하고 살아야 합니까?"

"자등명(自燈明), 법등명(法燈明)하라. 자귀의, 법귀의 하라. 그리고 계율을 스승삼아 해야 할 일과 해서는 안될 일을 알아서 하면 된다."

하니, 또 물었습니다.

"비구는 혼자서 사는 사람이라. 여자를 대하기가 참으로 어렵습니다."

"나이가 많으신 분은 할머니, 그 다음으로 많으신 분은 어머니, 누님, 친구, 동생의 순서로 생각하고 대하면 되느니라."

"부처님 경전을 편집할 때는 맨 처음에 무엇이라 쓸까요?"

"언제, 어디서, 누가, 누구에게, 무슨 법문을 들었는데, 그때의 기분이 어떠했었다고 하는 육하원칙(六 何原則)을 맨 앞에 써라."

"가만히 있는데도 악성(惡性) 비구들이 와서 괴롭힙니다."

"정신 차리라고 괴롭히는 줄 알라."

"정신 차리고 공부하는 데도 괴롭히는데요."

"더 정신 차리라고 괴롭히는 줄 알라."

"그렇게 하다 매 맞아 죽게 되면 어떻게 합니까?"

"언젠가 한번은 죽게 되어있는데, 고생 덜하고 죽게 해 주어 고맙다고 생각하라."

"이것을 불교에선 묵빈이대(默擯而對) 또는 묵빈대처(默擯對處)라고 합니다. 세상에는 일없이 남을 괴롭히는 사람도 더러는 없지 않습니다. 그러나 그런 사람이 없다면 이러한 때를 당하여 어떻게 할고 하는 생각을 하지 못하게 됩니다. 궁즉통(窮卽通)이라 하지 않았습니까? 역경을 통해 순경을 발견할 수 있도록 공부하면 이 세상 어떤 일이고 공부의 자료가 되지 않는 것이 없습니다. 그러니 여러분께서는 종교에서만 이런 일이 있다고 생각하지 마시고 매사에 궁즉통의 마음을 가지고 공부하세요. 사위성 임금님은 부처님을 뵙고, '당신이야말로 꼭 막힌 자를 뚫어주고 굽은 자를 펴주고 넘어진 자를 일으켜 주는 자'라 하였습니다."

질문 12. 예수재림과 미륵탄생에 대하여

"성서에는 예수가 재림하여 이 세상을 심판한다 하였고 불교에서는 56억 7천만 년 뒤에 미륵부처님이 탄생하여 석가부처님께서 제도하지 못한 나머지 모든 중생들을 제도하신다 하였는데 스님께서는 어떻게 생각하십니까?"

"보병궁 복음서에 말하지 아니하였습니까? 인류는 평균 3천년을 기준으로 새로운 지도자에 의해서 새롭게 교화될 것이라고 말입니다. 말하자면 산업경제적인 면에서 보더라도 원시수렵시대와 농목시대 공상시대가 다르듯이 종교에 있어서도 모세의 율법시대와 예수의 성령시대는 사뭇 다릅니다. 하물며 출가비 구시대와 대승보살시대가 다르지 않겠습니까? 하지만 교육의 방법과 교화의 방법은 다소 차이가 있다 하더라도 깨달음에 대한 이치는 별로 달라지지 않았다고 보고 있습니다.

말하자면 예수 이전의 시대는 율법으로써 세상을 다스렸고 예수시대에는 성령으로써 다스렸지만 장차 시대에는 심판으로써 다스린다 하였는데 무엇을 심판하느냐 하면 사람의 죄를 심판하는 것이니 죄짓지 아니하면 심판에 걸릴 이유가 없습니다.

미륵의 출현은 56억 7천만 년으로 추산하고 있는데, 그때가 되면 모든 사람들이 10선을 행하여 지옥, 아귀, 축생이 없어지고 전5식(眼·耳·鼻·舌·身識), 제6식(意識), 제7식(末那識)이 뒤집어져서 모든 중생들이 평등성지(平等性智), 대원경지(大圓鏡智), 묘관찰지(妙觀察智), 성소작지(成所作智)를 이루어 다 같이 성불하게 된다 하였습니다. 그러니까 기독교에서는 그 시기를 아무도 모르고 오직 하나님만 알 수 있다 하였고, 심판의 내용은 믿는 자와 믿지 않는 자로 판가름 한다고 하고 있으나 불교에서는 개공성불의 원리를 따라 다 같이 어리석은 자들이 지식 상식을 초월해 대지혜를 일으킴으로써 세상을 사랑(慈氏)의 세계로 만든 다 하였으니 이는 두고 보아야 알 일입니다.

단지 두 종교에서 똑 같이 경계하고 있는 것은 나쁜 일 하지 말고 그 마음을 착하게 써 좋은 일을 하도록 가르치고 있으며 설사 좋은 일을 하더라도 나쁜 마음을 먹으면 안되기 때문에 그 마음을 깨끗이 가져야 한다고 가르치고 있습니다. 그러니 이로써 보면 선악을 기준하여 재림을 기다리지 말고 오직 그 마음을 깨끗이 하여 착한 일만 잘한다면 재림의 시기가 어느 때가 되던 걱정할 것이 없게 될 것입니다. 마음이 불안한 사람은 천당에 갖다 놓아도 극락이 되지 않고 마음이 착한 사람은 극락에 가서도 천당생활을 마음대로 수용할 수 있기 때문입니다."

질문 13. 화해와 용서

"스님의 말씀을 듣고 보니 그 동안 기독교인들이 이 세상에서 진실로 많은 죄를 지은 것 같습니다."

"그렇습니다. 구약성서에 나온 사람들만 해도 100만 명 이상이 종교 때문에 희생되었습니다. 로마교황청이 만들어진 이후로 자그만치 천 년 동안 대암흑기를 겪었고 근대 수백 년 사이에 아시아, 아프리카, 아메리카에서 희생된 원주민 또한 그 수를 헤아릴 수 없습니다. 세느강 변을 중심으로 불란서, 독일 두 나라에서 신·구교로 인하여 희생된 사람들은 지금도 그 강변에 모셔진 탑과 비석을 보면 알 수 있습니다.

루브르박물관, 대영박물관 등 3대 박물관에 꽉 차는 물건을 보면 알 수 있습니다. 얼마나 많은 도둑물품이 해외에서 반입되었는지 말입니다. 그러나 이것은 다 과거의 역사요 지금 새삼스럽게 갑론을박할 필요가 없습니다. 선량한 예수님을 하나님의 아들로 만들어 십자가에 못 박아 죽이면서 그 십자가를 통해서 전세계를 정복했으니 이루 다 말로 헤아릴 수가 없습니다. 이제 과거의 잘못 된 것을 알았다면 지금부터 그 잘못을 뉘우치고 상대방을 공경, 찬탄하며 살면 될 것입니다. 기독교인들은 지금도 남의 조상 국조숭배를 무시하고 있으며 그들 앞에서 자기들만이 문명인인 것처럼 뻐기고 있습니다.

예수님은 그렇게 남을 무시하지도 않았고 정복하지도 않았습니다. 교주가 그렇게 가르치지 않았음에도 교주 조상들이 한 일을 가지고 자기들까지 뻐기고 살 필요가 있겠습니까.

일단 종교계에 들어오면 나의 본적이나, 성씨나, 족보, 이력을 가지고 남을 업신여기지 않게 되어 있으며, 더군다나 스스로 좋은 일 한 것을 자랑삼아 남을 업신여겨서는 안된다고 가르치고 있습니다. 이것은 하늘이 용납하지 아니할 뿐 아니라 땅도 용납하지 않는다고 말입니다.

예수님의 소원을 성취시켜 이 세상을 지상천국으로 만들고자 한다면 스스로 상(相)과 견(見)을 버리고 화합할 줄 아는 사람이 되어야 할 것입니다."

질문 14. 신에 대하여

"끝으로 신에 대하여 한 가지만 더 묻겠습니다. 스님께서는 신이 있다고 보십니까?"

"신이 없다면 귀신 신(神)자가 만들어질 수 있겠습니까? 신에는 천신도 있고 지신도 있고 잡신도 있어 그 종류가 많습니다. 그러나 여호와처럼 유일 절대신을 주장하는 나라는 유래민족(이스라엘)뿐입니다. 유태교 구약성서를 보면 아담과 이브는 유태인의 조상으로 나오고 또 구약성서 이전부터 인간이 존재했다고 보고 있습니다. 그런데 니케아 공의회에서 콘스탄티누스가 로마의 통일을 위하여 삼위일체설(三位一體說)을 이끌어내 예수님을 신이면서 신의 아들이 되게 한 것입니다. 이것이 의심스러우면 니케아 공의회를 인터넷에 검색해 보세요. 구약의 창조신은 el(엘르·엘로힘)이고 야훼신 여호와는 수메르의 번개신으로 그 뒤에는 전쟁신으로 나옵니다. 그리고 그들 신을 숭배하던 요일은 실제는 토요일이었는데 태양신 미트라를 숭배하던 로마 카톨릭에서 안식일을 일요일로 바꾸다 보니 Sunday(일요일)가 된 것입니다. 그리고 해가 가장 짧은 동짓날을 지금은 12월 22일로 확정 통일했지만- 그때는 12월 25일로 규정했기 때문에 태양재일을 기념하면서 바로 예수탄생일도 함께 쇠게 된 것입니다. 그리고 산타 할아버지가 쓰고 있는 모자는 원래 악마 사탄(Satan)이 쓰고 있던 것인데 단지 그 뿔을 숨겨 산타 할아버지로 만든 것입니다. 참고로 Satan의 마지막 n자의 두 뿔을 Sa 다음 모자 밑에 옮겨 숨기면 Santa가 된다는 것도 알아두시면 좋습니다. 어쨌든 신은 신통을 부리고 재주는 있어도 때로는 잔인하기가 악마보다도 더 무섭습니다.

신명기 20장 13절에 "네 하나님 여호와께서 그 성읍을 네 손에 붙이거든 너는 칼날로 그 속에 있는 남자를 다 쳐 죽이고 오직 여자들과 유아들과 6축과 무릇 그 성 중에서 네가 탈취한 모든 것은 네 것이니 취하라." 하고 또 사무엘 상 15장 3절에도 "너는 당장에 가서 아말렉을 치고 그 재산을 사정보지 말고 모조리 없애라. 남자, 여자, 아이와 젖먹이와 소 떼와 양떼와 나귀 할 것 없이 모조리 죽여야 한다.” 하였습니다. 이것이 여호와 신이 하는 짓입니다. 그런데 예수는 인도에서 많은 선신을 보았기 때문에 그 마음이 구약성서에 나오는 신처럼 모질지 않음을 알았으나 그때 당시 이스라엘의 형편으로 볼 때에는 구약을 외면하고는 신약을 형성할 수 없었기 때문에 일차 긍정하고 착한 마음으로 세상을 살도록 격려한 것입니다.

불교에서는 아수라와 같은 전쟁신은 제석천왕과 같이 착한 신과 틈만 나면 싸움을 하게 되어 거기에서 전쟁의 파편들로 금, 은, 유리, 자거, 마노, 진주, 호박 등이 생겼다고 하지 않습니까? 그러나 전쟁은 불길한 것입니다. 그러므로 예수는 자기 희생을 통하여 세상의 죄악을 대신하였다고 하는 것입니다.”

예수님의 사랑 부처님의 지혜

印刷日 | 2011년 3월 10일
發行日 | 2011년 3월 15일

發行處 | 불교통신교육원
편　저 | 한정섭 · 서공선

인　쇄 | 이 화 문 화 사
02-732-7096~7

발행처 | 477-810　경기도 가평군 외서면 대성리 산 185번지
전　화 | (031)584-0657, 4170, (02)962-1666
등록번호. 76. 10. 20. 경기 제 6 호

값 15,000원